Heidegger und

Reihe der Österreichischen Gesellschaft für Phänomenologie

Herausgegeben von Helmuth Vetter

Band 12

PETER LANG

Frankfurt am Main · Berlin · Bern · Bruxelles · New York · Oxford · Wien

Günther Pöltner
Matthias Flatscher
(Hrsg.)

Heidegger
und die Antike

PETER LANG
Europäischer Verlag der Wissenschaften

Bibliografische Information Der Deutschen Bibliothek
Die Deutsche Bibliothek verzeichnet diese Publikation in der
Deutschen Nationalbibliografie; detaillierte bibliografische
Daten sind im Internet über <http://dnb.ddb.de> abrufbar.

Gedruckt mit Unterstützung des Bundesministeriums
für Bildung, Wissenschaft und Kultur in Wien.

Gedruckt auf alterungsbeständigem,
säurefreiem Papier.

ISSN 1433-1527
ISBN 3-631-54215-1

© Peter Lang GmbH
Europäischer Verlag der Wissenschaften
Frankfurt am Main 2005
Alle Rechte vorbehalten.

Printed in Germany 1 2 3 4 6 7

www.peterlang.de

Vorwort

„[E]ntscheidend war, daß z. B. nicht *über* Plato gesprochen und seine Ideenlehre dargestellt wurde, sondern daß ein Dialog durch ein ganzes Semester Schritt für Schritt verfolgt und abgefragt wurde, bis es keine tausendjährige Lehre mehr gab, sondern nur eine höchst gegenwärtige Problematik. [...] Das Denken ist wieder lebendig geworden, die totgeglaubten Bildungsschätze der Vergangenheit werden zum Sprechen gebracht, wobei sich herausstellt, daß sie ganz andere Dinge vorbringen, als man mißtrauisch vermutet hat."[1]

In diesem bekannten Zitat schildert Hannah Arendt eindringlich die Aufbruchstimmung, in der sich Martin Heidegger mit seinen damaligen Studierenden befand, da er Texte aus Tradition in einer beeindruckenden Weise wieder lebendig werden ließ. Heidegger hat wie kaum ein anderer Denker und Lehrer im 20. Jahrhundert zu einer nachhaltigen Auseinandersetzung mit der Philosophiegeschichte – vor allem mit der Antike – angeregt. So nimmt es nicht Wunder, dass sein Unterricht breite Auswirkungen auf seinen unmittelbaren und erweiterten Schülerkreis hatte; neben Hannah Arendt traten beispielsweise auch Walter Bröcker, Oskar Becker, Georg Picht oder Hans-Georg Gadamer – um nur einige zu nennen – mit eigenständigen Arbeiten und höchst unterschiedlichen Bezugnahmen auf das antike Denken hervor. Die Sprüche Heraklits, das Lehrgedicht Parmenides', die platonischen Dialoge oder die aristotelischen Abhandlungen sind seit Heidegger nicht mehr länger historische Dokumente aus einer fernen Zeit, sondern vielmehr Grundtexte, in denen sich ein Denken manifestiert, das dem heutigen Philosophieren etwas zu sagen hat und mit ihm in ein fruchtbares Gespräch treten kann. Heidegger widmete sich daher Zeit seines Lebens den großen Denkern der Philosophiegeschichte und schilderte seinem ehemaligen Lehrer Heinrich Rickert in Briefen aus dem Jahr 1921, dass er „fast nur Griechisch und Lateinisch lese", nicht ohne mit Nachdruck auf „die prinzipielle Bedeutung des Historischen für die Philosophie" hinzuweisen.[2] Den Terminus des „Historischen" wird Heidegger jedoch bald zugunsten des Begriffs „Geschichte" fallen lassen, um zukünftig eine Auflistung von Fakten ohne Auswirkungen für das gegenwärtige Denken als *historischen* Zugang zu bezeichnen, den er grundlegend von einer *geschichtlichen* Besinnung unterscheidet. Diese wirkt auf das jetzige Denken zurück und soll für ein kommendes leitend werden.

Dem Anfang der Geschichte gilt es laut Heidegger notwendigerweise nachzuspüren, um die Ausprägung der ontologischen Grundbegriffe deutlich zu ma-

---

[1] Hannah Arendt / Martin Heidegger: Briefe 1925 bis 1975 und andere Zeugnisse. Hg. v. Ursula Ludz. Frankfurt am Main: Klostermann 1998, 182 (vgl. Hannah Arendt: Martin Heidegger ist achtzig Jahre alt, in: Merkur 23/10 (1969), 893-902).

[2] Martin Heidegger / Heinrich Rickert: Briefe 1912-1933. Hg. v. Alfred Denker. Frankfurt am Main: Klostermann 2002, 56 und 54.

chen und sich von dort her Alternativen für ein zukünftiges Denken aufgeben zu lassen. In der Hinwendung zur Überlieferung verschafft sich das Denken den Freiraum von tradierten Auslegungstendenzen, der sie in ihrer Selbstverständlichkeit fragwürdig werden lässt. Dadurch wird ersichtlich, dass wir es nicht mit zeitenthobenen Grundsätzen, sondern mit geschichtlich Gewordenem zu tun haben. Erst im Zurückgehen in die Geschichtlichkeit eröffnet sich somit Zukünftiges. Heidegger hält daher in der Einleitung zu seiner Vorlesung zu Platons Höhlengleichnis und dem Dialog *Theätet* fest: „Denn im *echten* Rückgang in die Geschichte nehmen wir *den* Abstand von der Gegenwart, der uns erst den Zwischenraum schafft für den *Anlauf*, der notwendig ist, um über unsere eigene Gegenwart *hinauszuspringen* [...]. Wahrhafter Rückgang in die Geschichte ist der entscheidende Anfang eigentlicher *Zukünftigkeit*. [...] Am Ende bringt uns der Rückgang in die *Geschichte* erst in das, was *heute* eigentlich geschieht." (GA 34, 9 f.)[3]

Heideggers Vorlesungen, Seminare und Abhandlungen, die mittlerweile fast durchgängig in der *Gesamtausgabe* vorliegen, vermitteln auch der heutigen Leserschaft einen präzisen (und zumeist nicht minder faszinierenden) Eindruck von seiner Lehrtätigkeit. Ziel einer heutigen Beschäftigung mit diesen Auslegungen kann nur eine differenzierte Bezugnahme auf seine Lektüre der Antike sein, die weder als bloße Nachzeichnung noch als pauschale Ablehnung erfolgen soll. Vielmehr muss sie sich auf Heideggers Herangehensweise einlassen, nicht jedoch ohne den Verlauf seiner Gespräche zu durchleuchten und zu hinterfragen, ja im besten Fall in eigenständiger Weise fortzuführen.

Ein Großteil der hier versammelten und erstmals publizierten Beiträge wurden im Rahmen der Jahrestagung der *Österreichischen Gesellschaft für Phänomenologie* vorgestellt, die vom 9. bis 11. Dezember 2004 in Wien stattfand. Als Referenten für die Tagung mit dem Titel *Heidegger und die Antike* konnten namhafte Philosophen gewonnen werden, die sich der Aufarbeitung des Heidegger'schen Werkes verschrieben haben und mit einschlägigen Veröffentlichungen zu dieser Thematik der Fachwelt bekannt sind. Ergänzt wird diese Publikation mit Beiträgen von jungen Wissenschaftlern, welche die *Österreichische Gesellschaft für Phänomenologie* gezielt fördern möchte.[4] Die Sammlung bemüht sich, Hinweise auf die vielfältige Beschäftigung Heideggers mit antiken Autoren zu liefern und unterschiedliche Bezugnahmen darauf aus heutiger Sicht aufzuzeigen.

---

[3] Martin Heidegger wird soweit als möglich nach der bei Klostermann (Frankfurt am Main) erscheinenden *Gesamtausgabe* („GA") mit Band- und Seitenzahl zitiert.
[4] Einen Querschnitt durch die lebendige Forschungstätigkeit von jungen PhänomenologInnen in Österreich bietet der Band *Phänomenologische Aufbrüche* (hg. v. Michael Blamauer / Wolfgang Fasching / Matthias Flatscher. Frankfurt am Main u. a.: Lang 2005).

In diesem Sinne widmet sich der erste Beitrag *Jede philosophische Vorlesung ist ein zweideutiges Beginnen* von Helmuth Vetter dem fundamentalen Problem, wie Philosophie zu lehren sei, da ihre Thematik nicht vom Vollzug des Philosophierenden abgetrennt werden kann. Im Zusammenhang mit *Heideggers Unruhe bei Heraklit* geht Heinrich Hüni der Frage nach, welche Gewichtung der Geschichtlichkeit in dieser Art der denkerischen Zwiesprache zukommt, die als Fortführung *und* Unterbrechung verstanden werden muss. Martin Wiesbauer setzt es sich in seinem Aufsatz *Phänomenologie und Hermeneutik in Heideggers seinsgeschichtlicher Heraklitlektüre* zum Ziel, die Bedingungen einer „seinsgeschichtlichen Hermeneutik" nachzuzeichnen und den Standpunkt heutiger Interpreten zu verorten. In seinem Artikel *Πόλις und Sprache* untersucht Ivo De Gennaro den Zusammenhang zwischen einem Denken des Politischen, der Geschichtlichkeit und der Sprache anhand von Heideggers Auseinandersetzung mit dem griechischen Entwurf der Polis bei Heraklit und Platon. Im Zentrum des Beitrags *Das produktive Nichts. Zur Platondeutung Heideggers* von Damir Barbarič steht die Frage, ob Heideggers These von der Wandlung der Wahrheitsauffassung bei Platon von der Unverborgenheit zur Richtigkeit sowohl historisch als auch sachlich zutreffend ist. Matthias Flatscher widmet sich in seinem Beitrag *Heidegger und Aristoteles* der wiederholten, aber mehrfach gebrochenen Bezugnahme Heideggers auf das aristotelische Sprachdenken. In seinem Aufsatz *Dasein und Bewegung* erörtert Mark Michalski, inwiefern Heideggers Auslegung des menschlichen Daseins einen Rückgriff auf das aristotelische Verständnis der κίνησις tätigt. Claudius Strube erläutert in seinem Artikel *Die hermeneutische Situation einer heutigen Deutung des griechischen Wahrheitsverständnisses* zum einen die philosophischen Beweggründe für Heideggers ἀλήθεια-Etymologie und zum anderen die Auswirkungen des wissenschaftlichen Wahrheitsverständnisses auf die heutige geschichtliche Situiertheit und deren Einbettung in die Lebenswelt. Mit Heideggers mehrfacher Hinwendung zu Augustinus in Hinblick auf die Selbstauslegung des Daseins und die Zeitlichkeit setzt sich Friedrich-Wilhelm von Herrmann in seinem Beitrag *Augustinus im Denken Heideggers* auseinander.

Im Anhang des Bandes finden sich zwei weitere Vorträge: Im ersten Beitrag mit dem Titel *Geburtsbriefe und Ursprungsklärungen* unternimmt Sophie Loidolt den Versuch, die unterschiedlichen Wege von Kant und Husserl in die Transzendentalphilosophie nachzuzeichnen und engzuführen. Martin G. Weiß geht in seinem Artikel *Die drei Körper des Jean-Paul Sartre* der Frage einer phänomenologischen Erörterung der Leiblichkeit in *Das Sein und das Nichts* nach.

Zur Zitationsweise sei angemerkt, dass neben der Anführung der *Heidegger-Gesamtausgabe* (vgl. FN 3) auch die gängigen Werksiglen der antiken Autoren verwendet werden.[5] Die Vorsokratiker werden nach der Zählung von Diels / Kranz[6], Platon wird nach der so genannten Stephanus-Ausgabe[7], Aristoteles nach der Bekker-Ausgabe[8] zitiert.

Der Dank der Herausgeber richtet sich an all jene Institutionen und Personen, die durch ihre finanzielle und personelle Unterstützung zum Zustandekommen der Tagung und der Veröffentlichung dieses Bandes maßgeblich beigetragen haben. Für die materielle Förderung danken wir dem *Bundesministerium für Bildung, Wissenschaft und Kultur* sowie der Wissenschaftsförderung der *Stadt Wien.* Ganz herzlich möchten wir uns bei Gertrud Wachter bedanken, die nicht nur bei der Vorbereitung der Tagung die Gesellschaft tatkräftig und umsichtig unterstützte, sondern darüber hinaus stets ein offenes Ohr für unsere Anliegen hatte und hat. Ferner sei noch Walter „Kiko" Delgado für die graphische Gestaltung der Plakate und Dr. Michael Blamauer für die übernommene Tagungsmoderation gedankt. Wir möchten weiters Dr. Norbert Willenpart, Aleksandra Marciniak und Andrea Kluska vom Peter Lang Verlag unseren Dank für die verlässliche Unterstützung aussprechen.

Das Thema *Heidegger und die Antike* stellt ein zentrales Forschungsfeld von Univ.-Prof. Dr. Helmuth Vetter, dem langjährigen Präsidenten der Gesellschaft, dar, der sich 2004 von diesem Amt und von seiner universitären Arbeit zurückzog. Er lehrte viele Jahre an der Wiener Universität Martin Heideggers Umgang mit den Griechen. Durch den Hinweis auf die Dringlichkeit der Auseinandersetzung mit Vergangenem sind unter seiner Betreuung eine Reihe von akademischen Abschlussarbeiten sowie eine große Zahl von eigenen Publikationen entstanden. Ihm möchte die Gesellschaft mit diesem Band für sein mannigfaches Engagement danken.

Matthias Flatscher

---

[5] Vgl. Konrat Ziegler / Walther Sontheimer (Hg.): Der kleine Pauly. Lexikon der Antike auf der Grundlage von Pauly's Realencyclopädie der classischen Altertumswissenschaft. 5 Bände. München: dtv 1979.

[6] Hermann Diels / Walther Kranz (Hg.): Die Fragmente der Vorsokratiker. 3 Bände. Berlin: Weidmann 1903.

[7] Henricus Stephanus (Hg.): Platonis opera quae existant omnia. 3 Bände. Genf 1578.

[8] Immanuel Bekker (Hg.): Aristotelis opera. Berlin: Reimer 1831-70 (Nachdr.: Berlin: de Gruyter 1960 f.).

Inhaltsverzeichnis

Jede philosophische Vorlesung ist ein zweideutiges Beginnen.

Beobachtungen zum formal anzeigenden Charakter aller philosophischen Begriffe unter Hinsichtnahme auf Heideggers Vorlesung *Die Grundbegriffe der Metaphysik* (Wintersemester 1929/30)

Helmuth Vetter, Wien

Severin Müller zugeeignet

Der Titel dieses Beitrags und sein Gang sind der Vorlesung *Die Grundbegriffe der Metaphysik. Welt – Endlichkeit – Einsamkeit* verpflichtet. Sie wurde von Martin Heidegger im Wintersemester 1929/30 an der Universität Freiburg i. Br. gehalten und liegt seit 1983 als Band 29/30 der Gesamtausgabe vor. Das im Titel nur sinngemäß wiedergegebene Zitat lautet vollständig: „So ist jede philosophische Vorlesung – sei sie ein Philosophieren oder nicht – ein zweideutiges Beginnen, in einer Weise, wie es die Wissenschaften nicht kennen." (GA 29/30, 19) Der Satz steht im § 5 der genannten Vorlesung. Der Herausgeber des Bandes, Friedrich-Wilhelm von Herrmann, hat als Überschrift formuliert (die, wie üblich, Wortfügungen Heideggers wiedergibt[1]): „Die Zweideutigkeit in unserem Philosophieren hier und jetzt im Verhalten der Hörer und des Lehrers." (GA 29/30, 17)

Zweideutigkeit als Grundzug eines Verhaltens: Die Leserinnen und Leser von *Sein und Zeit* erinnern sich an die überaus eindringlichen Analysen des alltäglichen Seins des Da und des Verfallens des Daseins. Diese thematisieren die Erschlossenheit des Man in seiner Konkretion, d. h. „die alltägliche Seinsart von Rede, Sicht und Auslegung" (GA 2, 222). Die entsprechenden Ausführungen über das Gerede, die Neugier und die Zweideutigkeit korrespondieren mit der existenzialen Konstitution des Da durch Rede, Verstehen und Auslegung. Unter Bezugnahme auf den Zusammenhang von Auslegung und Zweideutigkeit bemerkt Heidegger zu Letzterer: „Die Zweideutigkeit der öffentlichen Ausgelegtheit gibt das Vorweg-bereden und neugierige Ahnen für das eigentliche Geschehen aus und stempelt Durchführen und Handeln zu einem Nachträglichen und Belanglosen." (GA 2, 231) Damit sind die Gleichursprünglichkeit der Zweideutigkeit mit der Rede (im „Vorweg-bereden") und der Neugier (im „neugierigen Ahnen") ebenso angezeigt wie ihre merkwürdige Trennung von dem, was durch sie angeeignet wird, und dem, was daraus folgen sollte. Mit diesen Bestimmungen wird an das durch *Sein und Zeit* vorgegebene Umfeld erinnert, weil innerhalb seiner die Zweideutigkeit auch in den *Grundbegriffen* ihren Ort hat.

---

[1] Vgl. Nachwort des Herausgebers (GA 29/30, 540).

Doch Heidegger spricht in den *Grundbegriffen* von der Zweideutigkeit in einer ganz besonderen Hinsicht. Er nimmt sie eigens in das Philosophieren hinein und bezieht sie mit einem nicht näher bezeichneten „hier und jetzt" auf das Auditorium philosophischer Vorlesungen wie auch auf jene, die solche Vorlesungen halten. Bevor darauf näher einzugehen ist, sei ein knapper Umriss des Vorhabens vorausgeschickt.

In einem ersten Schritt gilt es, sich darüber zu verständigen, was hier mit dem Philosophieren gemeint sein könnte. Sodann ist zu fragen, wie sich die hier verortete Zweideutigkeit in der philosophischen „Lehre" auswirkt, und zwar nicht etwa nach zufälligem Vermögen oder Unvermögen der Lehrenden, sondern als dem Lehren selbst innewohnende Tendenz – und mag dieses noch so inspiriert sein. Schließlich ist die Frage zu stellen, wie die Zweideutigkeit des Lehrens in den *Grundbegriffen* konkret zur Sprache kommt.

Zusammenfassend gesagt geht es also 1. um Heideggers Bestimmung der Philosophie in Abgrenzung gegenüber Wegen, die nicht nur nicht zur Philosophie hin-, sondern vielmehr von ihr wegführen; 2. um die Zweideutigkeit als ein Moment alltäglicher Auslegung und besonders um die philosophische Begrifflichkeit, die sich in der Zweideutigkeit bewegt; 3. um einige Hinweise Heideggers zu den formal anzeigenden Begriffen innerhalb der *Grundbegriffe*.

1. Umwege und Wege weg von der Philosophie und hin zu ihr

In den ersten Abschnitten der *Grundbegriffe* geleitet Heidegger sein Auditorium auf einen Weg in Richtung auf eine Bestimmung der Philosophie. So bezeichnend es für ihn selbst ist, dem Thema seiner Vorlesungen solche Überlegungen immer wieder vorauszuschicken, so wenig gebräuchlich scheint doch dieses Verfahren damals wie heute zu sein. Es ist aber für Heidegger mehr als bloß ein didaktisches Instrument, wenn er in seinen Kollegs auf unterschiedliche Weise die Frage stellt, sie entfaltet und zu beantworten sucht, was dies denn eigentlich ist, das hier als *Fach* – wie es oft gedankenlos heißt – gelehrt wird, und wie dieses *durch Lehre vermittelt* werden könne.[2] Im weithin üblichen Betrieb (man geht wohl nicht fehl mit der Feststellung: heute kaum anders als damals, gegen Ende der Zwanzigerjahre des vorigen Jahrhunderts) ist ein solches Vorgehen eher die Ausnahme, und dies trotz der nicht selten gehörten Versicherungen, wie wichtig Fragen der Methode seien.

So lehrt z. B. jemand Analytische Philosophie, ein/e andere/r verlegt sich auf Theorien feministischer Philosophie, wiederum andere gestatten sich Ausflüge in die Metaphysik und einige lassen es sich angelegen sein, nur noch philosophiehistorische Forschung zu treiben (ob aus Überzeugung oder aus Mangel an

---

[2] Vgl. Walter Biemel: Heidegger als Lehrer, in: Mesotes. Supplementband Martin Heidegger. Wien: Braumüller 1991, 9-21. Claudius Strube: Wissenschaft wieder als Lebenswelt: Heideggers ursprüngliche Idee einer Universitätsreform, in: Heidegger Studies 19 (2003), 49-64.

Besserem sei dahingestellt). Am Ende findet sich sogar noch eine Nische für Phänomenologie oder für Hermeneutik, falls solche „Fächer" nicht schon unter die Rubrik „Continental Philosophy" fallen. Eine solche Vielfalt hat ihren guten Sinn, schützt sie doch die Studienanfänger/innen vor einem einseitigen Zugang zur Philosophie. Anderseits wird der Anspruch der Philosophie damit bis zur Unkenntlichkeit entstellt, von einer Einheit – die sich zumindest auf eine gemeinsame Basis von Kategorien stützen könnte – kann unter diesem Aspekt wohl keine Rede sein. Ja vielfach ist nicht einmal eine Verständigung darüber möglich, ob das, was seitens der jeweils anderen Position gelehrt wird, überhaupt noch als Philosophie angesprochen werden dürfe.[3]

Alle, die Philosophie lehren, und wohl mehr noch deren Hörerschaft mögen an einer solchen Unübersichtlichkeit Gefallen finden oder nicht. Zu leugnen ist gleichwohl kaum, dass es sich hier um ein Fach handelt, das seine Stellung durch immer neue „Positionierungen" zu verbessern sucht – und dies umso intensiver, je schwächer sein Ansehen wird (und dies nicht nur in der Öffentlichkeit, sondern auch innerhalb des universitären Wirkungsbereichs). Das ist angesichts der vielfachen Beschränkungen, denen alle universitären Einrichtungen unterworfen sind (hinsichtlich der personellen Ausstattung, der Stundenzahl und vor allem hinsichtlich der finanziellen Möglichkeiten), nicht verwunderlich und teilweise wohl auch ehrlich gemeint – und doch wird damit die Frage nicht beantwortet, ob solche Standortbestimmungen über die nackte Gegenwehr hinausgehen, einen Brotberuf zu verteidigen.

Was ist das eigentlich, das eine bestimmte Gruppe von Menschen von Berufs wegen lehrt, und das diesen so bedeutend, aus der Perspektive der öffentlichen Meinung hingegen meist eher entbehrlich erscheint – die Philosophie? Und muss nicht auch darnach gefragt werden, was die Weitergabe eines so merkwürdigen Faches durch Lehre bedeutet? Oder ist das Thema, das Schiller 1789 in seiner Antrittsvorlesung so voller Leidenschaft erörtert hat: der Unterschied zwischen dem „Brotgelehrten" und dem „philosophischen Kopf"[4], ist diese von Grund auf verschiedene Haltung, die doch den Lehrplan nicht unberührt lassen kann, bereits zugunsten des Brotgelehrten entschieden, und dies schon deshalb,

---

[3] In Grenzen gilt immer noch, was Stegmüller schon vor Jahrzehnten als „Prozeß des wechselseitigen Sichentfernens" in der Philosophie beschrieben hat. Wolfgang Stegmüller: Hauptströmungen der Gegenwartsphilosophie. Band I. Stuttgart: Kröner [6]1976, XLI ff.

[4] Friedrich Schiller: Was heißt und zu welchem Ende studiert man Universal-Geschichte? Schillers sämtliche Werke. Historisch-kritische Ausgabe in 20 Bänden. 16. Band. Leipzig: Max Hesse 1910, 47: „Anders ist der Studienplan, den sich der Brotgelehrte, anders derjenige, den der philosophische Kopf sich vorzeichnet." Einige Jahre darauf, 1797, erscheint Fichtes Erste Einleitung in die Wissenschaftslehre, in welcher der Verfasser ganz ähnlich wie vor ihm Schiller von jenen spricht, „denen es Thorheit ist, dass jemand selbstständig Wahrheit suchen solle, die in den Wissenschaften nichts erblicken, als einen bequemeren Broterwerb, und vor jeder Erweiterung derselben, als vor einer neuen Arbeit erschrecken". Fichtes Werke. Band I. Hg. v. Immanuel Hermann Fichte. Berlin: de Gruyter 1971, 422.

weil heute die Ökonomie die für den Betrieb entscheidenden Vorgaben bestimmt? Wird dieser Tatbestand zwar viel beredet, doch ohne in seinen Grundzügen ausreichend erfasst zu werden – und ist nicht auch und gerade dies ein Thema von eminent philosophischer Brisanz?[5]

Schillers programmatische Rede spricht Grundüberzeugungen aus, die wenig später auch einen Fichte und einen Wilhelm von Humboldt bewegen.[6] Nicht allzu sehr unterscheiden sich davon die Fragen, die Heidegger in den Zwanzigerjahren des letzten Jahrhunderts in immer neuen Konstellationen zu wecken versucht hat – nicht um dann darüber hinaus zu gehen, sondern um im Lichte seiner Antworten diese in der konkreten Arbeit der Auslegung philosophischer Dokumente zu prüfen. Ohne Rücksicht auf akademische Usancen gibt er Rechenschaft über das Was und Wie seines Wirkens als Lehrer an einer Hohen Schule und tut damit das blanke Gegenteil von all jenen, die zwar die Existenzberechtigung dieser seltsamen Disziplin, genannt „Philosophie", mit allem Eifer rechtfertigen, doch ohne sich der den Grund legenden Frage zu stellen, worauf denn dies eigentlich hinauswolle, diese merkwürdige Liebe zur Weisheit.

Sie ist – und Heidegger wiederholt dies in unterschiedlichen Zusammenhängen – weder Wissenschaft noch Weltanschauung, doch auch nicht auf dem Umweg über die Kunst oder über die Religion zu finden und mit dem bloßen Rückgang auf ihre Historie schon gar nicht in ihrem Wesen zu fassen.[7] Auf den ersten Seiten der *Grundbegriffe* werden Möglichkeiten der Philosophie erwogen, die in Wahrheit keine sind: die Auffassung, die Philosophie sei eine Wissenschaft oder sie sei eine Weltanschauung, die Kunst sei ein Weg zu ihr oder die Religion, oder die Philosophie erschöpfe sich in den Aufgaben einer historischen Erforschung ihrer Vergangenheit. Jener Weg dagegen, der in dieser Lage als einzig sinnvoller erscheint, führt vor das Ganze der Welt[8] und weist solcherart dem Philosophieren seinen unverwechselbaren Beruf, ja seine Berufung.

---

[5] Zu den Ausnahmen zählt, von Heidegger abgesehen, Eugen Fink, der in seinem *Traktat über die Gewalt des Menschen* (Frankfurt a. M.: Klostermann 1974) eine philosophisch grundlegende Untersuchung der „Produktion" als der bestimmenden Tendenz unserer Zeit entfaltet; anders, als dies bei Heidegger der Fall ist, gilt Finks besondere Aufmerksamkeit den wesentlichen Formen der künftigen Koexistenz des Menschen und namentlich der Gesellschaft. – Die dahinter stehende industrielle Arbeitswelt untersucht auf minutiöse Weise nicht zuletzt hinsichtlich der geschichtlichen Vorgaben Severin Müller: Phänomenologie und philosophische Theorie der Arbeit. Band I: Lebenswelt – Natur – Sinnlichkeit. Freiburg/München: Alber 1992. Band II: Rationalität – Welt – Vernunft. Freiburg/München: Alber 1994.

[6] Vgl. Helmut Schelsky: Einsamkeit und Freiheit. Idee und Gestalt der deutschen Universität und ihrer Reformen. Reinbek: Rowohlt 1963, Kapitel II und III.

[7] Dass Heidegger, wenn er in den *Grundbegriffen* von Philosophie spricht, die Metaphysik meint, ist zwar nicht selbstverständlich, sei aber hier dahingestellt.

[8] Die Vorlesung ist Eugen Fink gewidmet, der von ihr die ersten Anstöße für sein kosmologisches Denken empfangen hat. Sein Weg von der Ontologie zur Kosmologie führt allerdings auch zu einer kritischen Stellungnahme gegenüber Heidegger. Deutlich wird dies z. B. in sei-

Philosophie ist Heidegger zufolge weder Wissenschaft noch absolute Wissenschaft: Was hier gegen Hegel ins Treffen geführt werden könnte, kann auch als Kritik an Husserl verstanden werden. In dessen programmatischem Aufsatz von 1911, *Philosophie als strenge Wissenschaft*, erhält das Postulat einer wissenschaftlichen Philosophie seine verbindliche Festschreibung. Hier soll der – wie Husserl meint – bislang noch uneingelöste, wissenschaftliche Status des Philosophierens als Desiderat für alle Zukunft fixiert werden, wenngleich der methodische Charakter der zukünftigen Philosophie noch auf seine Ausarbeitung warte. Philosophie, sagt Husserl einleitend, habe seit ihren Anfängen „den Anspruch erhoben, strenge Wissenschaft zu sein, und zwar die Wissenschaft, die den höchsten theoretischen Bedürfnissen Genüge leiste und in ethisch-religiöser Hinsicht ein von reinen Vernunftnormen geregeltes Leben ermögliche" (Hua XXV, 3).[9] Und kurz darnach gibt Husserl seiner von ihm nie zurückgenommenen Überzeugung Ausdruck, dass „die höchsten Interessen menschlicher Kultur die Ausbildung einer streng wissenschaftlichen Philosophie fordern" (Hua XXV, 7).[10]

Was Heidegger seinerseits in Frage stellt, ist nicht der Anspruch auf Wissenschaftlichkeit, zu der wesentlich ihre Mitteilbarkeit gehört – in Frage steht die *Art* der Mitteilung. Seit Erscheinen der Gesamtausgabe wissen wir, dass er nicht nur in den frühen Vorlesungen auch mit Blick auf die Philosophie den Anspruch erhebt, diese sei Wissenschaft – allerdings eine Wissenschaft besonderer Art, deren Aufgabe mit der keiner Einzelwissenschaft verwechselt werden dürfe: eine Absage an den für die Neuzeit maßgeblichen und durch Descartes begründeten Methodenanspruch.[11] Noch in der Vorlesung vom Sommersemester 1936 – um nur ein Beispiel zu nennen – unterscheidet Heidegger zwischen der „Wissenschaft im grundsätzlichen Sinne (Philosophie) und Wissenschaft im abgelei-

---

ner Absetzung von Heideggers Interpretation Hegels, in: Sein und Mensch. Vom Wesen der ontologischen Erfahrung. Freiburg/München: Alber 1977, 168 ff. Vgl. Michael Heitz und Bernhard Nessler: Die Metaphysikkritik Finks und Patočkas, in: dies. (Hg.): Eugen Fink und Jan Patočka: Briefe und Dokumente 1933-1977. Freiburg/München: Alber; Prag: Oikoumenh 1999 (Orbis Phaenomenologicus; II; 1), 151-174.

[9] Alle im Beitrag angeführten Zitate Husserls richten sich nach der seit 1950 bei Nijhoff (Den Haag) bzw. Kluwer (Dordrecht u.a.) erscheinenden Ausgabe der *Husserliana* (Hua).

[10] Noch in einem seiner letzten Texte bestimmt Husserl die Philosophie als „Wissenschaft vom Universum des Seienden als Wissenschaft für jeden ‚Vernünftigen', jeden in ‹der› reinen Episteme Denkenden, zu Gebilden endgültiger Welterkenntnis führend" (Hua XXIX, 405). Dazu auch Rainer Thurnher: Husserls Idee einer „wirklichen', echten Wissenschaftstheorie", in: Helmuth Vetter (Hg.): Krise der Wissenschaften – Wissenschaft der Krisis? Frankfurt a. M. u. a.: Peter Lang 1998, 27-41.

[11] Für Details wäre Heideggers Hinweisen auf Descartes' *Regulae ad directionem ingenii* nachzugehen, vor allem denen in GA 41, 101 ff. Vgl. Friedrich-Wilhelm von Herrmann: Sein und Cogitationes. Zu Heideggers Descartes-Kritik, in: Vittorio Klostermann (Hg.): Durchblicke. Frankfurt a. M.: Klostermann 1970, 235-254.

teten heutigen Sinne" (GA 42, 28). Hält man mit guten Gründen an diesem Unterschied fest, so wäre es doch offensichtlich völlig verkehrt, gäbe eine Wissenschaft im *abgeleiteten* Sinn – und sei es die strengste – der Wissenschaft im *grundsätzlichen* Sinn die Möglichkeiten, Grenzen und Ziele vor. Genau dies aber wendet Heidegger gegen Husserl ein: Dieser sei primär von einer bestimmten Idee von Wissenschaftlichkeit geleitet, ohne sie weiter in Frage zu stellen, lasse aber gerade die entscheidende Frage nach der Seinsweise des Bewusstseins (das cartesianisch als *fundamentum inconcussum* in Anspruch genommen wird) und damit auch die Frage nach der Rechtmäßigkeit des Fundaments dieser Wissenschaft ungeklärt (vgl. GA 20, 147).[12]

Philosophie ist aber auch nicht das Gegenstück zur Wissenschaft, nämlich Weltanschauung. In diesem Punkt scheint sich Heidegger sogar mit Husserl zu treffen, doch bei näherem Hinsehen weichen auch darin beide voneinander hinsichtlich der leitenden Ideen ab. Denn Husserl weist die Weltanschauungsphilosophie nur deshalb zurück, weil sie seinem Postulat einer wissenschaftlichen Philosophie (mit deren durch die neuzeitliche Philosophie bestimmten Vorgaben) nicht genügt. Die Weltanschauung ist ein Notbehelf, der zwar den Weg zur Philosophie nicht von vornherein verbaut (hier hat Husserls schwankendes Verhältnis zu Dilthey seinen Ort[13]), doch verliert sie ihre Bedeutung, sobald die Philosophie das ihr angemessene wissenschaftliche Niveau erreicht hat.

Heideggers Verhältnis zur Weltanschauung unterscheidet sich von dem seines Lehrers gravierend, denn es ist zwar gleichfalls negativ gefärbt, bezieht aber – grob gesagt – ihre Negativität gerade aus einer inneren Nähe der Weltanschauung zur Philosophie. Das Verhältnis ist doppelt zu charakterisieren: Die Philosophie ist nie frei von Weltanschauung – und verkennt sich doch selbst, wenn sie ihre Aufgabe darin sieht, eine Weltanschauung ausbilden zu müssen. Ein Zitat aus dem *Kantbuch* bringt diesen janusköpfigen Sachverhalt auf den Punkt: „Die Philosophie hat nicht die Aufgabe, Weltanschauung zu geben, wohl aber ist Weltanschauung die Voraussetzung des Philosophierens." (GA 3, 284) Die vielleicht eindringlichste Darlegung dieser Problematik gibt Heidegger in der

---

[12] Heidegger entfaltet seine Kritik an Descartes und an Husserls Cartesianismus überaus differenziert in GA 17, besonders Teil 3. Für eine eingehende Diskussion wäre es allerdings unumgänglich, im Ausgang von einzelnen Texten Husserls zu prüfen, wie weit dieser Vergleich (trotz zuweilen missverständlicher Formulierungen bei Husserl) trägt. Vgl. dazu vor allem Eugen Fink: VI. Cartesianische Meditation. Teil 1: Die Idee einer transzendentalen Methodenlehre. Dordrecht: Kluwer 1988 (Husserliana Dokumente; II/1). Heidegger hat seine Kritik zwar relativ früh (1923/24) vorgetragen, es dürften sich aber keine Anhaltspunkte finden, denen zu entnehmen wäre, dass er sie später grundlegend revidiert hätte (vgl. dazu seine Äußerungen im Seminar vom September 1973, GA 15, 380 ff.).

[13] Dazu schon Georg Misch. Lebensphilosophie und Phänomenologie. Eine Auseinandersetzung der Diltheyschen Richtung mit Heidegger und Husserl. Darmstadt: Wissenschaftliche Buchgesellschaft ³1967 (unveränderter Nachdruck der 2. Auflage von 1931).

Einleitung in die Philosophie (GA 27), der im Wintersemester 1928/29 gehaltenen Vorlesung.

Wenn heute das Wort „Weltanschauung" aus philosophischer Sicht eher obsolet erscheint, erlebt es in der Zeit zwischen den Weltkriegen eine Hochblüte und wird in allerlei kruden Heilsansprüchen manifest. Der Heideggerbiograph Rüdiger Safranski hat dies so anschaulich geschildert, dass ein längeres Zitat zur Illustration gestattet sein mag:

„Oswald Spenglers ‚Der Untergang des Abendlandes', in jenen Jahren sechshunderttausendmal verkauft, war der großtheoretische Entwurf, der in tausend kleine Splitter, Weltdeutungen aus dem Geiste von Endzeit und radikalem Neubeginn, zersprang. Fast jede größere Stadt verfügte über einen oder sogar mehrere ‚Heilande'. In Karlsruhe gab es einen, der sich ‚Urwirbel' nannte und seinen Anhängern Teilhabe an kosmischen Energien versprach; in Stuttgart trieb ein ‚Menschensohn' sein Wesen, der zu erlösendem vegetarischen Abendmahl einlud; in Düsseldorf predigte ein neuer Christus den nahen Weltuntergang und rief zum Rückzug in die Eifel auf. In Berlin füllte der ‚geistige Monarch' Ludwig Haeusser große Säle, wo er die ‚allerkonsequenteste Jesus-Ethik' im Sinne des Urkommunismus forderte, die Liebesanarchie propagierte und sich selbst als ‚Führer' anbot – ‚die einzige Möglichkeit zur Höherentwicklung von Volk, Reich und Menschheit'. Die zahlreichen Propheten und Charismatiker jener Jahre sind fast alle millenarisch und apokalyptisch gestimmt, es sind Irrgänger der revolutionären Erregungen bei Kriegsende, Dezisionisten der Welterneuerung, wild gewordene Metaphysiker und Geschäftemacher auf dem Jahrmarkt der Ideologien und Ersatzreligionen. Wer sich um seine Seriosität sorgte, ging auf Distanz zu dieser Schmuddelszene, doch waren die Übergänge durchaus fließend."[14]

Dieser Bericht ist nicht nur wegen der Anschaulichkeit des Dargestellten von Interesse, sondern besonders deshalb, weil er das Wort „Weltanschauung", das bei Heidegger meist geringschätzig gebraucht wird (sieht man von GA 27 ab), in seinen epochalen Kontext stellt. Doch es ist Heidegger selbst, der in der Vorlesung von 1921/22 (sie fällt in die Zeit, von der Safranski spricht) explizit vor „Schwarmgeisterei" warnt. Diese betone das „Erleben" und versuche durch allerlei Aufputz – „heute möglichst religiös und metaphysisch" (GA 61, 36) – dem Gerede aufzuhelfen (heute dürfte dieses nicht sosehr „metaphysisch", sondern eher „ästhetisch" und mehr oder weniger „religiös" verbrämt werden).

Dass auch die Antwort der Philosophiehistorie nicht ausreicht, um der Philosophie ihre Bestimmung zu geben, liegt wohl auf der Hand. Niemand wird bestreiten, wie groß die Bedeutung der historischen Arbeit für die Philosophie selbst ist. Ohne den Fleiß eines Hermann Diels gäbe es keine *Fragmente der*

---

[14] Rüdiger Safranski: Ein Meister aus Deutschland. Heidegger und seine Zeit. München/Wien: Hanser 1994, 116 f.

Vorsokratiker. Und doch stellt sich auch hier die Frage, was denn dies eigentlich sei, das oft so immensen Aufwand erforderlich macht. An Gründen freilich mangelt es zunächst nicht, vor allem werden Neuheit und Originalität ins Treffen geführt, um solche Arbeiten zu legitimieren. Nun mögen die Historiker auf ein noch unbekanntes Fragment eines frühen Philosophen stoßen, den Echtheitsbeweis für einen bisher für unecht gehaltenen Text antreten, die Neuzuschreibung einer Schrift vornehmen oder neue Quellen entdecken: Dass all dies zur Philosophie gehört und sich dadurch legitimiert, setzt doch voraus, dass Philosophie ein legitimes Unterfangen ist. Wie sollten alle historischen und philologischen Befunde sich selbst das Attribut „philosophisch" zuschreiben können, wenn nicht vorher schon bekannt ist, was diesem Attribut zugrunde liegt – die Philosophie?

Alle diese Um- und Irrwege beruhen insgesamt auf der nicht weiter begründeten Meinung, man könne auf ihnen gleichsam von selbst zur Philosophie gelangen. Doch weder Wissenschaft noch Weltanschauung (Heidegger zufolge auch nicht die Kunst und auch nicht die Religion – sie werden hier bewusst ausgespart) sind Wege zur Philosophie. Was bleibt? Heideggers Auskunft: „Sie selbst [die Philosophie] *ist* nur, wenn wir philosophieren. *Philosophie ist Philosophieren.*" (GA 29/30, 6) Heidegger sagt nicht tautologisch: „Philosophie ist Philosophie", sondern er unterscheidet Substantiv und Verbum: „Philosophie ist Philosophieren". Damit schwenkt er in die Richtung eines weiteren Suchens ein: Das Abstraktum „Philosophie" schlägt zu einer Tätigkeit um, ja mehr noch: wird in das eigene Tun einbezogen. Mit dem Hinweis, Philosophie selbst *sei* nur, „wenn wir philosophieren", ist freilich auch noch keine Antwort gegeben, was denn die Philosophie dann sei, wenn wir philosophieren – und doch ist die Richtung weiteren Fragens vorgezeichnet. Denn hier liegt ein Anstoß für zwei weitere Fragen: „Aber wissen wir denn, was wir selbst sind? Was ist der Mensch?" (GA 29/30, 6) Die Frage: „Was ist das – die Philosophie?" schlägt um in die Frage: „Was ist der Mensch?"

Wer die *Grundbegriffe* unvoreingenommen liest, spürt noch etwas von der Eindringlichkeit, mit der sich Heidegger an sein Auditorium wendet. Mit der Frage „Was ist der Mensch?" wendet sich die Einleitung, die der Bestimmung der Philosophie gilt, von Meinungen über deren Wesen zu jenen, denen diese Vorlesung gilt. In ihr ist mehrfach von einer Weckung die Rede, und diese besteht nicht in der Verkündigung besonderer Inhalte, sondern zunächst in einem „aufmerken lassen", in einem Appell, mit dem dieser Lehrer unmittelbar auf seine Hörerschaft zielt. Was in den einleitenden Bemerkungen dieses Beitrags umständlich und durchwegs von außen her bezüglich der Ortsbestimmung der Philosophie gesagt wurde, bringt Heidegger mit einigen wenigen Fragen auf den Punkt.

Wenn er sagt, die Philosophie sei „wir wissen es nur dunkel – etwas im Ganzen und Äußersten, worin eine letzte Aussprache und Zwiesprache des Menschen geschieht" (GA 29/30, 6), so mag dies noch als eine Feststellung hingenommen werden, über die sich diskutieren lässt. Damit wäre noch ein gewisses Ausweichen möglich, und sei es, um zu sagen, dies sei eben die „Heidegger'sche" Position der Philosophie (genauer noch: die Position, die er Ende der Zwanzigerjahre eingenommen habe). Diesen Rückzug schneidet er aber seinem Auditorium durch eine Reihe von Fragen ab (die als solche ganz unphilosophisch aussehen): „Denn wozu wären wir sonst hierher gekommen [hätten wir nicht diese wenngleich dunkle Auffassung von Philosophie]? Oder sind wir nur so hierher geraten, weil andere auch hingehen, oder weil wir gerade zwischen fünf und sechs eine freie Stunde haben, in der es sich nicht lohnt, nach Hause zu gehen? Warum sind wir da? Wissen wir, womit wir uns einlassen?" (GA 29/30, 6)

Heidegger nimmt hier nicht die vorher gestellte Frage auf, was der Mensch sei. Er begibt sich in keinen philosophischen Disput, sondern er richtet Fragen an seine Hörerinnen und Hörer, indem er ihnen einen Anlass gibt nachzudenken, worauf sie sich mit ihrer Anwesenheit in einer Vorlesung zu einem Thema (einem Grundthema!) der Philosophie eingelassen hätten. Er wird später sehr ausführlich über eine Grundstimmung, die Langeweile, sprechen, jetzt stimmt er sein Auditorium zunächst auf das Folgende ein – nicht mit Erklärungen über die Philosophie, sondern mit Fragen an die Anwesenden (die vielleicht, nach einem Wort Heraklits, dennoch Abwesende sind[15]).

Heidegger zitiert fast unmittelbar darauf ein Wort von Novalis – „doch nur ein Dichter und gar kein wissenschaftlicher Philosoph", wie er bemerkt, und nicht weniger anzüglich der auf potentielle Kritiker gemünzte Zusatz: „natürlich romantisch" (GA 29/30, 7). Man erinnert sich daran, wie sorgfältig dieser Friedrich von Hardenberg „seine" Philosophen studiert hat, allen voran Fichte[16]. Doch darum geht es nicht. Heidegger hat nur den einen Satz im Blick: „Die Philosophie ist eigentlich Heimweh – *Trieb überall zu Hause zu seyn.*"[17] Später setzt er erläuternd hinzu: „Ein solcher Trieb kann Philosophie nur sein, wenn wir, die philosophieren, überall *nicht* zu Hause sind." (GA 29/30, 7)

Philosophieren kann, folgt man dieser Erläuterung, nur jemand, der „überall *nicht*" zuhause ist, in anderer Betonung: der „*überall* nicht" zuhause ist, und

---

[15] „Sie verstehen nicht, auch nachdem sie gehört haben, und sind Gehörlosen ähnlich; ein Spruch bezeugt es ihnen: Anwesende sind sie abwesend (παρεόντας ἀπεῖναι)." (DK 22 B 34)

[16] In der auf der historisch-kritischen Edition basierenden Ausgabe von Mähl und Samuel nehmen Novalis' Fichte-Studien ziemlich genau 200 Seiten ein. Zu den Fragmenten vgl. Gerhart Baumann: Novalis. Dichtung und Enzyklopädie. Unendliche Annäherungen, in: Paola-Ludovika Coriando (Hg.): Vom Rätsel des Begriffs. Festschrift für Friedrich-Wilhelm von Herrmann zum 65. Geburtstag. Berlin: Duncker und Humblot 1999, 253-261.

[17] Novalis: Schriften. Band 2: Das philosophisch-theoretische Werk. Darmstadt: Wissenschaftliche Buchgesellschaft 1999, 675.

dem die Philosophie deshalb ein „überall zu Hause" bietet. Wenn in ihr „eine letzte Aussprache und Zwiesprache des Menschen geschieht", dann könnte sie auch ein „letztes" Zuhause sein: Wissenschaft und Weltanschauung sind kein solches Zuhause, und Religion und Kunst sind es vermutlich auch nicht oder doch auf ganz andere Weise.

Dieses Wörtchen „überall" wird für Heidegger zum Vehikel, das ihn zum nächsten Schritt bringt: „Überall zu Hause zu sein – was heißt das? Nicht nur da und dort, auch nicht nur jeden Orts, an allen nacheinander zusammen, sondern überall zu Hause sein heißt: jederzeit und zumal im Ganzen sein." Und er fügt hinzu: „Dieses ‚im Ganzen' und seine Gänze nennen wir die *Welt*." (GA 29/30, 7 f.)

Wenn Philosophie – wie auch immer – der Weg in die Welt ist, kann sie dann ihrem Anspruch, Wissenschaft zu sein, gar „Wissenschaft im grundsätzlichen Sinne" noch nachkommen? Sie ist, wurde eingeschärft, nicht Wissenschaft i. S. der Einzelwissenschaften, und doch verzichtet sie nicht auf ein begriffliches Vorgehen. Es sind „metaphysische" Begriffe, sagt Heidegger, der Philosophie eigene Begriffe, solche, die eine Bahn brechen und dabei voraussetzen, von dem, was sie begreifen wollen, „zuvor *ergriffen*" zu werden (GA 29/30, 9). Begriffe, die Ergriffenheit voraussetzen – wie lässt sich diese Forderung von den früher geschilderten Ansprüchen jener Propheten und Charismatiker, Dezisionisten und Ideologen noch seriös unterscheiden? Lässt sich über ihre Art mehr sagen als dies, dass es „des Hammers des Begreifens" bedarf (eine unschwer auf Nietzsche bezogene Anspielung[18]) und zuvor einer „Ergriffenheit"?

Nun hat Heidegger dieser Art von Ergriffenheit „begrifflich" den ganzen ersten Teil dieser Vorlesung gewidmet. Über die Art der Begriffe, deren es in der Philosophie bedarf, spricht er schon in den frühen Freiburger Vorlesungen und dann auch in einer die dort vorgenommenen Festlegungen abschließenden Form in den *Grundbegriffen*. Welche Begriffe sind also ein geeignetes Fahrzeug[19] für das Philosophieren? Und wie sind sie mit einer solchen Unentschiedenheit ausgestattet, dass alles philosophische Lehren notwendigerweise in eine grundsätzliche Zweideutigkeit gerät?

---

[18] Friedrich Nietzsche: Götzen-Dämmerung oder Wie man mit dem Hammer philosophirt. Sämtliche Werke. Kritische Studienausgabe. Bd. 6. Hg. v. Giorgi Colli und Mazzino Montinari. Berlin/München: de Gruyter/dtv ²1988, 55-161. Vgl. Verf.: Heideggers Annäherung an Nietzsche bis 1930, in: Synthesis philosophica 13 (1998), 373-385.

[19] Der Ausdruck „Fahrzeug" mag befremden. Bezüglich seiner sachlichen Berechtigung verweise ich nur allgemein auf den Titel des folgenden Sammelbandes: Georg Stenger, Margarethe Röhrig (Hg.): Philosophie der Struktur – Fahrzeug der Zukunft? Für Heinrich Rombach. Freiburg/München: Alber 1995.

2. Die Zweideutigkeit formal anzeigender Begriffe

Ich weise nun nochmals auf das Zitat aus *Sein und Zeit* hin, das sich auf die Zweideutigkeit aller Auslegung und deren Grund bezieht: „Die Zweideutigkeit der öffentlichen Ausgelegtheit gibt das Vorweg-bereden und neugierige Ahnen für das eigentliche Geschehen aus und stempelt Durchführen und Handeln zu einem Nachträglichen und Belanglosen." (GA 2, 231) Die Kategorialität der Philosophie geht auf ein Begreifen eigener Art zurück, so aber, dass in diesem selbst die Tendenz zur Zweideutigkeit liegt. Wie dieses Zitat deutlich macht, erscheinen „Durchführen und Handeln" für die öffentliche Ausgelegtheit als etwas, das „auch" dazugehören kann, doch nicht das Eigentliche solcher Begriffe ausmacht. Philosophische Degriffe – „Begriffe *ureigener* Art" (GA 29/30, 9), wie Heidegger in den *Grundbegriffen* hervorhebt – sind aber in Abkehr von dieser Meinung solche, die etwas eröffnen (eine Bahn brechen), und ihre Erfüllung nicht in sich selbst, sondern im entsprechenden „Durchführen und Handeln" finden. Ihre Eigenart wird nun näherhin dahingehend bestimmt, dass sie vom Charakter formaler Anzeige sind. Es gebe dabei, sagt Heidegger in einer der frühen Vorlesungen, nur den Weg, „das uneigentlich Angezeigte auszukosten und zu erfüllen, der Anzeige zu folgen" (GA 61, 33)[20] Es gilt jetzt im Anschluss an diese weit voraus weisende Kennzeichnung, die formale Anzeige in ihrer Eigenart zu bestimmen, ihre „bahnbrechende" Leistung wie auch ihren transitorischen Status.

Eine Erörterung des Terminus „formale Anzeige" bringt der Schlussteil der *Grundbegriffe*. Verfolgen wir diesen Ausdruck zurück, so lässt sich über den Hinweis auf die frühen Freiburger Vorlesungen hinaus leicht feststellen, dass er sich schon in *Sein und Zeit* findet, dort aber beinahe untergeht. In der Diskussion des methodischen Charakters der hermeneutischen Situation, wie sie sich vor den entscheidenden Interpretationen zur Zeitlichkeit des Daseins darstellt, gibt es den Satz: „Die formale Anzeige der Existenzidee war geleitet von dem im Dasein selbst liegenden Seinsverständnis." (GA 2, 415) Schon viel früher, im Rahmen der existenzialen Frage nach dem Wer des Daseins, findet sich die Bemerkung, das Ich dürfe nur „im Sinne einer unverbindlichen *formalen Anzeige* von etwas" verstanden werden, „das im jeweiligen phänomenalen Seinszusammenhang vielleicht sich als sein ‚Gegenteil' enthüllt" (GA 2, 155). Hier wie dort fehlen nähere Angaben, wie diese Formalität zu verstehen sei. Rückblickend lässt sich freilich erkennen, dass das Seinsverständnis des Daseins, von dem hier

---

[20] „Der Ausdruck ‚Anzeige' sagt offenkundig, daß es sich hier nicht um den Anspruch des Begriffs und des Begreifens handelt, also auch nicht um eidetische Allgemeinheit im Sinne Husserls." (Hans-Georg Gadamer: Neuere Philosophie I. Hegel, Husserl, Heidegger. Tübingen: Mohr (Siebeck) 1999 [GW 3], 429) Der damalige Ohrenzeuge bekennt, er habe sich mit jenem „Auskosten" zunächst nicht leicht getan.

in beiden Fällen die Rede ist, entweder unverbindlich vorgezeichnet ist oder von einer Existenzidee („Ich") geleitet ist, die sich als unzureichend erweisen wird.

Sehr ausführlich dagegen handeln von der formalen Anzeige einige der frühen Freiburger Vorlesungen (namentlich GA 60 und GA 61). Eine wichtige Rolle spielt außerdem die Jaspers-Rezension aus den Jahren 1919-21 (GA 9, 1-44). GA 29/30 ist möglicherweise der letzte Text, in dem diese Art der Begrifflichkeit nochmals in ihrer für das Philosophieren grundsätzlichen Bedeutung gewürdigt wird. Dass später von ihr nicht mehr die Rede ist, bedeutet aber keineswegs, dass sie ihre sachliche Bedeutung eingebüßt hätte.

Unter dem Gesichtspunkt möglicher Quellen wäre es zweifellos lohnend, einem Hinweis von Georg Imdahl weiter nachzugehen. Dieser hat in seiner Studie zu diesem Thema den Nachweis geführt, dass sich der Begriff „formales Moment" in Georg Simmels Aufsatz *Zur Metaphysik des Todes* findet.[21] Simmel spricht dort von der Bedeutung des Todes für das Leben des Menschen, aber auch von dessen Tendenz zur Flucht vor dem Tode. Er nennt den Tod ausdrücklich „ein formales Moment unseres Lebens, das auf alle seine Inhalte abfärbt"[22]. Die Formalität des Todes bedeutet bei Simmel, dass der Tod zwar in alle Lebensbereiche hineinwirkt, doch ohne darin ausdrücklich werden zu müssen. Nun gehört bekanntlich das Phänomen des Todes bei Heidegger zu den existenzialen Bestimmungen eigentlichen Existierens. In den *Grundbegriffen* sagt er von ihm hinsichtlich des begrifflichen Gebrauchs, dass er wie alle philosophischen Begriffe nur „formal anzeigend" seinen Sinn enthüllt (vgl. GA 29/30, 428 f.).

Eine ältere Quelle, auf die Imdahl nicht hinweist, bietet Kierkegaards Unterscheidung von indirekter und direkter Mitteilung. Ist diese die Mitteilung eines Wissens, so verweist jene (die Kierkegaard in Anspielung an Sokrates auch „maieutisch" nennt) auf ein Können.[23] Während das Wissen seiner Natur entsprechend auf weiteres Wissen abzielt, liegt im Können ein innerer Bezug zum Handeln. Jedes Wissen trägt trotz seiner Tendenz, durch weiteres Wissen

---

[21] Georg Imdahl: Das Leben verstehen. Heideggers formal anzeigende Hermeneutik in den frühen Freiburger Vorlesungen (1919-1923). Würzburg: Königshausen & Neumann 1997, 145 ff. In Grundzügen bereits ders.: „Formale Anzeige" bei Heidegger, in: Archiv für Begriffsgeschichte XXXVII (1994), 306-332. Zur Stellung der formalen Anzeige in GA 29/30 vgl. Rijk J. A. van Dijk: Grundbegriffe der Metaphysik. Zur formalanzeigenden Struktur der philosophischen Begriffe bei Heidegger, in: Heidegger Studies 7 (1991), 89-109. S. a. Michael Großheim: Von Georg Simmel zu Martin Heidegger. Philosophie zwischen Leben und Existenz. Bonn/Berlin: Bouvier 1991.

[22] Georg Simmel: Zur Metaphysik des Todes, in: Logos 1 (1910), 57-70; 60.

[23] Zur Notwendigkeit der Darstellung in der indirekten Form (die „Maieutik" hängt in diesem Fall mit der Innerlichkeit des Gottesverhältnisses zusammen) vgl. Sören Kierkegaard: Abschließende unwissenschaftliche Nachschrift zu den philosophischen Brocken. Erster Teil. Gesammelte Werke, Abt. 16, Teil 2. Gütersloh: Mohn 1982, 234 ff. – Raymond E. Anderson: Kierkegaards Theorie der Mitteilung, in: Michael Theunissen, Wilhelm Greve (Hg.): Materialien zur Philosophie Kierkegaards, Frankfurt a. M.: Suhrkamp 1979, 437-460.

vermehrt zu werden, seinen Sinn in sich. Hingegen verweist das Können prinzipiell auf ein Tun und bleibt ohne dieses leer. So haben bestimmte historische Kenntnisse ihren Sinn in sich selbst, auch wenn sie durch Ergänzungen oder auch Korrekturen neuen Zuwachs erhalten. Dagegen bleiben Kenntnisse im Bereich verantwortlichen Handelns in sich sinnlos, wenn sie nicht in einem Tun Erfüllung finden. Doch so treffend Kierkegaard das eine Moment der *Anzeige* damit charakterisiert haben mag – die Frage nach dem *Formalen* dieser Begrifflichkeit wird damit nicht berührt. Der Sinn von Heideggers formaler Anzeige muss von deren Formalität her weiter entschlüsselt werden – Simmel mag zwar Anregungen gegeben haben, Heidegger schlägt aber seinen eigenen Weg ein. Dieser könnte sich auch mit einem anderen Weg kreuzen.

Husserl hat in der *Ersten Logischen Untersuchung* im Zusammenhang mit einer Reihe von terminologischen Festlegungen dem Begriff des Zeichens auch die Anzeige zugeordnet. Während jedes Zeichen für etwas steht, ist nicht jedes sinnhaltig. Zeichen, die etwas bedeuten, nennt Husserl „Ausdrücke", „Anzeichen" dagegen drücken nichts aus. Und eben deren Verhältnis zum Bezeichneten nennt Husserl „Anzeige", genauer: „Anzeige für irgendetwas" (Hua XIX/1, 31 ff.). So ist z. B. das Brandmal an einem Sklaven eine Anzeige, ebenso die Fahne, die für eine bestimmte Nation steht. Aus solchen Beispielen wird deutlich, dass das mit der Anzeige Bezeichnete in dieser selbst nicht unmittelbar in Erscheinung tritt. Das Brandmal ist kein „Ausdruck" des Sklaven, und ebenso wenig drückt die Flagge „rot-weiß-rot" Österreich aus. Die Anzeige weist in allen Fällen auf etwas hin, das sie selbst nur als leere Möglichkeit enthält. Daher spricht Husserl auch von der „*Uneinsichtigkeit* der Anzeige". Ein Sachverhalt *A* kann ein Anzeichen für einen Sachverhalt *B* sein (ein Brandmal kann Sklaverei anzeigen, aber auch das Ergebnis einer dummen Spielerei oder auch eine Art von Tattoo sein). Hier ist ein „Verhältnis einsichtigen, objektiv notwendigen Zusammenhanges zwischen *A* und *B*" nicht gegeben.

Vergleichen wir Husserls Bestimmung der Anzeige mit der Kierkegaards, so erkennen wir hier wie dort die Bedeutung eines *Könnens*. Und doch ist der Unterschied gravierend: Kierkegaard steht in einer gewissen Nähe zu Heidegger, nicht aber zu Husserl. Und wie steht es mit Heideggers Verhältnis zu diesem? Offen mag bleiben, ob und wieweit Heidegger in seiner Charakteristik der formalen Anzeige auf die *Logischen Untersuchungen* seines Lehrers überhaupt Bezug genommen hat. Doch wenn dies auch der Fall gewesen sein sollte, wirft sein eigener Ansatz ein Licht auf seine radikal andere Position gegenüber Husserl. Während nämlich dessen terminologische Klärung das Maß für die Vorläufigkeit der Anzeige an der Objektivität von Beweisen nimmt (und deshalb auch von ihrer „Uneinsichtigkeit" spricht), sind Heideggers Ausführungen prinzipiell gegen jedes objektivierende Erkennen gerichtet. Ist also Husserls ganzes Bemühen darauf gerichtet, eine wissenschaftliche Philosophie zu etablieren, hat diese formal-begriffliche Seite für Heidegger nur die uneigentliche Bedeutung bloßen Anzeigens: Die Vollendung des Könnens in einem Tun geht jeder Theorie voraus und lässt diese als etwas Sekundäres erscheinen. Die Vorlesung aus dem Kriegsnotsemester 1919 formuliert die damit verbundene Aufgabe wie ein Programm: „Diese Vorherrschaft des Theoretischen muß gebrochen werden". Hier wird nicht einer theoriefreien Praxis das Wort geredet (die es nicht geben kann), sondern es gilt vielmehr, dass „das Theoretische selbst und als solches in ein Vortheoretisches zurückweist" (GA 56/57, 59).

Die Vorläufigkeit der Formalität der Anzeige ergibt sich nicht wie bei Husserl aus der Perspektive einer Beweisführung, indem dieser das „*Hinweisen* der Anzeige" mit dem „*Beweisen* der echten Folgerung und Begründung" in Beziehung setzt. Für Heidegger ergibt sich die Vorläufigkeit im Hinblick auf den *Vollzug* faktischen Existierens. Mit dem Attribut „formal" wird die der Anzeige eigentümliche Begrifflichkeit (ihre Formalität) zum Ausdruck gebracht. Dieser haftet eine eigentümliche Leere an, weil ihre Begriffe nur uneigentlich und prohibitiv sind. Sie sind uneigentlich, weil sie nur „die Richtung eines Hinblicks" geben – mit Kierkegaard zu reden: Sie verweisen auf ein Können, zeigen aber das Handeln eigens als Aufgabe an.[24]

Der prohibitive Charakter der Anzeige findet mehrfach seinen Niederschlag. Bereits vor dem Wintersemester 1921/22 (GA 61) gebraucht Heidegger die Kennzeichnung „phänomenologische Destruktion"; er bezeichnet sie später neben der Reduktion und der Konstruktion als eines der „Grundstücke" der Phänomenologie (GA 24, § 5). Doch in GA 61 stellt er einen prinzipiellen Zusammenhang zwischen ihr und der formalen Anzeige her, der deren *fundamentum in re* noch deutlicher herausstellt. Denn die prohibitive Funktion der Anzeige und die damit untrennbar verbundene Aufgabe der Destruktion wurzeln im Verfallen des Daseins (das hier noch unter dem Titel „Ruinanz" auftritt). Letzten Endes – der Hinweis auf *Sein und Zeit* sollte schon daran erinnern – liegt hier der Grund für jene Zweideutigkeit und im Besonderen für jene merkwürdige Unentschiedenheit, der sich jeder philosophische Unterricht stellen muss.

Prohibitiv ist die Anzeige, weil sie unangemessene kategoriale Ansprüche in deren Schranken weist. Diese Unangemessenheit rührt aber daher, dass sich Kategorien nicht von selbst verstehen, sondern aus Auslegungen erwachsen. Inadäquat ist daher genau genommen nicht die Kategorie, sondern die Auslegung,

---

[24] Die Angemessenheit dieser Kategorien (sie werden vermutlich erstmals GA 60, 232 „Existenzialien" genannt) hat nicht nur in Kierkegaards indirekter Mitteilung eine Parallele, sondern auch in der „Applikation" der Hermeneutik gadamerscher Prägung (vgl. Hans-Georg Gadamer: Wahrheit und Methode. Grundzüge einer philosophischen Hermeneutik I. Tübingen: Mohr (Siebeck) [6]1990 [GW I], 312 ff.). Gadamer selbst weist in diesem Zusammenhang auf die *Nikomachische Ethik* des Aristoteles hin. Geradezu als Vorläufer der formalen Anzeige kann dessen Satz genommen werden: τὸ τέλος ἐστὶν οὐ γνῶσις ἀλλὰ πρᾶξις (Met., 1095a5 f.): Das Ziel jeder Erörterung im Bereich sittlichen Handelns ist nicht dessen Erkenntnis als Selbstzweck, sondern Erkenntnis im Dienste des Handelns.

aus der jene hervorgeht. Was jetzt folgt, ist zwar von Heidegger her und aus der Literatur über ihn längst bekannt, sollte aber Bedeutung und Eigenart der anstehenden Thematik noch deutlicher hervorheben. Denn es ist das griechische Dogma, demzufolge Sein vorweg als Vorhandenes genommen wird, woraus die leitenden kategorialen Bestimmungen entspringen. Dass dies so ist, gründet aber nicht in theoretischen Überlegungen, sondern im Verhalten des Daseins in seiner Alltäglichkeit. Dessen Vollzug ist aber sosehr in das Herstellen eingebettet, dass es einer Erschütterung bedarf, um diesen Horizont überhaupt erst in Frage zu stellen. Für Platon (*Theaitetos* 155 d) und Aristoteles (*Metaphysik* 982b11 ff.) geschieht dies durch das Staunen, in *Sein und Zeit* durch die Grundbefindlichkeit der Angst und in Heideggers *Grundbegriffen* durch die Langeweile. Das Prohibitive der Anzeige liegt also in der Abwehr der Verfallenstendenz, alles Seiende in seinem Sein als Vorhandenes zu nehmen und dementsprechend zu begreifen.

Erst von dieser Sachlage her wird ein weiteres Moment der Auslegungen Heideggers verständlich, die Gewaltsamkeit. Auch dies lässt sich schon von *Sein und Zeit* her aufweisen. Dort heißt es: „Die existenziale Analyse hat [...] für die Ansprüche bzw. für die Genügsamkeit und beruhigte Selbstverständlichkeit der alltäglichen Auslegung ständig den Charakter einer Gewaltsamkeit." (GA 2, 413) Die Gewaltsamkeit der Auslegung ist nicht Willkür – jene „bereits schon sprichwörtlich gewordene Gewaltsamkeit und Einseitigkeit des Heideggerschen Auslegungsverfahrens" (GA 40, 184), wie es in der *Einführung in die Metaphysik* heißt –, sondern der Vollzug des prohibitiven Einsatzes der philosophischen Begriffe."[25] Worauf die Gewaltsamkeit des Auslegens abzielt, ist ein Durchstoßen des Horizonts der Gebrauchsdinge und das Aufbrechen einer Bahn in einen Raum, in dem das Dasein zuhause sein kann. Zudem erscheint die Auslegung nur aus der Perspektive der Alltäglichkeit gewaltsam und kann von dieser her in ihrem Recht auch gar nicht begründet werden.

Damit ist aber die Bedeutung der formalen Anzeige noch nicht ausgeschöpft. Gerade in den *Grundbegriffen* tritt ein Aspekt in den Vordergrund, der in den frühen Freiburger Vorlesungen zwar unthematisch mitgenommen wird, eigens jedoch erst hier thematisiert wird: die Bestimmung der formalen Anzeige hinsichtlich des Seienden als solchen und im Ganzen. Dessen Einbeziehung hat hier das Missliche an sich, dass es nicht möglich ist, Heideggers Erörterungen des „als" und seine Kritik an der Orientierung der Metaphysik am λόγος bzw. dessen Interpretation auch nur annähernd nachzeichnen zu können. Gleichwohl ist es für das Verständnis der formalen Anzeige unvermeidlich, den Blick gerade auf jenes „als" zu richten.

---

[25] Recht verstanden, illustriert diesen Vorgang auch eine Bemerkung Hannah Arendts in einem Briefentwurf an Hugo Friedrich: „Die ‚Gewaltsamkeit' ist keine andere als die sogenannten ‚Verzerrungen' bei Picasso. Hannah Arendt, Martin Heidegger: Briefe 1925 bis 1975 und andere Zeugnisse. Hg. v. Ursula Ludz. Frankfurt a. M.: Klostermann 1998, 316.

Heidegger setzt damit ein, dass er das „als" ganz leer und allgemein als Beziehung charakterisiert. Diese Beschreibung erweist sich zwar sehr bald als unzureichend, ist jedoch wichtig, weil erst dadurch ihre Grenzen in Erscheinung treten. Es handelt sich bei der Aussage, das „als" sei eine Relation, um eine formale Charakteristik, die das Spezifische dieses Phänomens von vornherein nivelliert. Die Relation des „als" fällt auf eine Ebene mit anderen Relationen zurück, womit ihr „Eigenwesen" (GA 29/30, 424) verfehlt wird. „Seiendes als solches" erscheint aus dieser Perspektive auf die Form der Aussage festgelegt: „a ist b" (GA 29/30, 420). Damit wird „die *Dimension* unterschlagen, in der die betreffende Beziehung das sein kann, was sie ist" (GA 29/30, 424). Dennoch gesteht Heidegger zu, dass das „als" eine Relation sei, dies aber nur für „die *formale Charakteristik*", durch welche „allenfalls gerade nur die entscheidende *Aufgabe*" angezeigt werde (GA 29/30, 425). Die formale Seite der Bestimmung des „als" als einer Relation erweist sich als unumgänglich, um einerseits den Beziehungscharakter im Blick zu behalten, andererseits diesen aber in seiner Eigentümlichkeit als eine Anzeige herauszustellen. Was kann eine Relation aber anzeigen, wenn man von Beziehungen wie „a ist b" oder „a und b" u. dgl. absieht?

Die Relation zeigt in ein Ganzes. Die vorläufige Bestimmung der Welt als „Seiendes als solches und im Ganzen" richtet sich auf eine innere Zusammengehörigkeit des „als" mit dem „Ganzen", so aber, dass der Anzeigecharakter nicht verloren geht. Erst dadurch, dass das Seiende „als solches" immer schon auf das „Ganze" hin überstiegen ist und von diesem her auf sich zurückkommt, ist der Anzeigecharakter voll ausgeschöpft. Unter diesem Gesichtspunkt ist es verständlich, dass Heidegger sagt, dass das im § 70 von der formalen Anzeige Gesagte „in einem ausgezeichneten Sinne vom Weltbegriff" gelte (GA 29/30, 431).

Ein kurzer Zwischenbericht soll das Bisherige zusammenfassen. Die Zweideutigkeit mit Bezug auf Lehrer und Zuhörerschaft lässt sich mindestens dreifach benennen (ich folge hier Heideggers eigener Gliederung nur ganz allgemein): als Zwiespalt zwischen der letzten Vereinzelung durch die Philosophie und ihrer öffentlichen Gestalt als Disziplin; als Zwiespalt zwischen der elementaren Bereitschaft für die „innere Gefährlichkeit der Philosophie" (GA 29/30, 29) und der Philosophie als Lehre; und als Zwiespalt zwischen der Aufgabe, selbst zu denken, und den Erwartungen der Hörerschaft, Beweise zu bekommen. Diese Dreiheit entspricht der Zweideutigkeit des Faches, des Lehrers und des Schülers.

Der erste Zwiespalt, der in der Auffassung der Philosophie als eines Faches liegt, lässt sich im Grunde nie beseitigen – jeder Versuch dazu wäre eine Verharmlosung der Aufgabe. Doch kann ihm dadurch begegnet werden, dass bewusst bleibt, dass philosophische Grundbegriffe formale Anzeigen sind. Alle zuvor nur summarisch aufgezählten Momente der Anzeige kommen dabei ins Spiel: ihre Formalität, die sich nicht nur in begrifflicher Schärfe manifestiert, sondern vor allem dadurch, dass die kategoriale Angemessenheit beachtet wird[26]); damit in engstem Konnex ihre prohibitive Funktion (die nicht zuletzt die Aufgabe hat, jeder Neigung zu einer μετάβασις εἰς ἄλλο γένος entgegenzuwirken); ihre Ausrichtung auf eine das einzelne Seiende immer schon überstiegen habende Ganzheit (die Welthaltigkeit philosophischer Begriffe); schließlich der Anzeigecharakter als solcher (als Einweisung in ein Tun, das jeder Reflexion vorausgeht). Die philosophische Arbeit wird, wie aus alldem hervorgeht, durch keine existenzielle Attitüde ersetzt, sondern es kommt in ihr eigens zum Tragen, was Heidegger einmal als „Philologie" bezeichnet hat – eine φιλία τοῦ λόγου, „die *Leidenschaft der Erkenntnis des Ausgesprochenen*" (GA 18, 4).

Was die zweite Art von Zwiespalt und Zweideutigkeit betrifft, die Gefährlichkeit der Philosophie und deren Weitergabe als Lehre, muss hier vor allem auf die Formalität der Anzeige Bezug genommen werden. Die Begrifflichkeit allen Philosophierens hat sich, wie mehrfach betont, in der Ausarbeitung angemessener Kategorien zu bewähren, ebenso in der recht verstandenen philologischen und historischen Aneignung der Tradition. Die „innere Gefährlichkeit der Philosophie" ist damit nicht schon gezähmt, gesetzt der Lehrende ist bereit, sich jenes Wort Heideggers bei und trotz aller Gelehrsamkeit zu eigen zu machen, Philosophie sei „die *Möglichkeit, sich einzig auf sich selbst zu stellen*, auszukommen ohne Glauben, ohne Religion und dergleichen" (GA 29/30, 6). In dieser radikalen Standortbestimmung gründet auch jene vor allem vom frühen Heidegger wiederholt getätigte Aussage, die Philosophie sei ihrem Wesen nach atheistisch. Dass sie damit Möglichkeiten der Erfahrung des Heiligen und Göttlichen nicht nur nicht verneint, sondern vielleicht erst freilegt, dies zu untersuchen wäre ein eigenes Thema.[27]

Wenn Heidegger in seinen Ausführungen zur Zweideutigkeit des Philosophierens einmal bemerkt, er bringe jetzt keinen „autoritative[n] Beweis", sondern gebe einen „Hinweis", wenn er sage, nur das Philosophieren sei das wache Dasein (GA 29/30, 34), dann wird für die Hörenden selbst jene Zweideutigkeit virulent: etwas als autoritativen Beweis aufzufassen, was lediglich ein Hinweis ist,

---

[26] Für Heidegger gilt *mutatis mutandis*, was er einmal unter Bezugnahme auf Kierkegaard festgestellt hat: „Hinsichtlich Kierkegaards muß doch darauf hingewiesen werden, daß nicht oft in der Philosophie bzw. Theologie (wo, ist hier gleichgültig) eine solche Höhe strengen Methodenbewußtseins erreicht worden ist wie gerade von ihm. Man gibt gerade das Entscheidende an Kierkegaard aus der Hand, wenn dieses Methodenbewußtsein übersehen, beziehungsweise in sekundärer Bedeutung genommen wird." (GA 9, 41)

[27] Sehr deutlich wird Heideggers eigentümlicher Gottesbezug in der frühen Feststellung: „Philosophie muß in ihrer radikalen, sich auf sich selbst stellenden Fraglichkeit prinzipiell a-theistisch sein. Sie darf sich gerade ob ihrer Grundtendenz nicht vermessen, Gott zu haben und zu bestimmen. Je radikaler sie ist, umso bestimmter ist sie ein weg von ihm, so gerade im radikalen Vollzug des ‚weg' ein eigenes schwieriges ‚bei' ihm." (GA 61, 197) Vgl. u. a. GA 26, 177, und GA 20, 109 f. Später rückt dieser „A-theismus" in eine seinsgeschichtliche Perspektive ein, vgl. GA 54, 166.

d. h. eine Anzeige. Man muss auch hier wieder die Spannung im Auge behalten und nicht vorschnell auf die eine oder die andere Seite das alleinige Gewicht legen: Das Hören philosophischer Vorlesungen hat es in ganz bestimmtem Sinn mit „autoritativ" vorgetragenen Sätzen zu tun.[28] Es wäre eine gröbliche Vernachlässigung der Pflichten jener, die Philosophie „lehren", die Vermittlung von Wissen (auch doxographisches Wissen) zu vernachlässigen. Dass Missliche jeder solchen Vermittlung liegt freilich (gerade in philosophischen Kollegs) nicht selten, ja vielleicht hauptsächlich daran, dass kategoriale Unterschiede eingeebnet werden und letzten Endes nicht genug ernst genommen wird, dass „alle philosophischen Begriffe formal anzeigend" sind. Es gehört wohl zum Schwersten im Bereich des Lehrens wie des Lernens, in der Aufmerksamkeit auf diese Eigentümlichkeit des Philosophierens nicht nachzulassen – eine besondere Form des Wachseins.

Über den formal anzeigenden Charakter des Lehrens mag ein späterer Hinweis Heideggers Aufschluss geben, sein kurzes Vorwort zu den *Vorträgen und Aufsätzen*. Er wendet sich hier an Leser, für die diese äußerliche Zusammenstellung zu einer Sammlung werden und ihnen damit einen Weg eröffnen könnte. „Der Leser sähe sich auf einen Weg gebracht, den ein Autor vorausgegangen ist, der im Glücksfall als auctor ein augere, ein Gedeihenlassen auslöst." (GA 7, 1)

Ist der „Lehrer" den „Schülern" gegenüber in einer grundlegend anderen Situation als der Autor gegenüber seinen Lesern? Zum Abschluss eines Seminars über Hegel bezieht sich Heidegger unmittelbar auf das Lehren: „Ein Seminar ist, wie das Wort andeutet, ein Ort und eine Gelegenheit, hier und dort einen Samen, ein Samenkorn des Nachdenkens auszustreuen, das irgendwann einmal auf seine Weise aufgehen mag und fruchten."[29] Vom Autor sagt Heidegger in den *Vorträgen und Aufsätzen*: „Ein Autor hätte, wäre er dies, nichts auszudrücken und nichts mitzuteilen. Er dürfte nicht einmal anregen wollen, weil Angeregte ihres Wissens schon sicher sind. Ein Autor auf Denkwegen kann, wenn es hochkommt, nur weisen, ohne selbst ein Weiser im Sinne des σοφός zu sein." (GA 7, 1) Unterziehen sich solche Weg-Weiser wie auch jene, die ein Samenkorn des

---

[28] Dazu eine Bemerkung zum Sprachgebrauch. Gerade in der Zeit der Ausarbeitung der Grundbegriffe ist das Wort „autoritär" aufgekommen. Gadamer zufolge wurde es „offenbar Ende der zwanziger oder Anfang der dreißiger Jahre unseres [d. h. des 20.] Jahrhunderts durch die Neokonservativen eingeführt, die damals, von der Schwäche der Weimarer Verfassung und dem Bedürfnis nach einer stärkeren Autorität der Regierungsgewalt überzeugt, nach dieser Richtung tätig wurden." Autorität und kritische Freiheit, in: Hans-Georg Gadamer: Über die Verborgenheit der Gesundheit. Frankfurt a. M.: Suhrkamp 1993, 149-158; 149. „Autoritativ" hat es dagegen mit recht verstandener Autorität zu tun. Denn dieses Wort, viel älter als „autoritär", ist hinter diesem beinah gänzlich verschwunden. Gadamer hebt damit deutlich – wie schon in seiner Hermeneutik mit Bezug auf seinen später viel gescholtenen Begriff der Autorität – auf den positiven Sprachgebrauch von „autoritativ" ab.

[29] Martin Heidegger: Identität und Differenz. Pfullingen: Neske 1957, 73.

Nachdenkens ausstreuen, nicht eben der Aufgabe, die sich im Umkreis von *Sein und Zeit* mit dem Namen „formale Anzeige" einstellt?

3. Zur formalen Anzeige in den *Grundbegriffen*

Wie kommen die formal anzeigenden Begriffe in der Vorlesung *Grundbegriffe* zum Tragen? Welche Rolle spielen die im zweiten Abschnitt erwähnten Momente: die Formalität der Anzeige und ihre Uneigentlichkeit, ihr Anzeigecharakter und die sie begleitende Destruktion sowie die Gewaltsamkeit von Heideggers Auslegungsverfahren? Und lässt sich weiters daraus plausibel machen, wie es mit der Zweideutigkeit philosophischer Vorlesungen steht, von denen hier als ein ausgezeichnetes Beispiel die Vorlesung *Grundbegriffe* gewählt wurde? Ich gehe im Folgenden diesen Fragen mit einigen Hinweisen auf das abschließende sechste Kapitel des zweiten Teils der genannten Vorlesung nach, wobei auch hier nur das Nötigste gesagt werden kann. Worauf es dabei ankommt, ist eine Heraushebung der übergreifenden Zusammenhänge und der sie verbindenden „Klammern".

Der § 68 bringt eine „vorläufige Umgrenzung des Weltbegriffs". Er ist Rückblick und Vorblick: Rückblick auf den ersten Teil, der die Grundstimmung der Langeweile eigens erörtert (vgl. GA 29/30, 410 f.). In ihr wird das Seiende im Ganzen offenbar. Daraus ergibt sich eine vorläufige Umgrenzung des in Frage stehenden Weltbegriffs: als „Offenbarkeit des Seienden als solchen im Ganzen" (GA 29/30, 412). Und gleichzeitig wird vorausgeblickt, indem die Interpretation des „als" als des einen Strukturmomentes der Welt vorbereitet wird. Die Betrachtung beginnt mit dem „Ganzen", das – zunächst befremdlich – als „die *Form* des für uns offenbaren Seienden als solchen" (GA 29/30, 413; herv. v. H. V.) charakterisiert wird. Das Problem wird dadurch „vordeutend" in Anschlag gebracht, indem eine erste Auskunft darüber erfolgt, was mit „Weltbildung" gemeint sein könnte. Die Frage nach dem „Subjekt" einer solchen Bildung führt zum Zwischenergebnis: „[...] das *Da-sein im* Menschen ist weltbildend." (GA 29/30, 414)

„Vorläufige Umgrenzung", der Charakter von Ganzheit „so undeutlich wie möglich", „vordeutend kennzeichnen", „Irrgänge durch all diese verwirrenden Fragen" (GA 29/30, 412 ff.): Bei aufmerksamer Lektüre zeigt sich ein mehrfaches Vorausdeuten, das gleichzeitig als eine Abwehr und eine Vorbereitung fungiert. Damit kommen wesentliche Momente der Formalität der Begriffe zum Vorschein, gleichzeitig aber auch ihre treibende Kraft als Anzeige. Das hier Angezeigte „zeigt" nämlich weiter, verweist von sich aus auf die Notwendigkeit reicherer Bestimmungen und tieferer Begründungen und führt in immer differenziertere Strukturen. Daher hat auch diese „vorläufige Umgrenzung des Weltbegriffes" „mehr eine methodische Funktion" (GA 29/30, 412). In engem Zusammenhang damit steht der überaus wichtige Hinweis auf „das Auszeichnende alles Philosophierens gegenüber jeder wissenschaftlichen Orientierung", dass nämlich das Entscheidende dort, wo die philosophische Erkenntnis „aufspringen" solle, „nicht so sehr das Zufassen ist, sondern die Besinnung auf den Standort der Betrachtung" (GA 29/30, 415 f.). Das „Zufassen" hätte etwas Abschließendes an sich, die „Besinnung auf den Standort" führt dessen Vorläufigkeit vor Augen.

Wenn Heidegger daher die „Besinnung" von einer „methodischen Reflexion" unterscheidet, hat dies mit dem verschiedenen Richtungssinn zu tun: Die Reflexion (was nicht nur im rückbezüglichen „re" zum Ausdruck kommt) bezieht sich zurückschauend auf ein abgeschlossenes Gebiet, um festzustellen, welche Methode dort zur Anwendung kam. Die Besinnung weist dagegen voraus und zeigt dadurch, dass sie die Vorläufigkeit des Erreichten feststellt, auf die Notwendigkeit weiterer Schritte hin.

Diese Vorläufigkeit ist auch ein Grund für die Uneigentlichkeit dieser Begriffe als „Form" bzw. als „formale Charakteristik" (GA 29/30, 425). Dies trifft unter jenem Gesichtspunkt zu, der früher schon mit dem Hinweis auf Kierkegaard genannt wurde: Die Eigentlichkeit ist Sache des existierenden Einzelnen, oder um es mit *Sein und Zeit* zu sagen: „Die Frage der Existenz ist immer nur durch das Existieren selbst ins Reine zu bringen." (GA 2, 17) Alle Begriffe sind für sich genommen leer und bedürfen ihrer Zeitigung im wirklichen Handeln (vgl. GA 29/30, 427). Allerdings bedarf dieses umgekehrt der Begriffe, um sich der nötigen Durchsichtigkeit zu vergewissern. Das führt unmittelbar zum nächsten Punkt.

Denn dass für das Handeln Begriffe nicht eine Zutat oder überhaupt entbehrlich sind (ein in den von Safranski erwähnten „Weltdeutungen aus dem Geiste von Endzeit" gängiges Vorurteil), ergibt sich daraus, dass verfehlte Begriffe zur menschlichen Existenz gehören, da sie in deren Uneigentlichkeit und der Orientierung am Vorhandenen gründen. Daher bedarf es nicht nur des anzeigenden Charakters dieser Begriffe, sondern auch ihrer prohibitiven Funktion.

Heidegger weist in diesem Zusammenhang gleich mehrmals mögliche Fehlinterpretationen zurück: die alltägliche Erfahrung, die das „im Ganzen" der Welt nur unzureichend erfasst (GA 29/30, 411); den naiven Weltbegriff, der davon ausgeht, Welt sei mit dem „All des Seienden" (GA 29/30, 412) identisch, und sich dieses All als ein „inhaltliche[s] Ganze[s]" (GA 29/30, 413) zurechtlegt; die Welt als ein subjektives Gebilde des Menschen, der „sich unter anderem auch einmal einfallen läßt, eine Welt zu bilden" (GA 29/30, 414). Als dies gehört zu den „Irrgänge[n]" (GA 29/30, 415) des vulgären Verstandes.

Die Formalität der Begrifflichkeit wird in den folgenden Paragraphen reicher, und zugleich gewinnt der Anzeigecharakter weiter an Profil. Unter Ausklammerung aller inhaltlichen Fragen sei dies nur im Blick auf die „Ergebnisse" skizzenhaft verdeutlicht. Im § 69 folgt eine erste „formale" Interpretation des „als", die zum Aussagesatz überleitet und damit in das Herzstück der Logik führt – als Basis der Metaphysik und des wissenschaftlichen Denkens überhaupt. Wiederum taucht nur als eine vorläufige Anzeige die Frage auf, ob es nicht eine *„ursprünglichere Problematik* gibt bzw. geben muß" (GA 29/30, 419), welche über die Fragestellung der Metaphysik hinausführt: die Aufgabe einer Bewegung in Richtung „Ursprung" meldet sich hier erstmals explizit.

Weil aber der damit einzuschlagende Weg von so entscheidender philosophischer Bedeutung ist, bringt der folgende Abschnitt jene „grundsätzliche *methodische* Überlegung", die zum einen die Notwendigkeit der formalen Anzeige angesichts der im Menschen selbst verwurzelten Vorhandenheitsontologie thematisiert (GA 29/30, § 70 a), zum anderen den Verweisungscharakter der anzeigenden Begriffe in aller Schärfe in Erinnerung ruft (GA 29/30, § 70 b). Ihre prohibitive Funktion ebenso wie ihr im engeren Sinn anzeigender Charakter werden damit in ihrem ganzen Reichtum entfaltet.

Heidegger gebraucht in diesem Text das Wort „Anzeige" in einer Bedeutung, die die hier genannten im Einzelnen umfasst. Er versieht den „durchgängigen Charakter der philosophischen Begriffe" mit dem Attribut „anzeigend" und führt dies dann weiter aus: „Der Bedeutungsgehalt dieser Begriffe meint und sagt nicht direkt das, worauf er sich bezieht, er gibt nur eine Anzeige, einen Hinweis darauf, daß der Verstehende von diesem Begriffszusammenhang aufgefordert ist, eine Verwandlung seiner selbst in das Dasein zu vollziehen." (GA 29/30, 430) Bedeutungsgehalt der Begriffe – indirekte Aussage – Anzeige als Aufforderung zu einer Verwandlung des Daseins: Was als Formalität, als Uneigentlichkeit und als prohibitive Funktion der Anzeige ausgewiesen wurde, wird hier in einem einzigen Satz zusammengenommen. Als neues Moment erscheint das der Aufforderung zu einer „Verwandlung seiner selbst in das Dasein". Damit wird zu nichts weniger aufgerufen als zu einer Umwendung des Menschen in seinem ganzen Wesen, zu einer ψυχῆς περιαγωγή (Platon, *Politeia* 521 c). Nimmt man dagegen philosophische Begriffe „anzeigefrei", macht man sich einer μετάβασις εἰς ἄλλο γένος schuldig, die zwar wie jede μετάβασις eine Begriffs- und Sachvertauschung ist, doch nicht nur auf zwei verschiedenen Ebenen spielt[30], sondern gleich einer doppelten Verwechslung anheim fällt: der von Kategorien und den Existenzialien und innerhalb der Existenzialien der von uneigentlicher und eigentlicher Existenz. Diese Verkennung ist kein Zufall und ebenso wenig ein wissenschaftliches Versäumnis, sondern – begründet durch das Verfallen des Daseins und den damit gegebenen Vorrang des Vorhandenen (der in bestimmten Grenzen auch berechtigt ist, vgl. GA 29/30, § 65) – ein Verfehlen der eigensten Möglichkeiten seiner selbst.

Schon mit dem ersten Schritt der Anzeige ist schon ihr Ende vorweggenommen: indem sie „das Ende des Leitfadens alles philosophischen Fragens dort

---

[30] So ist die εἰς ἄλλο γένος μετάβασις bei Aristoteles bloß ein Übergang von der Länge zur Fläche und von dieser zum Körper (De caelo A 1, 268b1 f.).

festgemacht hat, woraus es *entspringt* und wohin es *zurückschlägt*" (GA 2, 51): So wäre denn der eigentliche Ort jeder Anzeige das Da-sein – und mit diesem die Welt.

Ein halbes Jahrzehnt vor den *Grundbegriffen der Metaphysik* hat Heidegger über die *Grundbegriffe der aristotelischen Philosophie* gelesen. Die Anweisung, die er dort für die Auslegung des Aristoteles gibt, hat für die Aneignung der griechischen Philosophie und der Philosophie überhaupt Gewicht. Mit ihr sei dieser in Vielem ergänzungsbedürftige Versuch beendet. Heidegger sagt: „In das konkrete Dasein müssen wir die Grundbegriffe des Aristoteles hineinverstehen und in seine Grundmöglichkeiten des Sprechens mit seiner Welt, in der das Dasein ist." (GA 18, 41)

Heideggers Unruhe bei Heraklit

Heinrich Hüni, Wuppertal

Weil das Denken nur in Zwiegesprächen lebt, wird es seiner Geschichtlichkeit konfrontiert. Verbinden und Auseinanderhalten als Grundvorgänge des Gesprächs gehören zusammen und sind nur in solcher Verbindung wohlunterschieden. Das ist, wie man lernen kann, ein heraklitischer Gedanke. Aber zur Erfahrung dieses Ausgangs kommt die Berührung des Bereichs der Sprache selbst hinzu, des Sprachraums, in dem sich die Gespräche bewegen. Die Unterschiedlichkeit der Gespräche führt eine Ausdehnung der Beziehungen herauf, und dieses Dehnungsgeschehen ist die erste Auswirkung von Geschichte. Die Zwiegespräche bestätigen nicht nur ihr Zusammengehören, sondern verschieben den Gehalt dieses Zusammengehörens, oder genauer: sie erfahren diese Verschiebung. Was anfangs Nachdenken und Sichaussprechen zusammenhält, erweist sich erst unmerklich und dann unabsehbar als Veränderung. Und zwar als eine Veränderung, von der uns mehr das Geänderte zugekehrt wird als die Unterschiede oder gar das Unterscheidende. Die Geschichte ist in solchen Verschiebungen zugleich Überlieferung *und* Unterbrechung. Aber dieser Zusammenhang, den wir allenfalls berühren, entzieht sich unvermeidlich unserem gegenwärtigen Verständnis. Wir spüren überall diese Differenzen und müssen uns gleichwohl hier und jetzt zurechtfinden.

Heraklit hat sich im Versuch, seine Aufgabe zu begreifen, zugleich von den theologischen Erzählungen des Hesiod, von der politischen Weisheit eines Bias von Priene und von der Wissenssammlung des Pythagoras unterschieden. Wir nennen das heute seine Anfangssituation. Das ist die Bezeichnung einer in sich doppelten Schwierigkeit. Einerseits versuchen wir die Eigenart – und die Reste, oder besser: die Sätze und Sprüche – des heraklitischen Denkens in seiner Situation zu verstehen und andererseits, aber unablösbar davon, müssen wir nach unserem Verhältnis zu diesem und zugleich unserem geschichtlichen Anfang fragen. Das bleiben die beiden Hälften der philosophischen Reflexion. Unsere gegenwärtigen Gespräche verlaufen in einem fühlbaren Zusammenhalt unserer Gegenwart, aber wir sind es, die diese Gespräche betreiben, wir tauschen uns untereinander aus. Der Zusammenhang der Geschichte bleibt uns wie gesagt entzogen, wir berühren und erstreben ihn zwar in jedem geschichtlichen Austausch, aber in einem immer einseitigen Austausch. Unsere Geschichte, die wir nur *dank* und *mit* unseren Vorgängern haben, bleibt letztlich immer allein *unsere* Geschichte. Viele sprechen mit, aber nie wirklich mit uns. Der uns vorenthaltene Zusammenhang bleibt zuletzt doch und allein unsere Aufgabe.

Wir erfahren unsere Gegenwart in unterschiedlichen Überlieferungen. Fast scheint es einfacher, sich in Überlieferungen zu verlieren, als der eigenen Gegenwart habhaft zu werden; aus der wir uns andererseits gar nicht lösen können, wie uns dieselben Überlieferungen belehren. Das sind dabei die offene Fragen: Wie weit können wir uns Vergangenem zuwenden? Warum müssen wir überhaupt Vergangenheit anerkennen? Denn mit Zeit hat Geschichte ursprünglich nichts zu tun. Was also hindert uns an einer Hinwendung zu Heraklit? Sind wir wirklich einer Zukunft verpflichtet? Ist es nicht dieselbe Geschichte, die ihn aufbewahrt hat, weil er sie mitangestoßen hat, und die ihn so anziehend erscheinen lässt? Zieht uns Heraklits Wahrheit an oder unsere Nostalgie? Denn am Ende denkt man anders als am Anfang. Uns alle diese Fragen stellen zu können, haben wir zuletzt von Heidegger gelernt. Und darum scheint die Frage nach Heideggers eigener Rückbeziehung auf Heraklit besonders anziehend und aufschlussreich.

I. Von der Phänomenologie der Existenz

Heideggers Ausgangsboden ist die Phänomenologie. Er versteht – anders als Husserl, der am Ende der Prolegomena zu seinen *Logischen Untersuchungen* vom Erlebnis ausgeht, – die Phänomenologie ursprünglich vom *Phänomen* her. Das Sichzeigende gibt sich von sich aus als die Grundlage aller darauf sich beziehenden Meinungen, Deutungen, Aneignungen und Bezeichnungen. Ich knüpfe im Folgenden an Grundbestimmungen der Einleitung zu *Sein und Zeit* an. Phänomen ist aber nicht nur „eine ausgezeichnete Begegnisart von etwas" (GA 2, 41), sondern bedeutet *die* ausgezeichnete Begegnisart überhaupt. Das ist die grundlegende Wendung: die Einsicht in die Angewiesenheit alles selbstbewussten Tuns auf Begegnung und Erscheinen. Das Hinnehmen und Aufnehmen der Phänomene bleibt der Anfang alles weiteren Umgangs. Zu Recht verweist Heidegger hier auf die griechisch verstandene αἴσθησις und auf das νοεῖν, das „schlicht hinsehende Vernehmen" (GA 2, 45). Und aller Stolz auf eine phänomenologische Methode läuft eigentlich ins Leere bzw. einzig auf die Sachen zurück. Diese Sachen sind im weitesten Sinne zu verstehen und meinen auch und gerade Begebenheiten und Verhaltungen unseres Existierens. Existenzphänomene sind mehr als nur Bewusstseinsphänomene, insofern sie sich der Beweglichkeit des Bewusstseins widersetzen.

Da aber der Phänomenologie das Bekenntnis zur Autorität der ersten Person innewohnt – und sie immer fordert: Wage dich deiner eigenen Anschauung zu bedienen! – so ist ihr die Zuwendung zur Existenz vorgezeichnet. Wenn sich dann die Existenz als Vollzieher und Vertreter der vorgegebenen Seinsbestimmung, nämlich des „Seinsverständnisses" (GA 2, 16) erweist, dann hat die Phänomenologie in einer „Analytik der [...] Existenz" (GA 2, 50) ihre unumgängliche Aufgabe gefunden. Jede Form von Existenz wird in irgendeiner Weise im Verständnis des eigenen Seins ausgeübt – und alles Verstehen ist zugleich Existenzvollzug. Es geht dabei um geschehende und geschichtsträchtige Angelegenheiten. Vor den Sachen in diesem Sinn wird ihre aufnehmende Beschreibung zur „Auslegung" (GA 2, 50). Das heißt auch, dass der Sinn jeder Hermeneutik in einer Existenzanalytik verwurzelt ist. Auf solchem Boden wendet sich die auslegende Phänomenologie nun den allgegenwärtigen Vorgaben der geläufigen Ausgelegtheiten, dem Niederschlag von Überlieferungen, also den Erscheinungen der Geschichte zu. Der weiteste Sinn der Phänomenologie erstreckt sich aber nicht nur in den, sondern er vollendet sich im Raum des Geschichtlichen: Alles Vorkommende ist nur als Ereignishaftes zureichend aufgenommen. Diese Sättigung der Erfahrung steht der Phänomenologie von *Sein und Zeit* noch bevor.

In derselben Einleitung in die Existenzialhermeneutk als Eingang in die phänomenologische Ontologie überhaupt werden die ersten, allerdings allerersten Orientierungen im Verhältnis zur Geschichte angezeigt. Im Geist der phänomenologischen Wende liegt die Kritik der Überlieferung. Angesichts ihrer Überformungen und Übermalungen wird die Phänomenologie sogar zur „Destruktion" (GA 2, 30). Deren Reichweite bleibt allerdings offen. Zwar wird die eigene Anschauung zum Maßstab geschichtlicher Vorgaben genommen, andererseits erweist wiederum diese Konfrontation eine übergreifende Verstrickung. Man findet sich bis in die eigenen Anschauungen hinein ansprechbar durch andere. Wenn auch die Gegenwart zunächst das Maß abgibt, die Geschichte und der Umgang mit ihr können sich nicht in die Vorstellung vom Wechsel von Aufschichtung und Destruktion fügen. Im Rückblick ist die griechische Ontologie das hervorragende Ziel – bis auch sie auf ursprüngliche Erfahrungen soll zurückgeführt werden. Aber auf wessen ursprüngliche Erfahrungen? Die Suche nach der eigenen Wahrheit und die Erfahrung, dass eine verbindliche Wahrheit nur im Gespräch gefunden werden kann, bringen uns vor die Frage einer geschichtlichen Wahrheit. Wir müssen von uns ausgehen, aber wir machen dabei die Erfahrung, dass der ganze Anfang niemals bei uns liegt.

Denn Anfang heißt immer Angefangenhaben. Anfangen heißt nicht nur, zu einem Fortgang bereit sein, sondern heißt, sich in einem Übernommenhaben verstehen. Nur ein Anfang in diesem Sinne kann sich zu einem Überlieferungsgeschehen ausbilden. Also speist sich Überlieferung immer aus ihrem Angefangenhaben, aus dem sie wiederholend sich bestimmt und Kraft zieht. Und nur in solchem Zusammenhang ist die Bewegung des Sichverstehens möglich, nämlich als die Frage an die Überlieferung nach dieser Überlieferung. Wie der Anfang so ist jedes Sichverstehen ein Sichfinden in einem Eröffnungsgeschehen. Ein Anfang ist also keine einfache Setzung oder Stiftung (wie Husserl gern sagt), sondern ein Übernommenhaben einer Aufgabe, die zu bestimmen es einer ständig aufgenommenen Auseinandersetzung mit dem Anfangsimpuls bedarf. Anfangen und In-Geschichte-sein sind von keiner Seite her isolierbar. Das alles ist im Anfang angelegt.

II. Kosmologie: Entgegensetzungen und Vernehmende

Ich will mich auf die Zusammenfassungen konzentrieren, die Heidegger aus seinen beiden *Heraklitvorlesungen* (GA 55) vom Sommersemester 1943 und 1944 extrahiert hat und schließlich in dem Band *Vorträge und Aufsätze* (1954; GA 7) als Widerlager seiner Gegenwartsbestimmungen veröffentlicht hat. Die beiden Auszüge hat Heidegger entgegen der zeitlichen Folge angeordnet und unter die Titel *Logos* und *Aletheia* gestellt (vgl. GA 7, 211 ff.). Λόγος ist auch bei Heraklit ein zentraler Begriff, nicht so ἀλήθεια[1]; zuerst hieß dieser Titel lapidar „Heraklit"[2]. Aber mit den nun gegebenen Titeln wird eine philosophiegeschichtliche Perspektive deutlich vorgezeichnet.

Die Frage ist ja von Anfang an, welche Absicht leitet den Blick zurück auf Heraklit. Wird er zu Recht zur Philosophie gezählt, kommt nur eine philosophische Absicht in Frage – und die verlangt eine Wahrheitsabgleichung, die von einer Ansicht des geschichtlichen Verhältnisses im Ganzen nicht nur nicht zu trennen ist, sondern mit ihr verschmilzt. Jede Wahrheit des Heraklit ist zuvor unsere Wahrheit. Wir mögen einzelne seiner Sentenzen lieben, wir werden dadurch zu Selbstbefragungen getrieben, die uns notwendig von ihm wegführen. Fast scheint das ein Unglück der Philosophie zu sein, dass sie auf ein Gespräch des Denkens setzt, das zuletzt nach vorne sehen muss. So sehr auch Heidegger sich den Sprüchen Heraklits zuwendet und sich ihnen widmet, er ist als Philosoph einer Zusammenschau verpflichtet, die über den Anlass hinweggreift. Bei Heraklit mag das wehmütig stimmen, bei Heidegger selbst muss es für uns offen bleiben. Die philosophische Suche ist keine Liebeswahl, sondern eine immer schmerzliche Selbsterkenntnis.

Denn dass wir Heraklit philosophisch lesen müssen, scheint der entscheidende Schritt zu sein, mit ihm müssen wir sogar das anfangen zu sehen, was wir seitdem „philosophisch" nennen. Heraklit sagt in DK 22 B 35 (überliefert von Clemens von Alexandrien um 200): „Denn wohl müssen sehr vieler Dinge kundig philosophische Männer sein", – aber vorzüglich damit sie die σοφία *nicht* mit dem kritisierten und immer zu kritisierenden Vielwissen verwechseln.[3] Vielleicht darf man ohne Übereilung und doch von vornherein zwei Hinsichten unterscheiden, in denen wir Aufklärung erwarten dürfen. Die eine betrifft wohl ohne Zweifel den Anfangssinn, das mögliche Thema von Philosophie überhaupt

---

[1] Nur in DK 22 B 112.

[2] Vgl. Martin Heidegger: Heraklit, in: Ἀντίδωρον. Festschrift zur Feier des 350jährigen Bestehens des Heinrich-Suso-Gymnasiums in Konstanz. Konstanz: Merk 1954, 60-76. Gegenüber dieser zeitgleichen Veröffentlichung ist der Aufsatz *Aletheia* in der Sammlung *Vorträge und Aufsätze* geringfügig verbessert und erweitert. Aber hier wie dort kommt dreimal die Bildung ἀληθεσία vor (vgl. Martin Heidegger: Vorträge und Aufsätze. Pfullingen: Neske 1954, 258, 259 und 262), die mir unverständlich bleibt; auch die Gesamtausgabe (GA 7, 266, 267 und 270) schweigt dazu.

[3] Vgl. in diesem Sinn DK 22 B 41 und B 50 gegen DK 22 B 40 und B 129.

und die andere die Rolle des Menschen in dieser neuen Aufgabe, also seine neue Bestimmung. Denn wir bleiben angesichts der unüberschaubaren Geschichte der Philosophie in jedem Fall am Philosophieren und am eigenen Philosophieren interessiert. Das Philosophieren ist uns zu einer Frage unserer Haltung geworden.

Heraklits Denken bestätigt dem unvoreingenommenen Blick diesen zwiefachen Ansatz. Er nennt sein Hauptthema den κόσμος und bestimmt ihn als πῦρ ἀείζωον. (Clemens hat auch dieses Fragment DK 22 B 30 überliefert.) Die „Welt" ist „immerlebendes Feuer, entflammend in Maßen, verlöschend in Maßen".[4] Es geht nicht um eine plumpe materielle Identität. Das Feuer ist kein Urstoff (wie doch das Wasser des Thales). Sondern es geht um den glanzvollen κόσμος als Phänomen, als unüberbleibare Erscheinung – und das heißt: als Erscheinung für den menschlichen Blick. Dieses Nachsinnen über die Welt reicht von Anfang an über eine engere Physiologie hinaus, das eigentlich philosophische Denken beginnt als Kosmologie in diesem Sinne. Nur der Mensch weiß die Maße dieses kosmischen Leuchtens zu schätzen.

Wir dürfen bei der Nennung dieses Feuers an die Sonne denken, dürfen dabei nur nicht einfach auf sie hinsehen, sondern müssen ihr periodisches Erhellen selbst in den Blick nehmen. Diese Sonne ist „neu jeden Tag" (DK 22 B 6, nach Aristoteles). Ihre Wiederkehr bringt die Tage und damit die Maße hervor, in denen die vielen Phänomene zu unserer Anschauung kommen können. Um ihr Feuer als Licht dreht sich unser Leben. Wir allein haben von ihrem Licht den vollen Nutzen, weil den höchsten Begriff. Auch sie selbst als Gegenstand erscheint nur in ihrer Helle. Vor der Übermacht der Sonne wirken wir sehr gering – und können sie doch in unseren Vergleich ziehen. Sie erscheint „breit wie der Fuß eines Menschen" (DK 22 B 3, nach Aethios etwa 100 n. Chr.). Dieses Missverhältnis ist doch ein Verhältnis. Es geht um ein Vergleichsgeschehen, zu dem nur der Mensch erleuchtet ist, der darum mit in dieses kosmische Erscheinungsleben gehört.

Von vornherein bestimmt sich auch die Eigenart dieses Welt-Denkens. Die Erscheinung ergibt sich in Maßen, und das bedeutet nun: aus Entgegensetzungen her. Die Erscheinung geschieht – und dieses Geschehen regiert der Gegensatz. Und wie die Erscheinung so bestimmt der Gegensatz auch das Vernehmen der Erscheinung.

Ich gebe ein weniger bekanntes Beispiel. Marc Aurel mahnt sich in seinen *Selbstbetrachtungen* (IV, 46) mit einem Wort des Heraklit, das von Diels als Nr. 71 gezählt wird, auch dessen zu gedenken, „der vergisst, wohin der Weg führt". Wer etwas sieht, ist bereits unterwegs. Die Weite eines Landes bot und bietet

---

[4] Vgl. entsprechend DK 22 B 94 und B 100. Zur auch philologischen Einzigartigkeit des hier genannten κόσμος siehe: Heraclitus. The cosmic fragments. Ed. by Geoffrey S. Kirk, Cambridge 1978, 312 f. Der eigentliche Zusammenhang zwischen κόσμος und πῦρ wird dann freilich vielfältigen naturalistischen Abgleichungen geopfert (vgl. 317).

dem Menschen Anblicke. Und auch mögliche Ziele. Und angesichts der Ziele
bietet das Land mögliche Wege an. Ein Weg ist ein Weg, insofern er in einem
Land zu einem Ziel führen kann. Ein Weg ohne Ziel ist kein Weg. Der Mensch,
der in einem Gelände irgendwohin gelangen will, begibt sich auf einen Weg. Er
folgt also, insofern er auf das Land achtet, Wegen durch das Land. Auf einem
Weg aber auf das Land achtend, kann ihm der Weg als Weg aus dem Blick und
aus dem Sinn geraten. Einerseits ist dieses Vergessen ein Verlust, andererseits
bleibt das Land im Blick. Vergessen betrifft immer ein Wissen. Ein Wissen aber
muss sich an seinen Anfang erinnern und nicht nur auf sein Ziel aussein wollen.
Zum Rundblick des Menschen gesellt sich unvermutet ein Vergessen des Weges, ein Vergessen seines Vorhabens. Ohne Umsicht keine Absicht, kein Weg,
aber auch zur Umsicht musste man kommen. Der Mensch kennt den Weg *und*
vergisst den Weg. An den Menschen als an den, „der vergisst, wohin der Weg
führt", muss man denken. Diese Erinnerung an das unabweislich zum vorausse-
henden Menschen gehörende Vergessen scheint die Aufgabe des Philosophen zu
sein.

Verhältnismäßigkeit und Entgegensetzung regieren das Erscheinungsgesche-
hen des κόσμος. Das ist sein λόγος. Und dieser λόγος erscheint in unserem
λόγος, in unseren Aussagen. In solcher Perspektive ist es von Anfang an notwendig, beim λέγειν, beim Sprechen sehr deutlich zu unterscheiden zwischen
unserem Tun des Aussprechens und dem Sinn des Sprechens als Darlegen. Ein
solches Darlegen bringt sein Gesagtes wie etwas Auserlesenes zusammen und
zeigt es einem Verständnis, das nicht auf den Lautvorgang, sondern auf sein Gesagtes achtet. Und dieses Gesagte versteht sich als Antwort auf das Sichzeigende. Um das Erscheinende geht es, ihm wird entsprochen. Das ist der Anfang
unseres Sprechens, wie der Phänomenologe bei Heraklit bestätigt finden kann.
Diese frühe Einsicht gewinnt nach Heideggers Andeutung vielleicht erst am anderen Ende der Überlieferung ihre Bedeutung. „Das menschliche Denken er-
staunte weder jemals über dieses Ereignis, noch gewahrte es darin ein Geheimnis, das eine wesenhafte Schickung des Seins an den Menschen verbirgt und
diese vielleicht für jenen geschicklichen Augenblick aufspart, da die Erschütterung des Menschen nicht nur bis zu seiner Lage und zu seinem Stand reicht,
sondern das Wesen des Menschen ins Wanken bringt." (GA 7, 218)

Das zum Sprechen Gesagte bedeutet für das zugehörige Hören, dass es allem
Lauthaften zuvor schon auf das Hören eingestellt ist, d.h. sich als zum λόγος
gehörig weiß. „Gehören" heißt auch in unserer Sprache ursprünglich
„gehorchen" und später erst „als Eigentum zukommen". Unser Hören und
Sprechen sind hiermit anfänglich als Gehorchen und Entsprechen erfahren und
also als vorbestimmt durch den Bezug auf den λόγος; den Heidegger
bekanntlich als „lesende Lege" übersetzt (GA 7, 221). Wir als Menschen
antworten auf den λόγος des erscheinenden κόσμος. In die nächste Nähe zu
Heraklit hat Heidegger mit seiner Nachinterpretation zu kommen versucht – nur

um den Riss und vielleicht sogar das Unglück der geschichtlichen Differenz zu erfahren? Die Kühnheit Heideggers besteht in dem Versuch, die ganze Anfangssituation zu umreißen und zu umgreifen (vgl. GA 7, 232 ff.): Einerseits habe Heraklit mit dem Hören auf den λόγος den Anfang unseres Sprechens erblickt, andererseits habe er so wenig wie einer der Späteren die Grundbeziehung von Sein und Sprache als das eigentlich zu-Denkende erfasst. Der λόγος hätte zum Grundwort Europas werden können, doch gerade das wäre versäumt worden. Aber das können keine Vorwürfe an den Eröffner dieser Gedankenbahnen sein. Hier wirft sich die Frage nach ersten Differenzen zwischen dem Entdecker und den Nachfolgenden auf, denn Heidegger will mehr auf die Folgen sehen, als auf den Beginn als solchen. Es kann nicht sinnvoll sein, einem Entdecker vorzuhalten, was er nicht gesehen habe.

III. Die Lichtung

Die Heraklit zugesprochene Dunkelheit bleibt verständlicherweise ein bisschen sagenhaft. Diogenes Laertius (am Ende des 2. Jh.) berichtet[5] vom Urteil des Sokrates: Es bedarf eines delischen Tauchers; im übrigen fand er selbst ihn vor allem rätselhaft wegen seines Todes durch eine Kuhmist-Therapie. Aristoteles wiederum beklagt in der *Rhetorik* (III, 5) die Schwierigkeit, Heraklits Sätze zu interpungieren. Was man aber sehen kann, ist der ganz eigene Spruchcharakter seiner Sätze, die sich von lehrhaften Zusammenstellungen und Selbstbestätigungen fernhalten, sich vielmehr offensichtlich am Gegensatzwesen des λόγος selbst ausrichten.

Im Gegenzug zu jener Dunkelheit nennt Heidegger Heraklit „den Lichten". Er nennt ihn den Lichten, weil er als Erster versucht hat, „das Lichtende [...] in die Sprache des Denkens hervorzurufen" (GA 7, 266). Damit ist der geschichtliche Anfang eines reinen und eigenständigen Denkens angesprochen, das, indem es sich aus dichterisch-erzählenden wie aus praktisch-politischen Zusammenhängen befreite, ein eigenes Feld in Anspruch nahm – besser: sich von einem eigenen Feld beansprucht finden konnte.

Heidegger spricht vom Lichtenden. Und wiederum darf man an die Sonne denken. Nicht an die Sonne als glühendes Ding unter Dingen, sondern eben an „das Lichtende", das „lichtet", welches Lichten „Lichtung" heißt. Das direkte Wort bezeichnet den lichtdurchlässig gemachten Platz im dichten Wald; übrigens nach dem Vorbild von franz. *clairière*. Die Lichtung ist nicht einfach, wie Heidegger manchmal nahe legt[6], ein leerer Freiraum, sondern ist

---

[5] Diogenes Laertius: Φιλοσόφων βίων καὶ δογμάτων συναγωγῆσ τῶν εἰσ (Leben und Meinungen berühmter Philosophen), II, 22 und IX, 12.
[6] Martin Heidegger: Das Ende der Philosophie und die Aufgabe des Denkens , in: Zur Sache des Denkens. Tübingen: Niemeyer 1969, 61-80; 72. Auch die Sprachgeschichte bestätigt nicht eine Gleichsetzung von „licht" und „leicht" bzw. „frei"; „licht" als „hell" hat nichts mit „frei"

Erscheinungsbereich für das Licht, das ihn erfüllt, in der Weise, dass es das Begegnende erscheinen lässt. Die geschehende Lichtung als solche wird der eigene Raum des Denkens, und ihren Anspruch zu vernehmen wird die Aufgabe des philosophischen Denkens. Diese Übereinstimmung findet Heidegger bei Heraklit. Und schon Heraklit lässt von Anfang deutlich werden, dass das „Feuer" seiner „Welt" nicht von dem her gedacht werden darf, was in ihm zur Erscheinung kommt und immer schon gekommen ist.

Heidegger nennt bekanntlich sein eigenes Thema die ἀλήθεια, den „Bereich der Unverborgenheit". Und er fügt hier (GA 7, 266) überraschend umstandslos hinzu: „Ihn verwaltet das Entbergen." Das kann angesichts des Lichtungsgeschehens nur so verstanden werden, dass in das gegenwendige, gegensätzliche Geschehen der Lichtung oder Unverborgenheit das Denken einbezogen ist, nämlich als jene angesprochene eigene „Sprache des Denkens". Indem dieses Lichten selbst zu Sprache gebracht wird, findet sich diese neue Sprache. Diese Sprache des Denkens prägt die neue Bestimmung des Menschen.

Mit dem entstehenden philosophischen Denken kommt dem europäischen Menschen seine neue Bestimmung zu. Nämlich sein Verhältnis zu Lichtung gehört nicht nur in die Lichtung, sondern macht die Lichtung selbst mit aus (vgl. GA 7, 286 f.). Die Menschen sind von der Lichtung berührt und angerührt, und sie allein hüten und bewahren sie.

Freilich und natürlich bleibt diese innere Verbundenheit das Unscheinbare. Gemäß dem Fragment DK 22 B 54 (überliefert durch Hippolytos Anf. 3. Jh.): „Nichterscheinende Fügung (ἀρμονίη von ἀρμόττω) stärker als erscheinende." Eine Fügung verbindet Anderes und Unterschiedliches. Sie ist selbst kein Drittes, sondern allein und einzig das Verbindende, in welcher Verbindung die Verbundenen als solche erscheinen. Das Zusammenpassen darf nicht eigens hervortreten, aber es lässt durch Passung hervortreten. Je zurückhaltender, je gültiger. Die nichterscheinende Fügung lässt am meisten Zusammengehörendes als solches erscheinen. – Das zeigt sich schon bei Berührungen: Wenn es Berührungen sind, hat es für beide Seiten etwas Enthüllendes. Und zu dieser heimlichen Übereinstimmung bekennen sich die Berührenden. Ohne Zweifel ist daran Unauffälligkeit und sogar Verbergung beteiligt. Denn nur in sich aussetzender Zurückhaltung kommt Berühren zustande. Diese Dinge bleiben allerdings leichter gesagt als gemeint. Diese Vorsicht darf bei Heideggers Rede vom Verbergen nicht vergessen werden.

Am Schluss seiner Fragen, seiner Auslegungen, seiner Gespräche mit Heraklit können wir mit Heidegger den Grundvorgang benennen: Heraklit sagt das, was wir im Gespräch mit ihm zum Sprechen bringen.

---

zu tun. Wenn Heidegger die „Verschiedenheit von Lichtung und Licht" betont, so muss man auch festhalten, dass einzig das Licht die Lichtung als eine solche erfüllt.

Außerhalb unseres Vorstellens und unserer Fragen können Heraklits Sätze gar nicht sprechen. Aber natürlich muss es nicht unser Vorstellen sein, wenngleich wir uns ein anderes gar nicht vorstellen können. Unser Vorstellen führt uns schließlich bis zu Heraklit. Sagen seine Sprüche aber auch etwas „unabhängig vom damaligen Vorstellungsfeld Heraklits?" (GA 7, 286) Kann Heraklit etwas geahnt haben von der von Heideggers bedachten ἀλήθεια, dem „Bereich aller Bereiche" (GA 7, 286)? Können wir wirklich Heraklit weiterdenken? Heidegger geht auf Heraklit zurück, um für den eigenen und entscheidenden Gedanken der Lichtung Zuspruch und Zustimmung zu finden. Aber die Bestätigung gilt seiner eigenen Aufgabe. Kann man den Anfang nur anerkennen, indem man ihn hinter sich lässt? Auf dieselbe Stelle kann man sich mit niemandem stellen. Man möchte sich vielmehr mit ihm in dieselbe Situation stellen, neben ihn. Wie kann man aber einen solchen Anfang hinter sich lassen? Hinter sich lassen wollen? Warum muss man sich von Vorgängern doch wieder verabschieden? Gibt es in der Geschichte keine Begrenzung? Keine bleibende Nähe und Vorliebe? Nur in der Unruhe solcher Fragen konnte Heidegger seinem Heraklit begegnen.

Phänomenologie und Hermeneutik in Heideggers seinsgeschichtlicher Heraklitlektüre

Martin Wiesbauer, Wien

> Die Heftigkeit der Aussprüche der Denker über ihr Verhältnis zum gewöhnlichen Meinen entspringt in Wahrheit nicht der dürftigen Mißstimmung dessen, der nur beleidigt ist durch die übliche Verständnislosigkeit. Zwar kann man [...] die Worte der Abwehr [...] leicht aus der Verärgerung erklären; [...] [i]n Wahrheit aber verbirgt sich hinter diesen Worten der Abwehr noch ein Bereich von Bezügen, deren Wesen noch nicht erfragt worden ist [...].
>
> Heidegger (GA 55, 149 f.)

In Heideggers Heraklitlektüre nimmt Fragment 112 eine ausgezeichnete Stellung ein. Dieses lautet wie folgt: „τὸ φρονεῖν ἀρετὴ μεγίστε, καὶ σοφίε ἀληθέα λέγειν καὶ ποιεῖν κατὰ φύσιν ἐπαΐοντας." (DK 22 B 112)

Heideggers Übersetzung lautet: „Das sinnende Denken ist der höchste Edelmut und dies, weil das Wissen ist; das Unverborgene (aus der Verbergung für diese) zu sammeln im Hervorbringen seiner gemäß dem Aufgehen – (all dies doch) im Hinhorchen auf die ursprüngliche Versammlung." (GA 55, 373 f.)

In dieser Unvermitteltheit und dermaßen dekontextualisiert vorgestellt haftet dieser – wie nahezu allen – heideggerschen Übersetzungen heraklitischer Fragmente eine philologische Gewaltsamkeit an. Diese auf die leichte Schulter zu nehmen, wäre verantwortungslos und unbegründet. Aus dieser Gewaltsamkeit jedoch sogleich auf die Verantwortungslosigkeit und Grundlosigkeit des sich in dieser Übersetzung manifestierenden Denkens zu schließen ebenso. Daraus erwächst uns die Herausforderung, den hermeneutischen Prinzipien solchen Übersetzens und so der Notwendigkeit dieses Denkens selbst nachzufragen. Das vorliegende Fragment ist dafür nicht zuletzt deshalb geeignet, da seine ausgezeichnete Stellung innerhalb Heideggers Heraklitlektüre in einer gewissen Selbstreferenzialität gründet. Indem darin nämlich das φρονεῖν als eine ἀρετὴ μεγίστε bezeichnet wird, und dieses als ein ἀληθέα λέγειν und ποιεῖν κατὰ φύσιν näherhin bestimmt wird, vermag Heideggers Auslegung darin nicht nur die Prinzipien des eigenen Denkens als ein „Sammeln des Unverborgenen im Hervorbringen seiner gemäß dem Aufgehen" zu formulieren, sondern auch das Recht solchen „sinnenden Denkens" als der „höchste Edelmut" herauszustellen. Wir stehen damit vor der Selbstauslegung der Auslegung, und damit sogleich vor der

Frage nach den Sinn- und Sachbezügen einer derartigen Struktur. Aus diesem Grund soll Heideggers Auseinandersetzung mit diesem Fragment zum Anlass für einen Versuch genommen werden, die Prinzipien der seinsgeschichtlichen Hermeneutik nachzuzeichnen. Ein solch fragender Versuch aber findet weder seine leitende Hinsicht sowie den Ort seines Fragens schlechthin vor, noch dürfen diese willkürlich festgesetzt werden. Vielmehr muss der Leitfaden des Versuches aus der hermeneutischen Situation gewonnen werden, vor die uns Heideggers Denken selbst stellt. Ausgangspunkt bildet deshalb eine Textpassage, in der Heidegger über die Prinzipien der Auslegung seines eigenen Denkens handelt: „Das Denken selber ist ein Weg. Wir entsprechen diesem Weg nur so, daß wir unterwegs bleiben. Auf dem Weg unterwegs sein, um ihn zu bauen, ist das Eine. Das Andere aber ist, sich von irgendwoher nur an den Weg zu stellen und sich darüber zu unterhalten, ob und inwieweit die früheren und späteren Wegstrecken verschieden und in ihrer Verschiedenheit vielleicht unvereinbar sind, für jeden nämlich, der den Weg niemals geht, ihn zu gehen sich auch nie anschickt, sondern sich außerhalb des Weges aufstellt, um den Weg immer nur vorzustellen und zu bereden." (GA 8, 173)

An die Metapher vom Denken als einem Weg, der im Gehen dieses Weges allererst hervorgebracht und gebaut wird, knüpft Heidegger eine Dichotomie zwischen jenen, die auf dem Weg sind, und jenen, die bloß von Außen über den Weg sprechen. Letztere verstehen den Weg nicht, da sie sich nicht auf das Denken einlassen, bloß von außen urteilen und damit aburteilen. Das Denken wird dabei nicht an seinen eigenen, sondern an fremden, ihm äußerlichen Maßstäben gemessen, und damit wesentlich verfehlt.[1] Die erste Gruppe der auf dem Weg gehenden Denker andererseits ist immer schon auf dem Weg und hat dergestalt je schon verstanden worum „es" auf diesem Weg geht. Und so befindet sie sich augenscheinlich im Recht. Doch wie gelangen *wir* in diese scheinbar beneidenswerte Situation? Wenn wir versuchen, uns dem Weg zu nähern, müssen wir dann nicht an ihn herantreten, und dies wesentlich von außen, also von irgendwoher? Damit aber haben wir den Denkweg je schon verfehlt und missdeutet. Wie sollte es auch möglich sein, sich einem Denken zu nähern, von dem wir zunächst schlichtweg nichts adäquat wissen können, da wir den Weg noch nicht gehen, und so bloß äußerliche Betrachtungen über dieses Denken anzustellen im Stande sind? Es bleibt als einziges eine *unbestimmte Selbsteinschreibung* in die-

---

[1] Als durchaus repräsentatives Beispiel für eine Vielzahl kritischer Heideggerinterpreten dieser Gruppe sei Beierwaltes genannt, der seinen Standpunkt eindeutig in einem Außen bezieht: „Ich bin mir bewußt, daß die von ihr [der Maxime Heideggers, M. W.] Überzeugten meine eigenen Anfragen an Heideggers Rückgang zu ‚den' Griechen als ‚dem Denken äußerlich', als ‚positivistisch' und damit eo ipso ‚unphilosophisch' betrachten und wegschieben werden." (Werner Beierwaltes: Heideggers Rückgang zu den Griechen, Sitzungsbericht der Bayerischen Akademie der Wissenschaften, Philosophisch-historische Klasse, Jahrgang 1995, Heft 1. München 1995, 14).

ses Denken. Unbestimmt ist diese, da sie genau genommen nicht wissen kann, wohinein sie sich einschreibt, kommt doch jede Klärung der relevanten Hinsichten und Sachbezüge je schon zu spät, da sie adäquat nur *auf Basis* dieser Selbsteinschreibung möglich sein kann. Heidegger wird hier nicht einlassend, sondern je schon eingelassen interpretiert, wobei dieses Je-schon-eingelassen-Sein sich stets nur selbst zu versichern vermag, wie klar und deutlich die wesentlichen Bezüge dieses / seines Denkens vor ihm liegen.[2]

Nimmt man diese Probleme ernst, so zeigt sich, dass eine solche Innen-Außen-Dichotomie nicht das adäquate Schema einer Interpretation sein kann. Ein trockenes Versichern gilt dann – um auf eine Formulierung Hegels zurückzugreifen – gerade soviel als ein anderes.[3] Doch genau genommen transzendiert Heideggers Rede von einem Weg, der im Gehen erst gebaut wird schon eine solche Dichotomie. Das Bauen des Weges besteht im Legen der Schwelle, die ein Innen wie ein Außen allererst hervorbringt. Es legt sich eine Interpretationsmaxime nahe, die versucht, die einigermaßen komplexen Strukturen dieses Schwellenbereiches auszuloten. Diese lassen sich mit Hilfe von Heideggers Rede von „Sprung" und „Schwelle" charakterisieren.

I) Der Sprung und die Schwelle

Während der Sprung als die leitende Hinsicht dieses Interpretationsversuches gedacht werden soll, kann die Schwelle als der Ort des Fragens gelten. Diese bilden jedoch nicht zwei, sondern einen Ausgangspunkt. Denn indem die Selbsteinschreibung sowohl in ein Außen wie ein Innen vermieden wird, hält sich die Interpretation in gewisser Weise in einem Zwischen auf, das jedoch selbst nicht topologisch, sondern vollzugsmäßig zu denken ist. Ohne einen solchen Aufenthalt in einem Zwischen können die Strukturen dieses Zwischenbereiches bei Heidegger gar nicht erst sichtbar werden. Wenn andererseits solche Denkfiguren in Heideggers Denken nicht zumindest angelegt wären, könnte eine Heideggerinterpretation in einem solchen Zwischen keinen rechten Standort gewinnen. Es

---

[2] Als Beispiel für diese Interpretationsmaxime mag De Gennaros Untersuchung dienen, die mit dem Satz beginnt: „Die vorliegende Arbeit versteht sich als einen Deutungsversuch des Denkens Heraklits *innerhalb* der von Martin Heidegger eröffneten Blickbahn der *Seinsgeschichte*." (Ivo De Gennaro: Logos – Heidegger liest Heraklit. Berlin: Duncker & Humblot 2001, 11, erste Herv. M. W).

[3] Vgl. Georg Wilhelm Friedrich Hegel: Phänomenologie des Geistes, Bd. 2 der Jubiläumsausgabe in zwanzig Bänden, Hg. v. Herrmann Glockner. Stuttgart-Bad Cannstatt: Friedrich Frommann 1964, 70 f. Die Wissenschaft (i. e. die Philosophie) kann ihren Standort nicht dadurch (be-)gründen, dass sie dem gewöhnlichen Meinen bloß *versichert*, das höchste Wissen zu sein. Die Selbstunterscheidung des Denkens vom Nichtdenken rückt damit in den Blickpunkt des Interesses.

zeigt sich, wie das Wo und das Woraufhin der Interpretation in dem (missverständlichen[4]) Hilfsbegriff des Zwischen überein kommen.

Die Unterscheidung von Außen und Innen kann mit Heideggers Rede von gewöhnlichem und wesentlichem Denken parallelisiert werden. Während das gewöhnliche Denken durch die Meinung des gesunden Menschenverstandes charakterisiert ist, und auch das normale Denken heißen kann, weil es gemäß der Norm des Denkens als den Maßstäben der Logik denkt (vgl. GA 55, 173 f.), und mithin das metaphysische Denken selbst ist, da es von Metaphysik beherrscht wird, nennt das wesentliche Denken das noch nicht näher charakterisierte seinsgeschichtliche Denken, das sich in der sich selbst auslegenden Auslegung von Heraklits 112. Fragment manifestiert.

Der Sprung aber nennt die Weise, wie von Jenem In dieses gelangt werden kann: „Wenn es aber gleichwohl glückt, im Unterschied zum gewöhnlichen Denken einmal wesentlich zu denken, dann glückt das nur durch den Sprung." (GA 55, 119) Wenn der Sprung ein Gelangen vom gewöhnlichen ins wesentliche Denken nennt, das gewöhnliche wiederum den Maßstäben der Logik folgt, muss eine nähere Charakterisierung des Sprunges bei Heideggers Konzeption von Logik ansetzen: „‚Logik' – Man versteht unter diesem Titel gewöhnlich und von alters her ‚die Lehre vom richtigen Denken'." (GA 55, 186) Damit ist aber nur eine Seite der Logik umrissen. Denn: „Man sagt: ‚das ist logisch' und meint damit: das ergibt sich klar als Folge aus der gegebenen Sachlage und aus den jedermann bekannten voraufgehenden Tatbeständen. Das ‚Logische' ist so das Folgerichtige, das, was der ‚Logik' entspricht. Aber hier meinen wir mit ‚Logik' nicht so sehr die Gesetzlichkeit und Regel-mäßigkeit des Denkens, wir meinen vielmehr die innere Folgerichtigkeit einer Sache, einer Lage, eines Vorgangs. Die Dinge selbst haben da in sich ein ‚Logik', ihre ‚Logik'. (GA 55, 186 f.)

In der Logik liegt so nach Heidegger eine eigentümliche Doppeldeutigkeit. Als Lehre des richtigen Denkens und als Logik der Sache selbst kündigt sich darin eine eigenartige Spannung an, als Indiz dafür, dass das gewöhnliche Denken nicht so recht weiß, warum und weshalb ihm gerade das „Logische" als das Richtige und Sachgemäße gilt: „Wir denken ja ‚logisch', wenn wir ‚sachlich' und ‚sachgemäß' denken. Doch wann und wie denken wir ‚sachlich'? […] Inwiefern müssen wir aus den Sachen und aus den Dingen denken? Welche Art von ‚müssen' trifft uns da?" (GA 55, 188)

Dies ist nun, obgleich in einer ehrwürdigen philosophischen Tradition des Zweifels stehend, keine Frage wie andere auch. An dieser Frage haftet die Paradoxie der prinzipiellen Unbeantwortbarkeit, da jede mögliche Antwort eine

---

[4] Missverständlich ist die Rede von einem Zwischen, da sie suggeriert, es handle sich neben Innen und Außen gewissermaßen um ein Drittes. An die Stelle eines schlechten Dualismus wäre bloß ein schlechter Trialismus getreten. Dagegen ist der vollzugshafte Charakter dieses Zwischen zu betonen. Es „besteht" einzig in der Verweigerung einer Selbsteinschreibung, *sowohl* in ein Innen *als auch* ein Außen.

sachlich begründete Antwort sein würde, und damit die Sachgemäßheit als das in Frage Stehende voraussetzen müsste. Diese Frage beiseite zu schieben, ist andererseits nur um den Preis eines dunklen „Restes", eines Unbeantworteten und Unbeantwortbaren, das dem sachlichen Denken anhaftet, möglich. Auf dieses Dilemma lässt sich folgende Textstelle Heideggers beziehen: „Hier im Übergang bereitet sich die ursprünglichste und deshalb geschichtlichste Entscheidung vor, jenes Entweder-Oder, dem keine Verstecke und Bezirke des Ausweichens bleiben: entweder dem Ende verhaftet bleiben und seinem Auslauf und d. h. erneuten Abwandlung der ‚Metaphysik', [...] oder den anderen Anfang anfangen, d. h. zu seiner langen Vorbereitung entschlossen sein." (GA 65, 229) Wenn die Frage nach der Sachgemäßheit des Denkens nicht beruhigt, sondern in ihr beunruhigendes Recht versetzt wird, ergibt sich eine Nichtigkeit des Denkens, die einzig dadurch abgeschwächt wird, dass die Frage selbst in dieser Nichtigkeit wurzelt und von ihr sich herschreibt. Gleichwohl vermag diese Nichtigkeit das Denken in eine Verzweiflung zu versetzen, aus der ein Ausweg einzig durch die *vollständige Verwandlung des Denkens* möglich scheint. Das gewöhnliche Denken, das sich am Logischen und Sachgemäßen orientierende, metaphysische Denken muss sich in ein wesentliches Denken als dem Ausweg aus dieser Verzweiflung *kehren.*[5]

Wie aber stehen diese Zusammenhänge mit der Rede von Sprung und Schwelle in Verbindung? Als das ernst nehmende Fragen der Frage nach dem Grund der Sachgemäßheit ist der Sprung zunächst ein Fall in die Verzweiflung. Als die Überwindung dieser Verzweiflung wird der Sprung zu einem *Entwurf,* der den sich jedem begründenden Zugriff entziehenden Grund der Sachgemäßheit nicht als Mangel hinnimmt, sondern als eine produktive Gabe

---

[5] Zu der sich darin anzeigenden Kehre in Heideggers Denken ist eine zweifache Rezeption möglich: Von der Selbsteinschreibung ins seinsgeschichtliche Denken aus erscheint sie als eine Kehre der Wahrheit des Seins selbst, während einer Perspektive, die von *Sein und Zeit* ausgeht, die Kehre als eine Selbstaufhebung des Begründenwollens oder eine Steigerung der Geworfenheit erscheint (vgl. Rudolf Wansing: „Was heißt Denken?" Geschichtlichkeit und Verbindlichkeit als Problem philosophischer Selbstbestimmung im Denken Martin Heideggers. Freiburg i. Br. / München: Alber 2002, 32 mit Verweis auf Alberto Rosales: Heideggers Kehre im Lichte ihrer Interpretationen, in: Dieter Papenfuss / Otto Pöggeler (Hg.): Zur philosophischen Aktualität Heideggers, Bd. 1. Philosophie und Politik. Frankfurt a. M.: Vittorio Klostermann 1991, 118-140). Diese Arbeit folgt in diesem Punkt der Position Wansings, die „‚geplante Kehre' von *Sein und Zeit* von der zunächst ‚ungeplanten', aber dann tatsächlich vollzogenen zu unterscheiden und beide Konzeptionen *je für sich* in Unvereinbarkeit stehen zu lassen" (Wansing, 33, wiederum mit Verweis auf Rosales). Darin spricht sich zugleich der Ansatz einer „Inkommensurabilität der unterschiedlichen Denkprojekte Heideggers" (Wansing, 30) aus, der von diesem Versuch geteilt wird. Dies schließt nicht aus sondern ein, dass das seinsgeschichtliche Denken das Denken aus *Sein und Zeit* in ganz eigener Weise in Anspruch nimmt und für sich vereinnahmt. Aus dieser Vereinnahmung spricht jedoch eine Umdeutung.

(als geschichtliche Ereignung) von Sachgemäßheit entwirft:[6] „Der Sprung ist der äußerste Entwurf des Wesens des Seyns derart, daß wir uns (selbst) in das so Eröffnete stellen, inständig werden und erst durch die Ereignung wir selbst." (GA 65, 230)

Darin kündigt sich schon ein Punkt einer dreigliedrigen Legitimierungsstruktur an, die der springende Entwurf benötigt, um nicht ein bloßes Dahinphantasieren zu sein. Diese lässt sich wie folgt anzeigen:

1. Rückbezogenheit auf die Metaphysik – die Schwelle:

Die Paradoxie der Frage nach dem Grund der Sachgemäßheit macht auch vor dem springenden Entwurf nicht gänzlich halt. Obwohl er nicht begründend, sondern entwerfend (den sich entziehenden Grund als Abgrund als Ereignung) vorgeht, haftet dem Entwurf ein gewisser Antwortcharakter auf diese Frage an, weshalb er in prohibitiver und impliziter Weise dennoch an einer Begründungsstruktur orientiert bleibt. Obwohl der Entwurf auf verschiedene noch zu zeigende Weise zu vermeiden versucht, die Sachbezogenheit in Anspruch zu nehmen, kann er dennoch nur vollzogen werden, indem er sachgemäße und logische Strukturen in Anspruch nimmt, weshalb er letztlich auf den apophantischen λόγος rückgebunden bleibt: „Wir könnten die Umtriebe des gesunden Menschenverstandes sich selbst überlassen, wenn nicht seine Hartnäckigkeit sich immer wieder bei uns selbst und auch dort einschleichen wollte, wo wir uns mühen, das Selbstverständliche als Maßstab des Denkens preiszugeben." (GA 8, 83)

Diese Rückgebundenheit wird hier als die Schwelle gedeutet, die Heidegger nennt, wenn er schreibt: „‚Die Geschichte des Seyns‘ ist der Name für den Versuch, die Wahrheit des Seyns als Ereignis in das Wort des Denkens zurückzulegen und so einem Wesensgrunde des geschichtlichen Menschen – dem Wort und seiner Sagbarkeit – anzuvertrauen. [...] Der Versuch müsste aber noch ganz außerhalb seines Bereiches verharren, wenn er nicht wüßte, daß er gemäßer benannt würde: ‚Bis an die Schwelle‘." (GA 69, 5) Diese Schwelle ist ein zweischneidiges Schwert. Sie nennt in eins den Hemmschuh des springenden Entwerfens des Grundes der Sachgemäßheit, sowie ein unverzichtbares Element der Rettung dieses Entwurfes vor der drohenden Beliebigkeit. Sie ist damit zugleich Ermöglichungsbedingung sowie Grund des Scheiterns des Entwurfes.[7]

Der Sprung ist ein Sprung über die (unhintergehbare) Schwelle hinweg, weshalb auch sein Gelingen (eschatologisch) in die Zukunft verlegt werden muss; es bleibt einzig seine Vorbereitung. Diese geschieht nicht durch ein theoretisches Ausloten seiner Möglichkeiten und Unmöglichkeiten, sondern je schon durch das Springen selbst, sei es bislang auch notwendig ein Fallen und Stolpern. Die

---

[6] Die Rede von einem Entwurf ist hier ausdrücklich *nicht* mit dem entsprechenden Terminus aus *Sein und Zeit* zu identifizieren.

[7] Freilich ist dieses Scheitern nicht per se als ein Negativum zu verstehen. Heidegger selbst spricht vom scheiternden Denken als dem „Wetterleuchten eines neuen Anfangs" (GA 42, 5).

Sprung-Schwelle-Struktur als das Verhältnis von gewöhnlich-metaphysischem und wesentlich-seinsgeschichtlichem Denken konkretisiert in den Verhältnissen von historischer Betrachtung und geschichtlicher Besinnung sowie philologischem Übersetzen und seinsgeschichtlichem *Über*-setzen. Die Rückbezüglichkeit der Schwelle manifestiert sich nicht zuletzt (mit einigen Abstrichen) in einer bestimmten Rückbezüglichkeit auf die Fundamentalontologie aus *Sein und Zeit*, die den als Abgrund entworfenen sich entziehenden Grund der Sachgemäßheit allererst in seinen Dimensionen von Entbergung und Entzug verständlich macht. Darauf wird noch einzugehen sein.

2. Der Sprung als Rückgang auf die Frühen Griechen:

Entwurf der Geschichtlichkeit der Sachgemäßheit des Denkens ist der Sprung wesentlich als Entwurf von (Seins-)Geschichte. Dieser Entwurf vollzieht sich vornehmlich im Zuge einer Auslegung der frühen Griechen, allen voran Anaximander, Parmenides und Heraklit. Der Grund dafür ist vor allem in der Vorgängigkeit dieser Denker vor den großen metaphysischen Entwürfen der griechischen Philosophie, also vor Platon und Aristoteles zu suchen.

Dass der Sprung gerade als ein Rückgang zu den frühen Griechen und nicht etwa auf ältere uns bekannte Völker und deren Denker, wie beispielsweise die Ägypter, erfolgt, ist weder eine philosophiegeschichtliche These, dort sei das eigentliche und große Denken am Werk gewesen, noch eine Würdigung der kulturellen Verdienste der griechischen Antike; vielmehr ist dafür die überlieferungsgeschichtliche Situation der philosophischen Begrifflichkeit, die bereits in der Destruktion von *Sein und Zeit* in Form des „Geburtsbriefes" für die Begriffe die eigentliche Notwendigkeit einer solchen bekundete, verantwortlich (vgl. GA 2, 30)

Während das Denken Platons und Aristoteles' wesentlich begründend verfährt, was sich an der Entwicklung der Logik in Platons Akademie, und ihrer Weiterentwicklung und Darstellung durch Aristoteles ablesen lässt, vollzieht sich das Denken im Spruch des Anaximander, dem parmenideischen *Proömium* und den kryptischen Fragmenten Heraklits wesentlich anders.[8] Die hermeneuti-

---

[8] So hat Klaus Held vorgeschlagen, die Selbstunterscheidung des Denkens vom Nichtdenken als zentrales Thema der heraklitischen Philosophie aufzufassen, indem die ablehnenden Bemerkungen zu den Vielen nicht als bloßes polemisches Beiwerk zu einem davon unabhängigen Denkgebäude betrachtet, sondern als das Zentrum der philosophischen Denkweise begriffen werden (Klaus Held: Heraklit, Parmenides und der Anfang von Philosophie und Wissenschaft. Berlin: de Gruyter 1980, 106 u. ö.). Wenn diese These zutrifft, lässt sich darin bereits eine gewisse Nähe zu Heidegger konstatieren, indem wir auf die zentrale Stellung der grundsätzlichen Unterscheidung von gewöhnlichem und wesentlichem Denken in den Schriften aus der Zeit des Denkens der Seinsgeschichte hinweisen. Damit soll keineswegs einer Ansicht das Wort geredet werden, die Heideggers Philosophie als schon bei Heraklit enthalten oder an sie anschließend betrachtet; das gerade Gegenteil ist der Fall. Indem damit lediglich die Offenheit Heraklits für eine produktive Aneignung von Seiten Heideggers angedeutet sein soll, wird ein *historischer Vergleich* der beiden Denker gerade *ausgeschlossen*.

sche Auseinandersetzung mit den entsprechenden Fragmenten ermöglicht Heidegger (den Versuch), den Entwurf jenseits der überlieferten logischen Strukturen sprachlich zu vollziehen. Der springende Entwurf wird damit wesentlich ein hermeneutischer. Die Prinzipien dieser hermeneutischen Auseinandersetzung sollen weiter unten am Leitfaden der Sprung-Schwelle-Struktur auseinandergesetzt werden.

Der Rückgang auf die frühen Griechen ist nicht eine nachträgliche, zur Bestätigung des eigenen Denkgebäudes vollzogene Betrachtung, wie schon im Frühen das nun Wiederentdeckte enthalten oder zumindest angelegt sei. Dieser Eindruck entsteht häufig auf Grund der doppelten Bezüglichkeit des wesentlichen Denkens sowohl auf die Fundamentalontologie als auch die frühen Griechen. Entweder wäre dann Heraklit ein früher Heidegger oder Heidegger ein später Heraklit. Indem wir vom Sprung *als* Rückgang sprechen, ist jedoch angezeigt, dass dieser Rückgang dem Sprung nicht äußerliche Bereicherung und Bestätigung, sondern sein eigentlicher Vollzug und er selbst ist.

3. Die Selbsteinschreibung des Entwurfes in den entworfenen Entwurfsbereich:

In diesem dritten Element der Legitimationsstuktur versteht sich die Sachgemäßheit des Entwurfes selbst aus dem Sachgemäßheit ereignenden Abgrund der in diesem Entwurf allererst entworfen wird. Der Entwurf denkt sich als den Gegenwurf zum Zuwurf des Ereignisses. „Was meinen wir mit diesem, hier gleich jedem anderen leicht mißverständlichen Wort ‚Sprung‘? Der Sprung ist die Er-springung der Bereitschaft zur Zugehörigkeit in das Ereignis." (GA 65, 235) Die Selbsteinschreibung *braucht* und – gemäß der hermeneutischen Notwendigkeit der Verweigerung der Selbsteinschreibung in den Weg des Denkens – *darf* auch von uns nicht mitgemacht werden. Ebenso verfehlt wäre es gemäß der hermeneutischen Notwendigkeit der Verweigerung der Selbsteinschreibung in ein ab-urteilendes Außen allerdings, ihn als bloße Irrationalität zu desavouieren. Entscheidend ist lediglich festzuhalten: Was auf Basis der Selbsteinschreibung in den entworfenen Entwurfsbereich gilt, gilt nicht schon für den Entwurf selbst. Ansonsten bliebe das Problem der hermeneutischen Situation, vor die uns Heidegger bringt, unlösbar: Das trockene Versichern der Ereignisbewegtheit des auf dem Weg Gehenden gälte gerade soviel, als das trockenen Versichern der Irrationalität dieses Weges durch den Außenstehenden. Allein, es ist gar nicht nötig, diesen dritten Punkt der Legitimierungsstruktur mit zu vollziehen. Die durch die Rückbezogenheit auf die Metaphysik und den Vollzug als Rückgang auf die frühen Griechen des springenden Entwurfes angezeigte Legitimität reicht völlig aus, um die hermeneutischen Prinzipien der Übersetzung von Fragment 112, und damit des seinsgeschichtlichen Denkens, verständlich zu machen.

II) Fundamentalontologie und Seinsgeschichte

Die in *Sein und Zeit* in Anschlag gebrachte Fundamentalontologie steht in einem besonderen Verhältnis zum seinsgeschichtlichen Denken. Wie bereits angedeutet, bildet dieses Verhältnis einen Ort der Manifestation der in der Sprung-Schwelle-Struktur angezeigten Relation des gewöhnlichen und wesentlichen Denkens. Aus diesem Grund ist zunächst eine Gegenüberstellung beider geboten, an Hand der die Rolle der Fundamentalontologie in der seinsgeschichtlichen Hermeneutik expliziert werden kann.

Das gewöhnliche Denken ist bereits als das Denken des gesunden Menschenverstandes, der nach der Norm des Denkens in Form der Grundsätze der Logik denkt, charakterisiert worden. Als solches ist es wesentlich von Metaphysik durchherrscht: „Die Metaphysik denkt das Seiende als das Seiende in der Weise des begründenden Vorstellens."[9] Die Maßstäbe dieses logisch begründenden Denkens können, wie bereits gezeigt, nicht bis ins Letzte durchsichtig, und mit den Mitteln der Logik aufgewiesen werden. Als vorstellendem Denken eignet ihm eine gewisse Distanz zum Vorgestellten, die im weitesten Sinne als theoretische Distanz bezeichnet werden kann. Als das Denken über eine Sache hält es sich wesentlich im Sachgemäßen und Sachentsprechenden. Es führt zu apophantischen Aussagen, die anzeigen, wie *es* sich mit der jeweiligen Sache (der Wirklichkeit, dem Sein) verhält. Dergestalt ist es eine betrachtende, also theoretische, Wissenschaft (ἐπιστήμη). Diesem Sich-Richten nach einer Sache liegt die klassische Betsimmung von Wahrheit als „adaequatio intellectus et rei"[10] zu Grunde.[11]

Demgegenüber wird die Aufgabe des wesentlichen Denkens folgendermaßen umrissen: „[...] es gilt, keine neuen Vorstellungen vom Seienden zur Kenntnis zu bringen, sondern das Menschsein in die Wahrheit des Seyns zu gründen und diese Gründung im Erdenken des Seyns und des Da-seins vorzubereiten." (GA 65, 86) Das seinsgeschichtliche Denken intendiert als springendes Entwerfen demnach keine neuen, sachlich besseren Vorstellungen, sondern es vollzieht sich wesentlich erdenkend, indem es auf eine Verwandlung des Denkens selbst abzielt. Damit *fällt* die oben angezeigte theoretische Distanz zwischen Vorstellen und Vorgestelltem. Die Sache des Denkens steht dem Denken nicht länger als ein auf sachgemäße Weise zu behandelnder Gegenstand gegenüber, sondern ist wesentlich das Entwerfen der geschichtlichen Verfasstheit von Sachangemessenheit selbst. Es ist so weder ein theoretisches noch auch ein sich aus dem Gegensatz zu diesem bestimmendes praktisches Verhalten, sondern

---

[9] Martin Heidegger: Zur Sache des Denkens. Tübingen: Max Niemeyer 1969, 62 [Sigle ZSD].

[10] vgl. Thomas von Aquin: De veritate, quest. 1, art.1, in: Roberto Busa (Hg.): S. Thomae Opera, Bd. 3. Stuttgart-Bad Cannstatt: Fromann-Holzboog 1980, 1.

[11] Diese Bestimmung der Metaphysik ist keine *historische* Aussage, sondern eine *sachliche* Bestimmung des Denkens, auf das sich Heideggers seinsgeschichtlicher Entwurf bezieht.

entzieht sich dieser Dichotomie. Indem es nämlich als vorbereitend zu bestimmen ist, bringt es weder unmittelbar hervor, noch konstatiert es theoretisch. Die Frage nach der „Richtigkeit" der Seinsgeschichte deutet diese als metaphysische Theorie und geht damit wesentlich an ihr vorbei. Wahrheit wird nicht länger als Adäquation, sondern als Ereignis gefasst.

Es ist jedoch auch bereits gezeigt worden, wie solches Denken das metaphysische ständig in Anspruch nehmen muss. Das wesentliche Denken vollzieht sich daher ausschließlich im Modus der Vorbereitung. *Sein und Zeit* nimmt nun vor diesem Hintergrund eine Art Mittlerposition ein. *Einerseits* trägt dieses Denken den Namen der „ontologischen Forschung" (GA 2, 15 u. ö.), jedoch in dem Sinn einer phänomenologisch-hermeneutischen Selbstanalyse des existierenden Daseins. Dabei soll die „konkrete Ausarbeitung der Frage nach dem Sinn von ‚Sein‘" (GA 2, 1) durchgeführt werden. „Ein jedes Fragen" aber, so Heidegger, „ist ein Suchen." (GA 2, 7). Dieses Suchen vollzieht sich im Modus des Erkennens: „Das erkennende Suchen kann zum ‚Untersuchen‘ werden als dem freilegenden Bestimmen dessen, wonach die Frage steht. […] In der untersuchenden, d. h. spezifisch theoretischen Frage soll das Gefragte [das Sein, M. W.] bestimmt und zu Begriff gebracht werden." (GA 2, 7)

Aus der „theoretischen Frage", die das Sein „bestimmt und zu Begriff" bringen will, spricht unzweifelhaft das metaphysische Denken. *Andererseits* zeigt die Ambivalenz des fundamentalontologischen Denkens im Bezug auf sein Verhältnis zur Metaphysik folgende Stelle, in der sich nicht nur eine Absetzungstendenz vom Metaphysischen, sondern verborgener Weise auch eine Verhaftetheit ausspricht: „[I]n der Beantwortung der Frage [geht es] nicht um eine ableitende Begründung, sondern um aufweisende Grund-Freilegung" (GA 2, 11).

Darin liegt einerseits ein Abstrich in der Zuordnung der Fundamentalontologie zum gewöhnlichen Denken, da dieses sich ausdrücklich gegen eine ableitende Begründung wehrt, andererseits wird sich noch zeigen, wie in der Formulierung „Grund-*Frei*legung" (und nicht: Grund-legung) eine im Phänomenbegriff gründende Verhaftetheit an der metaphysischen ἐπιστήμη θεορετικός verborgen liegt.

Ein weiterer Abstrich bezüglich dieser Zuordnung liegt im Hermeneutischen der Fundamentalontologie beschlossen. Denn: „Das Fragen dieser Frage ist als *Seins*modus eines Seienden selbst von dem her wesenhaft bestimmt, wonach in ihm gefragt ist – vom Sein." (GA 2, 10)

Indem das Fragen dieser Frage selbst ein Modus des Gefragten ist, liegt darin die eigentümliche Zirkularität, die Heidegger als hermeneutischen Zirkel in der Verstehensstruktur des Daseins selbst verortet, und der so jenseits alles Vitiösen die Selbstauslegung des Daseins ermöglicht. Darin liegt nun bezüglich unserer Zuordnung deshalb ein Abstrich, da zu dieser Konzeption notwendig auch die Herausstellung der Abkünftigkeit des traditionellen Wahrheitsbegriffes von einem in der ἀ−λήθεια angesprochenen vernehmenden und entdeckenden Erschließen von Seiendem gehört. Wahr ist demnach nicht primär ein Satz oder ein Urteil; vielmehr hat solches Wahrsein im Entdeckendsein des Daseins selbst seinen Ermöglichungsgrund.

Diese Abstriche begründen die Sonderstellung von *Sein und Zeit* innerhalb des metaphysischen Denkens. Die Fundamentalontologie bildet den vornehmlichen Bezugspunkt des wesentlichen Denkens im Zuge seiner Rückbezüglichkeit, in der sich die Sprung-Schwelle-Struktur ausspricht. Diese Mittlerposition findet ihren Kulminationspunkt in der Notwendigkeit der „Destruktion der Geschichte der Ontologie"[12] (GA 2, 27 u. ö.), und der damit herausgestellten Geschichtlichkeit des Denkens, die sich in der Rede von dem den Begriffen auszustellenden „Geburtsbrief" (GA 2, 30) ausspricht.

Diese Mittlerposition vollzieht sich nun, indem die Positionen von *Sein und Zeit* nicht eigentlich verlassen werden, sondern als solche einen wesentlich anderen Sinn erhalten. Der Sinn von „Position" wandelt sich im Zuge dessen dergestalt, dass nicht länger aus der theoretischen Distanz *über* etwas gesprochen und dieses in der formalen Anzeige auf den Begriff zu bringen versucht, sondern vielmehr *aus* und *in* diesem gedacht wird. Allen voran ist davon die Grundthese „Das Wesen des Daseins liegt in seiner Existenz" (GA 2, 56) betroffen. Es wird sich jedoch die Gelegenheit bieten, dieses Verhältnis vor allem an Hand des jeweiligen Zeit und Sprachverständnisses in der zu Gebote stehenden Kürze zu erörtern.

Doch welche Rolle spielt in dieser Transformation die Methode, die *Sein und Zeit* sein Recht als „Wissenschaft von den Phänomenen" (GA 2, 38) gewährleistete? Wie haben wir mit jenem Methodenbegriff, der in seiner zentralen Maxime „zu den Sachen selbst!" (GA 2, 37) vielmehr dem metaphysischen als dem wesentlichen Denken anzugehören scheint, interpretatorisch umzugehen?

Von Herrmann hat in einem Vortrag zu Beginn der Achzigerjahre die Stellung der Phänomenologie in Heideggers Denken folgendermaßen bestimmt: „[...] bleibt das Phänomenologische in Heideggers Philosophie nicht auf das Denken um ‚Sein und Zeit' herum beschränkt? Hat Heidegger nicht später von der phänomenologischen Arbeitsweise Abstand genommen? Zugegeben: Der spätere Heidegger hat nicht mehr wie der frühere die phänomenologische Methode eigens bedacht und hat auch nicht mehr den Titel ‚Phänomenologie' zur methodischen Kennzeichnung seines Denkens verwendet. Das aber nicht deshalb, weil er das Phänomenologische aufgegeben hätte, sondern weil er fortan das phänomenologische Sehen und Aufweisen nur noch praktizierte."[13]

---

[12] Diese erweist sich jedoch, worauf Theunissen hingewiesen hat (Michael Theunissen: Heideggers Antike, in: Bernd Seidenstricker / Martin Vöhler (Hg.): Urgeschichten der Moderne. Die Antike im 20. Jahrhundert. Stuttgart / Weimar: Metzler2001, 81-97; 84.), als eine grammatikalisch eigentümliche „Destruktion auf ..." (GA 2, 30).

[13] Friedrich-Wilhelm von Herrmann: Der Begriff der Phänomenologie bei Heidegger und Husserl. Frankfurt a. M.: Vittorio Klostermann 1981, 51.

Dabei beruft sich von Herrmann vor allem auf eine Aussage Heideggers in dessen 1963 gehaltenen Vortrag *Mein Weg in die Phänomenologie*, die folgendermaßen lautet: „Die Zeit der phänomenologischen Philosophie scheint vorbei zu sein. Sie gilt schon als etwas Vergangenes, das nur noch historisch neben anderen Richtungen der Philosophie verzeichnet wird. Allein die Phänomenologie ist in ihrem Eigensten keine Richtung. Sie ist die zu Zeiten sich wandelnde und nur dadurch bleibende Möglichkeit des Denkens, dem Anspruch des zu Denkenden zu entsprechen. Wird die Phänomenologie so erfahren und behalten, dann kann sie als Titel verschwinden zugunsten der Sache des Denkens, deren Offenbarkeit ein Geheimnis bleibt." (ZSD 90)

Dadurch scheint auf den ersten Blick eine plausible Lösung angeboten zu sein. Hatte doch Heidegger schon in *Sein und Zeit* das wesentliche der Phänomenologie als eine „„Selbstverständlichkeit'" (GA 2, 37) bezeichnet, was den Gedanken nahe legt, auch sein späteres Denken habe sich der fundamentalen Einsicht des Sehenlassens des sich selbst Zeigenden[14] nicht entziehen können; und es ist unstreitig richtig, dass Heidegger in obigem Zitat die Phänomenologie auch für sein spätes Denken in Anspruch nimmt. Die Frage ist nur, ob dies im gleichen Sinn geschehen kann, wie es in *Sein und Zeit* erfolgte.

Sein und Zeit versteht die Phänomenologie „primär" als einen „Methodenbegriff"; sie bezeichnet das *Wie* der philosophischen Forschung im Gegensatz zum sachhaltigen *Was* ihrer Gegenstände (GA 2, 37). Indem nun dieser Methodenbegriff dargestellt, erklärt und angewandt wird, ergibt sich daraus eine methodische Absicherung des in dieser Anwendung Gesagten.[15] In diesem Sinn genommen, ist jedoch eine Übertragung des Phänomenologiebegriffes auf das Denken der Seinsgeschichte nicht möglich. Es ist hinreichend gezeigt worden, wie dieses die Sachangemessenheit und Sachbezogenheit des gewöhnlichen, metaphysischen Denkens zu überschreiten genötigt ist, obgleich sich diese Überschreitung wesentlich im Modus der Vorbereitung vollzieht. Wenn die oben dargestellte Charakterisierung von metaphysischem und wesentlichem Denken nur einigermaßen zutrifft, muss sich der Begriff der Phänomenologie von Grund auf wandeln, soll er für letzteres in Anspruch genommen werden können. Heidegger hat sie selbst als die „zu Zeiten sich wandelnde und [nur] da-

---

[14] Bekanntlich hat Heidegger in *Sein und Zeit* die Phänomenologie umrissen als: „Das was sich zeigt, so wie es sich von ihm selbst her zeigt, von ihm selbst her sehen lassen." (GA 2, 46).

[15] Vgl. Rudolf Wansing: „Was heißt Denken?", 109: „Der von Heidegger entworfene Methodenbegriff einer phänomenologischen Ontologie und der mit ihm einhergehende Wahrheitsbegriff der ‚a-letheia' als das vernehmende und entdeckende Erschließen von Seiendem, sind es nun, die auf der Grundlage eines bestimmten Verständnisses von Phänomen [...], Heidegger-immanent eine Antwort auf dieses verbindlichkeitstheoretische Problem [inwiefern Philosophie jenseits einer willkürlich-konstrukiv vorgehenden Heuristik möglich ist, M. W.] möglich werden lassen."

durch bleibende Möglichkeit des Denkens" gekennzeichnet, „dem Anspruch des zu Denkenden zu entsprechen". Das zu Denkende ist jedoch nicht länger wie noch in *Sein und Zeit* ein wissenschaftlich zu erörternder „thematische[r] Gegenstand"[16] (GA 2, 36), sondern das in einem springenden Erdenken allererst zu Gründende und zu Entwerfende. Dabei geht es jedoch nicht um eine „Grund-Freilegung". Eine solche schreibt sich von einem Phänomenbegriff her, der das Phänomen anspricht als solches, „was sich zunächst und zumeist gerade nicht zeigt, was gegenüber dem, was sich zunächst und zumeist zeigt, verborgen ist, aber zugleich etwas ist, was wesenhaft zu dem, was sich zunächst und zumeist zeigt, gehört, so zwar, daß es seinen Sinn und Grund ausmacht" (GA 2, 47). Die Phänomene sind solches, was aus der Verborgenheit und Verdecktheit gehoben, und dergestalt von ihm selbst her (und nicht von einem anderen Verdeckenden oder Verschüttenden her) zum Sichzeigen gebracht wird. Dieses Bringen hat somit den Charakter des Enthüllens, Aufdeckens und Freilegens; darin aber spricht sich das metaphysische Denken aus, das angeben will, wie *es* sich mit der Sache (dem Sein) verhält. Indem jedoch, was in dieser Arbeit als Entwurf angesprochen wird, nicht von dem gleichlautenden Terminus in *Sein und Zeit* zu verstehen ist, liegt darin kein Freilegen, sondern allererst ein Legen. Phänomen in *Sein und Zeit* ist nicht dieses oder jenes Seiende, sondern allererst das Sein. Dieses wird aus den Verdeckungen und Verstellungen durch die Tradition gehoben, indem die Frage nach seinem Sinn gestellt und durchgeführt wird. Der sich entziehende, die jeweilige Sachgemäßheit ereignende Grund wird im seinsgeschichtlichen Denken dem gegenüber nicht aus der Verstellung befreit und zum Sichzeigen gebracht, sondern als solcher allererst hervorgebracht.[17] Wansing bemerkt dazu richtig: „Nicht mehr von ‚außen', begrifflich und thematisierend soll über den jeweiligen Gegenstand, das heißt über das Sein verfügend gesprochen werden, wie es noch am Ende der Wissenschaftsanspruch einer temporal zu denkenden Philosophie gewesen ist [...]."[18]

Das Hervorbringen ist jedoch von allen Vorstellungen des Herstellens, Produzierens, Sichausdenkens oder Ähnlichem fernzuhalten. In Heideggers Auslegung von Fragment 112 zeigt sich, dass dieses Hervorbringen als ein ποιεῖν κατὰ φύσιν gedeutet wird, als ein jenseits von Aktivität und Passivität anzusetzendes Bringen in die Unverborgenheit des in diesem Vollzug sich selbst Eröffnenden, das *nicht* den Charakter des Enthüllens hat (vgl. GA 55, 366 ff.). Dennoch kann es adäquater Weise als ein medial gelesenes φαίνεσθαι angesprochen werden. Das Leuchten des dergestalt Gelichteten vollzieht sich im

---

[16] Dieser Gegenstand ist das „Sein des Seienden, bzw. Sinn des Seins überhaupt".

[17] Zwar verbirgt sich dem metaphysischen Denken der Grund seiner Sachgemäßheit, jedoch nicht als der im seinsgeschichtlichen Denken entworfene, ereignende, sondern als Grenze des Wissens und fehlende Begrüdung.

[18] Rudolf Wansing: „Was heißt Denken?", 268.

Zuge eines hermeneutischen Gespräches, dessen Strukturmomente weiter unten diskutiert werden sollen. Auch das wesentliche Denken hat seine „Sache des Denkens", doch, indem was hier „Denken" heißt, von Grund auf von der Existenzialanalytik aus *Sein und Zeit* zu unterscheiden ist, ist auch der Sinn von „Sache" einem radikalen Wandel unterworfen. Mit Bezug auf Hegels und Husserls in sehr unterschiedlicher Weise geäußerten und ausgeführten methodischen Maxime „zur Sache selbst" bemerkt Heidegger: „Es gilt [...] zu fragen, was in dem Ruf ‚zur Sache selbst' ungedacht bleibt. Auf diese Weise fragend, können wir darauf aufmerksam werden, inwiefern gerade dort, wo Philosophie ihre Sache ins absolute Wissen [bei Hegel, M. W.] und zur letztgültigen Evidenz [bei Husserl, M. W.] gebracht hat, sich etwas verbirgt, was zu denken nicht mehr Sache der Philosophie sein kann." (ZSD 71)

Nicht mehr Sache der Philosophie, also des gewöhnlichen Denkens kann es sein, sondern eines wesentlich anderen, gründenden Denkens, da damit der allem Sachgemäßen noch zu Grunde liegende, sich entziehende und als geschichtlich ereignend und die Sachgemäßheit lichtend zu fassende Grund selbst gemeint ist. Dies ist zwar vornehmlich auf Hegel und Husserl bezogen, im gleichen Vortrag, in dem dieser Grund als „Lichtung" bezeichnet wird, aber heißt es: „Alles Denken der Philosophie, das ausdrücklich oder nicht dem Ruf ‚zur Sache selbst' folgt, ist auf seinem Gang, mit seiner Methode, schon in das Freie der Lichtung eingelassen. Von der Lichtung jedoch weiß die Philosophie nichts." (ZSD 73)

Darunter fällt nun aber der phänomenologische Methodenbegriff von *Sein und Zeit*. Damit ist ausgesprochen, dass das Denken nach *Sein und Zeit* die Phänomenologie nicht in diesem Sinne als Methodenbegriff in Anspruch nehmen kann. Verhält es sich aber so, kann im wesentlichen Denken von einer Phänomenologie, die als Methode die sachangemessene Behandlungsart des zu Denkenden anzeigt, nicht gesprochen werden. Vielmehr wird das Phänomenologische in der Form des ποιεῖν κατὰ φύσιν zu einem Moment der seinsgeschichtlichen Hermeneutik, und stellt damit nicht länger die methodische Absicherung der Fundamentalontologie, die als „Grund-*frei*-legung" letztlich einen theoretisch-epistemischen und damit sachgemäßen Anspruch hat, dar, sondern wird zur Vollzugsweise eines Entwurfes des sich entziehenden Grundes der Sachgemäßheit selbst, der eine vollständige Verwandlung des Denkens intendiert. Nicht das phänomenologische Sehen und zum Sich-zeigen-Bringen dessen, „was sich zumeist gerade nicht zeigt", sondern das Hervorbringen eines Abgrundes, von dem her das apophantisch-sachgemäßen Denken allererst in sein Eigenes gebracht und so von ein Un-grund her verstanden werden könnte, ist damit gemeint. Das ποιεῖν κατὰ φύσιν könnte als *Entwurfsphänomenologie* in Abhebung von der *Entüllungsphänomenologie* aus *Sein und Zeit* bezeichnet werden. Auf diese terminologische Unterscheidung muss bestanden werden, um nicht Heideggers seinsgeschichtliche Auseinandersetzung mit den frühen Griechen unter der Hand von fundamentalontologischen Voraussetzungen her zu verstehen.

Wenn aber „alles Denken der Philosophie, das ausdrücklich oder nicht dem Ruf ‚zur Sache selbst' folgt", wozu ein Enthüllungsphänomenologisches Vorgehen ohne Zweifel gehört, [v]on der Lichtung [...] nichts [weiß]" (ZSD 73), muss die Frage nach dem ontologischen Status des entwurfsphänomenologisch Entworfenen offen bleiben. Und so kann auch Heidegger die Frage nicht beantworten: „Woher aber und wie gibt es die Lichtung? Was spricht im Es gibt?" (ZSD 80) Die Enthüllungsphänomenologie hat dennoch ihren Platz im seinsgeschichtlichen Denken, und zwar mittels jener Struktur, die hier als Schwelle angesprochen wird:

Dieser Platz lässt sich im Anschluss an die oben diskutierten Überlegungen bezüglich des Verhältnisses der fundamentalontologischen Existenzialanalytik und dem seinsgeschichtlichen Denken beschreiben. Indem das wesentliche Denken notwendig auf die Existenzialanalytik bezogen bleibt, dieses sich in jenem also im Modus der Rückbezüglichkeit erhält, erhält sich in gewisser Weise auch das metaphysische der Enthüllungsphänomenologie, erscheint jedoch in ihrer Form als wissenschaftlicher, im Grunde metaphysischer Methodenbegriff als ein zu Überwindendes, in dem sich die im weitesten Sinn theoretische Distanz zwischen Zum-sich-zeigen-Bringen und Sich-Zeigen durchhält.

III) Historisches Betrachten und geschichtliches Besinnen

Indem der Sprung sich als Rückgang zu den frühen Griechen vollzieht und so Geschichte entwirft, gerät das damit verbundene Verständnis von Geschichte und der denkerischen Auseinandersetzung mit ihr in den Blickpunkt des Interesses. Heidegger markiert dazu eine Unterscheidung, die hier als Konkretion der Dichotomie von gewöhnlichem und wesentlichem Denken verstanden wird.

Historie bedeutet nicht: Das Vergangene um des Vergangenen Willen zu untersuchen. Vielmehr charakterisiert Heidegger den herkömmlichen Bezug zur Geschichte folgendermaßen: „Eine solche Betrachtung des Vergangenen wird erst zur rechten Erkundung desselben; denn das bedeutet auch das Wort ‚historisch': ἱστορεῖν – auskundschaften. ‚Historie' und ‚historisch' besagt für uns deshalb: Erkundung des Vergangenen aus dem Gesichtskreis des Gegenwärtigen." (GA 45, 34) Die Historie sucht demnach, das Vergangene nach den Maßstäben und relevanten Hinsichten der Gegenwart zu erkennen, da sie sich daraus eine gewisse Maßgabe, zumindest einen Hinweis auf gegenwärtige Problemlagen erhofft. Eine solche theoretische Betrachtung der Geschichte soll jedoch nach Heidegger von einem Bezug zur Geschichte getragen werden, den er „geschichtliche Besinnung" nennt, und so „Geschichte" von „Historie" terminologisch unterscheidet: „Das Wort ‚geschichtlich' meint das Geschehen, die Geschichte selbst als ein Seiendes. Das Wort ‚historisch' meint eine Art des Erkennens." (GA 45, 35)

Daran zeigt sich bereits, wie die Unterscheidung von gewöhnlichem und wesentlichem Denken in Bezug auf die Vergangenheit ihre Konkretion erhält. Während die Historie eine Erkenntnis *über* das Vergangene ist, mithin aus einer gewissen theoretischen Distanz je methodisch schlecht oder gut abgesichert einen Gegenstand wissenschaftlich behandelt, gehört der Entwurf der geschichtlichen Besinnung zur Geschichte selbst, spricht damit nicht *über-* sondern je schon *aus* dem Entworfenen Geschehen, in das er sich selbst einschreibt. „Alle historische Betrachtung macht das Vergangene als solches *zum Gegenstand.*" (GA 45, 40, Herv. M. W.)

Die geschichtliche Besinnung bewegt sich ständig jenseits einer solchen Vergegenständlichung. Das von ihr mit Sinn Bedachte ist weder das Vergangene noch das Gegenwärtige, sondern „das Zukünftige, das was in den Willen, in die Erwartung, in die Sorge gestellt ist. Das läßt sich nicht betrachten, sondern darauf müssen wir uns be-sinnen." (GA 45, 40) Dadurch also ist die geschichtliche Besinnung von der historischen Betrachtung scharf getrennt, dass Letztere, wissend oder unthematisch aus dem Gesichtskreis des *Gegenwärtigen* betrachtend, ein im weitesten Sinne theoretisches Verhalten im Herrschaftsbereich der Metaphysik, Erstere jedoch ein sich selbst einschreibendes Entwerfen in das Geschehen selbst, und so das denkerisch vorbereitende Verhalten zum *Zukünftigen* meint. Dieses Zukünftige ist jedoch auf eine ganz andere Weise Zukunft als das Zukünftige der Historie, die ein solches lediglich aus dem Gegenwärtigen her als ein noch nicht Gegenwart Gewordenes bestimmen kann. Dem gegenüber wird das Zukünftige der geschichtlichen Besinnung folgendermaßen bestimmt:

„Das Zukünftige ist der Anfang alles Geschehens. Im Anfang liegt alles beschlossen. Wenngleich das Begonnene und Gewordene alsbald über seinen Anfang hinwegzuschreiten scheint, bleibt dieser – scheinbar selbst das Vergangene geworden – doch in Kraft und das noch Wesende, mit dem jedes Künftige in die Auseinandersetzung kommt. In aller eigentlichen Geschichte, die mehr ist als die Abfolge von Begebenheiten, ist entscheidend die Zukünftigkeit, d. h. der Rang und die Weite der Ziele des Schaffens." (GA 45, 36) Die Rede vom „Anfang" alles Geschehens, der hier als eine durch die Geschichte sich durchtragende, noch vor uns liegende Aufgabe vorgestellt wird, bezeichnet also das Zukünftige, im schaffend entwerfenden Denken Vorzubereitende. Aus diesem Grund meint der Anfang nicht einfachhin einen Beginn. Andererseits wird sich zeigen, wie die Leseart „Beginn von etwas" mit dieser seinsgeschichtlichen Leseart in ambivalenter Weise zusammengedacht werden muss.[19]

---

[19] Diese Ambivalenz entgeht De Gennaro, wenn er den Anfang versteht als: „Anfang ist das sich Zeigen des in sich einzigen Elementes, woraus alles ins Sein tritt, nämlich so, daß in die-

Im Grundwort des Anfanges spricht sich ein eschatologisches Zeitverständnis aus, das gemäß der Herkunftsstruktur des wesentlichen Denkens aus der Fundamentalontologie am ekstatischen Zeitverständnis aus *Sein und Zeit* orientiert bleibt. Der Primat des Zukünftigen der Zeit als des transzendentalen Horizonts der Seinsfrage wird jedoch zum eschatologischen Horizont des aus und im Geschehen denkenden seinsgeschichtlichen Entwurfes. Das Denken selbst entwirft dergestalt nicht länger ein Zeit*verständnis*, es entwirft sich vielmehr selbst *als* dieses. Und so ergibt sich am Beispiel des Zeitbegriffes die Bestätigung des oben angezeigten Verhältnisses von Fundamentalontologie und Seinsgeschichte.

Zur Sprung-Schwelle-Struktur gehört die unhintergehbare Rückbezogenheit des wesentlichen Denkens auf das gewöhnliche. Diese findet hier folgendermaßen ihre Konkretion: Die geschichtliche Besinnung ist nicht gänzlich ahistorisch zu denken. Als freier Entwurf benötigt sie vielmehr die Historie, um der drohenden Beliebigkeit zu entgehen. Es kann weder die theoretische Distanz letztlich aufgegeben werden, soll eine sinnvolle Mitteilung des Gedachten in irgendeiner Form noch möglich sein, noch kann die historische Abfolge der Epochen und Denker gänzlich übersprungen oder ignoriert werden. Andererseits ist, um die Historie dem Leitfaden der geschichtlichen Besinnung unterstellen zu können, zunächst eine *vollständige* Emanzipation dieser von jener erforderlich. Da solche Emanzipation jedoch nicht gänzlich möglich ist, haftet der geschichtlichen Besinnung jene paradoxe Ambivalenz an, die sich in der Rede von der Schwelle ausspricht. Die Historie ist und bleibt das zu Überwindende Erste, diese Überwindung stets eine vorzubereitende. In genau diesem Sinn aber gehen die historische Bedeutung „Beginn von etwas" und die geschichtliche Lesart des Anfanges als die aus dem Vergangenen sich durchtragende Aufgegebenheit des Denkens zusammen.

Damit gelangt der „Terminus" der Seinsgeschichte in eine Lesbarkeit, die seinem ihm innewohnenden Spannungsverhältnis, und der damit einher gehenden Ambivalenz Rechnung trägt. Indem damit keineswegs die vollständige Beherrschbarkeit dieses Grundwortes und seine Auflösung in auf Bekanntes rekurrierende Definitionen vollzogen wird, sondern lediglich die Befremdlichkeit und ambivalente Spannungsgeladenheit als solche thematisiert und angezeigt wird, ergibt sich diese Lesbarkeit unbeschadet einer letzten Rätselhaftigkeit und wohl nie letztlich zu klärenden Dunkelheit dieses „Begriffes".

Seinsgeschichte darf strenggenommen nicht als Geschichte des Seins gelesen werden, nämlich dann nicht, wenn darunter eine Historie vom Sein verstanden wird. Auch ist damit keine andere, neue Form von Historie gemeint, die dieserart die Geschichte des Seins untersucht. Geschichte würde dann missverstanden als Geschichte von etwas, dieses etwas wäre das Sein, das somit schon der Ver-

---

sem sich Zeigen das anfängliche Denken selbst sich als aus diesem Element entspringend erfährt" (Ivo De Gennaro: Logos – Heidegger liest Heraklit, 25).

gegenständlichung anheim gefallen wäre. Vielmehr ist das Sein selbst geschichtlich, wie die Geschichte selbst der wesentliche Seinsbezug. Sein und Geschehen kommen darin letztlich überein, und bilden das zu Denkende, das heißt der im springenden Entwurf zu Entwerfende sich entziehende Grund der Sachgemäßheit des Denkens selbst. Dieser Entwurf geschieht in sich als die Zuwendung zu den frühen Griechen, vornehmlich Anaximander, Parmenides und Heraklit.

IV) Philologisches Übersetzen und seinsgeschichtliches *Über*-setzen

Um die Rolle der Sprache im seinsgeschichtlichen Denken zu thematisieren, dient gemäß der bereits angezeigten Herkunftsstruktur desselben aus der Fundamentalontologie wiederum *Sein und Zeit* als Ausgangspunkt. Sprache wird hierbei mittels des Existenzials der Rede im Gegensatz zu bisherigen Auffassungen aus der Ontologie des Daseins selbst verstanden. So lässt der einschlägige Paragraph 34 wissen: „Daß *jetzt erst* Sprache Thema wird, soll anzeigen, daß dieses Phänomen in der existenzialen Verfassung der Erschlossenheit des Daseins seine Wurzeln hat. *Das existenzial-ontologische Fundament der Sprache ist die Rede.*" (GA 2, 213)

Damit ist zugleich ausgesprochen, dass ein Sprachverständnis auf dem Boden bisheriger Ontologie nicht länger möglich ist. Diese bisherige Vorstellung wird von verschiedenen Vorurteilen getragen, die Heidegger wie folgt charakterisiert (vgl. GA 12, 10 ff.): Einerseits wird Sprache als Ausdruck eines Inneren verstanden. Damit ist aber andererseits schon festgelegt: Sprache ist eine Tätigkeit des Menschen. Das menschliche Bewusstsein äußert seine ihm eigenen Gedanken, Gefühle, Wünsche etc., indem es diese mit Hilfe der Sprechwerkzeuge verlautbart, wodurch akustische Daten entstehen, die ein anderes Subjekt in Stand setzten, unter Zuhilfenahme der organischen Anlagen seines Hörapparates, sofern es der gesprochenen „Sprache" mächtig ist, diese wahrzunehmen, sodann zu dekodieren, und somit einen Eindruck jener Gedanken und Wünsche zu erhalten, die ihm somit mitgeteilt wurden. Demgegenüber weiß *Sein und Zeit*: „Das Phänomen der Mitteilung muß, […], in einem ontologisch weiten Sinn verstanden werden. […] Mitteilung ist nie so etwas wie ein Transport von Erlebnissen, zum Beispiel Meinungen und Wünschen aus dem Inneren des einen Subjekts in das Innere des anderen. Mitdasein ist wesenhaft schon offenbar in der Mitbefindlichkeit und im Mitverstehen. Das Mitsein wird in der Rede ‚ausdrücklich' *geteilt*, das heißt es *ist* schon, nur ungeteilt als nicht ergriffenes und zugeeignetes." (GA 2, 215)

Damit ist die Sprache (in der terminologischen Form der Rede) davor gesichert durch ontische Faktoren „erklärt" oder gar in ihnen „aufgelöst" zu werden. Doch während in *Sein und Zeit* Sprache zum expliziten Thema der philosophischen „Forschung" wird, weiß das spätere Denken um die einem solchen Unterfangen notwendig zukommenden Paradoxien: „Indes, über die Sprache sprechen ist vermutlich schlimmer als über das Schweigen schreiben." (GA 12, 10) Das Sprechen über die Sprache hält sich implizit ständig im theoretischen Konstatieren und begrifflichen Beherrschbarmachen der Metaphysik, und muss so aus Sicht des wesentlichen Denkens vermieden werden. Denn: „Ein Sprechen über die Sprache macht sie fast unausweichlich zu einem Gegenstand." (GA 12, 141) Damit kann die Sprachauffassung des wesentlichen Denkens gemäß dem Leitfaden dieses Versuches an Hand der Sprung-Schwelle-Struktur verstanden werden. Das Denken der Seinsgeschichte möchte jeden Rest einer theoretischen Distanz, die das zu Denkende vergegenständlichen würde, vermeiden, und kommt so auch im Zuge der Sprachauffassung in jene paradoxe Situation, die mit dem „Begriff" der Schwelle angezeigt wurde.

Die theoretische Distanz könnte nur überwunden werden, wenn es gelingt, dass die Sprache im wesentlichen Denken *selbst* zu Wort kommt. Ein solches Wort wäre kein Wort *über* die Sprache, sondern eines *von* der Sprache, das heißt von ihrem Wesen her, das sich solchermaßen selbst eröffnet. In *Aus einem Gespräch von der Sprache* findet sich die Stelle: „Ein Sprechen von der Sprache könnte nur ein Gespräch sein. [...], ein Gespräch *vom* Wesen der Sprache *her*." (141 f.) Vielleicht hat tatsächlich im Rahmen des Dialoges, aus dem diese Stelle entnommen ist, das Wort „Gespräch" lediglich die Bedeutung eines Dialoges zwischen lebendigen Gesprächspartnern, wenn auch eingeräumt wird, dass dieser auch schriftlich geschehen kann.[20] Dies hindert jedoch keineswegs, auch andere Formen der sprachlichen Auseinandersetzung als ein solches Gespräch „*vom* Wesen der Sprache *her*" anzusehen. So soll hier auch Heideggers Auseinandersetzung mit Heraklit als ein *hermeneutisches Gespräch* interpretiert werden. Zunächst ist eine weitere Diskussion der Grundsätze dieser gesprächshaften Hermeneutik angezeigt.

Indem Sprache nicht als Ausdrucksmittel verstanden wird, zeigt sich eine ähnliche Struktur, wie sie im Zusammenhang mit dem Geschichtsbegriff herausgestellt wurde. Die Sprache selbst wird aus dem zu entwerfenden Grund als dem zu Denkenden zu deuten versucht. Dies jedoch nicht so, dass zunächst dieser Grund entworfen wird, und danach dieser auch noch zum Bedenken des Wesens der Sprache Anlass und Mittel bietet. Vielmehr kommen der sich entziehende Grund und die Sprache dergestalt überein, dass diese in gewisser Weise *als* jener sich kundgibt. Das war schon ausgesprochen mit dem Hinweis, die Sprache komme *selbst zu Wort*. Daraus ergibt sich auch, dass solche Hermeneutik nicht als Methode missverstanden werden darf, die ein gesichertes Umgehen mit dem Gegenstand der Untersuchung erlaube. Darin liegt schon die Vergegenständlichung, und damit das Metaphysische, das einem solchen Verständnis zukäme. Dennoch gibt es bei Heidegger eine konkrete Herangehensweise an den

---

[20] „Wobei es sogleich von untergeordneter Bedeutung bliebe, ob das Gespräch als ein geschriebenes vorliegt oder als ein irgendwann gesprochenes verklungen ist." (GA 12, 144).

Text, die bestimmte Ziele und Absichten verfolgt, indem sie bestimmte Regeln beachtet. Damit zeigt sich zum wiederholten Male, wie sich die Rückgebundenheitsstruktur der Schwelle in der Zuwendung zu den frühen Griechen konkretisiert: die metaphysische Vergegenständlichung ist schlicht nicht vollständig zu überwinden.

Die Hermeneutik des Gespräches „mit" den frühen Denkern ist die konkrete Beschreibung dessen, was bislang als Entwurf bezeichnet wurde. Das hermeneutische Gespräch ist der Entwurf selbst. Dieser ist nun gemäß den Voraussetzungen folgerichtig durch zwei Eckpunkte charakterisiert:

1. Einerseits ist die Vermeidung jeglicher thematisch oder unthematisch metaphysischen Interpretation angezeigt. Auch die verdeckten Gewohnheiten des gewöhnlichen Verstandes metaphysische Kategorien anzuwenden oder gar neuzeitliche Denkschemata vorauszusetzen, müssen aufgespürt und ausgeschlossen werden. Damit wird die „Vorsokratik" davor bewahrt gemäß der seit Aristoteles beinah ausschließlich praktizierten Tradition, als Vorläufer der aristotelischen Konzeption gelesen und so durch diese instrumentalisiert zu werden. Als Beispiel hierfür kann Aristoteles' Kennzeichnung seiner Vorläufer als „Naturphilosophen" gelten. An der bloßen Bezeichnung liegt freilich nichts, doch sofern hier Natur ($\phi\acute{u}\sigma\iota\varsigma$) unter der Hand am Leitfaden der aristotelischen Unterscheidung von $\phi\acute{u}\sigma\epsilon\iota$ ὄντα und τέχνῃ ὄντα verstanden wird, muss es so scheinen, als haben die „Vorsokratiker" nur einen Teil des Seinsbereiches untersucht, den Aristoteles thematisiert hat. Damit wird nicht nur die $\phi\acute{u}\sigma\iota\varsigma$ unangemessen eingeengt, auch der Sinn der vorsokratischen Auseinandersetzung mit ihr wird unthematisch von aristotelischen Voraussetzungen her verstanden (vgl. GA 5, 324). Dies soll nicht deshalb vermieden werden, weil damit ein historisch unrichtiges „Bild" der „Vorsokratiker" entsteht, sondern weil nur so das wesentliche Denken seinen Lösungsprozess von der Metaphysik initiieren kann. Demgegenüber sollen im hermeneutischen Gespräch die Sprüche[21] selbst zum Sprechen gebracht werden. Dies geschieht, indem im Zuge ihrer Erläuterung keine andere Quelle für das Durchsichtigmachen des in ihnen Gesagten akzeptiert wird als die Sprüche selbst. Einzig das wechselweise einander Erhellen der Sprüche wie der einzelnen Wörter in einem Spruch werden als Maßgabe herangezogen. Schon daraus ergibt sich, dass das hermeneutische Gespräch kein „lineares" sein kann, das Schritt für Schritt direkt auf das zu Sagende zusteuert, sondern eine kreisende, das Verständnis ständig vertiefende Bewegung haben muss, im Zuge derer es bisweilen so scheinen muss, als würde ständig das gleiche wiederholt.

Dieses erste Moment des hermeneutischen Gespräches ist dasjenige, das das vorsokratische Denken vor ungemäßen metaphysischen Zugriffen schützt, um es

---

[21] Der Titel „Sprüche" statt „Fragmente" soll anzeigen, dass die griechischen Wörter und Sätze nicht als Reste eines verschollenen aber zu rekonstruierenden Ganzen, sondern als sie selbst genommen werden.

als Maßgabe zu erhalten. Eine Maßgabe ist jedoch stets eine Maßgabe für..., da jede Interpretation ihre leitende Hinsicht und so gewissermaßen ihren Maßstab braucht, gemäß dem eine Maßgabe allererst möglich werden kann.

2. Aus diesem Grund ist es andererseits nötig, das hermeneutische Gespräch unter einer Hinsicht zu vollziehen, die gemäß den Voraussetzungen im sich entziehenden Grund der Sachgemäßheit selbst besteht, da die Zuwendung zu den frühen Griechen nicht um des Denkens der frühen Griechen, sondern um des Entwerfens dieses Grundes willen geschieht. Indem das hermeneutische Gespräch so auf ein einziges hinzielt, ist es ein-seitig. Diese Ein-seitigkeit ist jedoch kein Mangel, sofern diese eine Seite die alles entscheidende Hinsicht ist, die eine vollständige Verwandlung des Denkens im Sinne einer Überwindung der Verzweiflung an der Grundlosigkeit der metaphysischen Sachgemäßheit intendiert. Dadurch ist dieses Moment auch gegenüber Ersterem das augenscheinlich freie, während es doch einer Notwendigkeit ganz anderer Art unterstellt bleibt. Denn dieser Notwendigkeit kann nur durch eine größtmögliche Freiheit im Umgang mit den Texten der frühen Denker entsprochen werden. Am deutlichsten zeigt sich diese in Auswahl, Gewichtung und Gruppierung der einzelnen Fragmente. Diese Freiheit darf allerdings nicht als Beliebigkeit missverstanden werden, sondern bezieht sich auf die Notwendigkeit, die Sprüche *unter einer bestimmten Hinsicht* sprechen zu lassen.

Das hermeneutische Gespräch kann – mit einem noch herauszustellenden Abstrich – auch aus diesem Grund ein Gespräch sein, weil sich in den eben angezeigten zwei Momenten die Unterscheidung von Frage und Antwort finden lässt. So exakt ist auch das Verhältnis der beiden Momente zueinander zu bestimmen. Das schützende Moment bringt die Sprüche selbst zum Sprechen, dies jedoch nur unter der einen leitenden Hinsicht, dass sie eine Antwort sind auf die Frage des freien Momentes der ein-seitigen Aneignung. Im Widerspiel von Frage und Antwort erhält so die Frage die primäre Funktion. Ein Missverständnis wäre es allerdings, dies so zu verstehen, als wäre gleichsam Heidegger der Fragende und die Texte der frühen Griechen die Antwortenden. Dies würde den Text als etwas Vorhandenes und Vorliegendes missdeuten, dem seine Lektüre durch andere äußerlich bleibt. Ein Text ist jedoch nie etwas bloß Vorliegendes, sondern erschließt sich erst im Vollzug seiner Aneignung.[22] Nicht zuletzt deswegen ist das hermeneutische Gespräch so zu verstehen, dass sich der Text erst im Spiel aus Frage und Antwort konstituiert. Der Text ist nicht ein Teil und erfüllt nicht einen Part des Gespräches, sondern ergibt sich und *ist* erst eigentlich im Vollzug des Gespräches. Daher ist dieses Gespräch auch kein Dialog Heideggers mit Heraklit (selbst wenn Heideggers Formulierung von einer „Zwiesprache mit einem

---

[22] Vor uns liegt ein Blatt bedrucktes Papier, eine mit Gravuren versehene Steinplatte, etc., nicht jedoch ein Text. Dieser erschließt sich nur, indem er gelesen und verstanden wird. Dieses Lesen und Verstehen geschieht in unserem Falle als hermeneutisches Gespräch. Die Unverständlichkeit eines Textes ist lediglich ein privativer Modus dieses Verstehens.

frühen Denker" (GA 7, 268) dies nahe legen mag), so als spräche hier das Subjekt Heidegger mit dem Subjekt Heraklit dessen Meinungen und Gedanken allerdings nur bruchstückhaft überliefert sind. Ein solches Verständnis ist unter den Voraussetzungen dieses Interpretationsansatzes völlig denkunmöglich. Das Wort Gespräch ist in diesem Zusammenhang eher als ein Ge-spräch, als eine denkende sprachliche Auseinadersetzung mit Sprache und Gesprochenem verstanden. Darin liegt der Abstrich bezüglich der Parallelisierung der Momente des hermeneutischen Gespräches mit Frage und Antwort: Sie ist nur dann zulässig, wenn dabei nicht unter der Hand ein fragendes und ein antwortendes Subjekt vorgestellt werden.

Aus dem Gesagten geht hervor, dass der springende Entwurf kein bloßes „Sich etwas Ausdenken" oder ein freies Dahinphantasieren meinen kann. Er darf aber auch nicht als eine Konstruktion verstanden werden, im Zuge derer der Denker gleich dem Konstrukteur am Reißbrett seinen Plan geradlinig und zielstrebig umsetzt, indem er die Konturen etwa des zu bauenden Hauses mit bestimmten Linien eingrenzt und so direkt eine Form hervorbringt. Dergestalt lässt sich Gegenständliches entwerfen, nicht jedoch das im hermeneutischen Gespräch zu Erdenkende. Würde dieses gleichsam direkt „angesteuert" werden, spräche daraus immer schon die vergegenständlichende theoretische Distanz, die doch wo immer möglich vermieden werden sollte. Wäre solch direktes Ansteuern möglich, wäre auch zweifelhaft, wieso für einen solchen Entwurf überhaupt der Rückgang auf die frühen Griechen notwendig sein sollte. Demgegenüber bietet das hermeneutische Gespräch die Möglichkeit, das zu Erdenkende gewissermaßen zu Umkreisen und so die metaphysische Vergegenständlichung so gering wie möglich zu halten. Das umkreiste Zentrum rückt dadurch, weil in seinem sich entziehenden Wesen belassen (in dieses eingelassen), nichtsdestoweniger immer klarer in den Blickpunkt der Sprechenden. In diesen Zusammenhang gehört eine weitere Stelle aus dem *Gespräch von der Sprache*:

„J Uns Japaner befremdet es nicht, wenn ein Gespräch das eigentlich Gemeinte im Unbestimmten läßt, es sogar ins Unbestimmbare zurückbirgt. / F Dies gehört, meine ich, zu jedem geglückten Gespräch zwischen Denkenden. Es vermag wie von selbst darauf zu achten, daß jenes Unbestimmbare nicht nur nicht entgleitet, sondern im Gang des Gespräches seine versammelnde Kraft immer strahlender entfaltet." (GA 12, 95)

Nur so kann das Gespräch kein Theoretisieren über den zu erdenkenden Grund, sondern ein diesen entwerfendes Gespräch sein. Das sich „[E]ntfalte[n]" der „versammelnde[n] Kraft" des Entworfenen ist der Ort der ποίησις κατὰ φύσιν der Entwurfsphänomenologie. Der sich entziehende Grund wird im Gespräch entworfen als das, was im Zuge dieses Gespräches von sich selbst her zum Leuchten kommt. Das so verstanden Phänomenologische erhält demnach eine dienende Funktion in der seinsgeschichtlichen Hermeneutik.

Auch im Zuge des hermeneutischen Gespräches konkretisiert sich die Rückbezüglichkeitsstruktur der Schwelle. Dies lässt sich an folgenden Aspekten zeigen:

Zunächst ist die Forderung im Zuge des ersten, schützenden Momentes des hermeneutischen Gespräches, alle metaphysischen Deutungskategorien zu vermeiden, und so die Sprüche selbst sprechen zu lassen, nicht einzuhalten. Sowohl derartige Kategorien wie neuzeitliche Denkmuster schleichen sich unweigerlich auch bei noch so gewissenhafter Abwehr immer wieder in die Lektüre ein, sodass diese zu einem ständigen Kampf gegen die „Umtriebe des gesunden Menschenverstandes" (GA 55, 73) wird. Zudem ist es nicht ohne weiteres möglich, den dunklen Grund der Sachgemäßheit zum Maßstab der aus den Sprüchen empfangenen Maßgabe zu erheben, wodurch das zweite, freiere Moment der Hermeneutik des Gespräches charakterisiert war. Ist dazu doch der Herkunftscharakter des wesentlichen Denkens aus der Fundamentalontologie notwendig, nicht zuletzt, um die Dimensionen von Offenbarkeit und Entzug als Grundzug dieses Grundes verstehen zu können. Darüber hinaus ist der Versuch, durch eine fortwährende Umkreisung das Unsagbare zu sagen, oder das Unthematisierbare thematisieren zu können, nicht ohne einen Rest vergegenständlichender, theoretischer Distanz denkbar. Ist doch auch eine indirekte Thematisierung eine Form von Thematisierung und letztlich nur von dieser aus und auf diese hin möglich.

Diese Schwierigkeiten des hermeneutischen Gespräches sind jedoch kein bloßer Mangel. Es gilt erneut festzuhalten, dass durch dieses Verhaftetsein im metaphysischen Denken der seinsgeschichtliche Entwurf und damit der Sprung selbst, erst vor der drohenden Beliebigkeit gesichert ist. Nur dadurch wird das hermeneutische Gespräch vor einem bloßen unbestimmten Dahinphantasieren, in dessen Beliebigkeit dann alles und nichts möglich wäre, bewahrt.

Im Zuge der Hermeneutik des Gespräches konkretisiert sich die Unterscheidung von gewöhnlichem und wesentlichem Denken in der Dichotomie zwischen philologischem Übersetzen und seinsgeschichtlichem Über-setzen. Das herkömmliche philologische Übersetzen ist an den metaphysischen Vorurteilen bezüglich des Wesens der Sprache orientiert. Versucht wird, die Bedeutung eines Satzes – sowie die Art und Weise des Ausdruckes dieser Bedeutung – in eine andere Sprache zu übertragen, und in dieser möglichst getreu wiederzugeben. Dabei wird Sprache als Mittel des Ausdrucks von Bedeutung und Sinn verstanden, das von einem Subjekt gebraucht wird. In diesem Bereich bewegt sich notwendig alle (neuzeitliche) Philologie, da nur so Sprache systematisch zum Gegenstand einer Wissenschaft werden kann. Sprache in einem ontologisch weiten Sinn verstanden, kann jedoch nie Gegenstand einer Wissenschaft sein. Es ist hinlänglich bekannt und mittlerweile zum trivialisierten Gemeinplatz geworden, dass eine vollständige Übersetzung nicht möglich ist, und sich daher jeder Versuch einer Übertragung eines Textes in eine andere Sprache als ein defizienter Versuch, als eine vorläufige Annäherung, ausnimmt. Dafür wären viele Gründe anzuführen, der wichtigste ist jedoch der, dass für das Bedeutungsspektrum verschiedener Worte oder Wortgruppen oder auch grammatikalischer Besonderheiten einer Sprache, kein exaktes Äquivalent in der anderen Sprache vorhanden ist.

Demgegenüber geht es bei Heideggers Übersetzungen nicht um eine Übertragung von Bedeutung. Eine Übersetzung ist nur dann gelungen, wenn sie zugleich und eigentlich ein Über-setzen ist, das heißt ein „Sprung über einen Graben" (GA 5, 329). An prominenter Stelle kehrt so dieses Wort wieder, womit sich zeigt, dass sich der Sprung vom gewöhnlichen Denken ins wesentliche Denken eins mit den diesbezüglich bereits diskutierten Strukturen im tatsächlichen Umgang mit dem griechischen Text konkretisiert. Damit ist zugleich ausgesprochen, dass im Zuge dieses Interpretationsansatzes der „Sprung uber einen Graben" nur aus diesen Strukturen und auf diese hin gelesen werden kann. Der Sprung ist weder der Einsprung in den wie immer zugänglichen Sprachgeist der alten Griechen, noch auch das Versetztwerden in die Erfahrung dessen, was der Denker Heraklit seinerzeit mehr erahnt als gedacht hatte. Der Sprung ist kein Sprung vom Deutschen ins Griechische, der durch eine behauptete innere Verwandtschaft der beiden Sprachen (oder gar „Volksgeister" oder ähnlichem) möglich und legitimiert würde. Der Sprung ist hier vielmehr zu verstehen als der entwerfende Loslösungsprozess vom von Metaphysik durchherrschten gewöhnlichen Denken, um jene von dem zu entwerfenden Grund aus in ihren Grenzen erst eigentlich verstehen und neu würdigen zu können. Das Über-setzen nennt damit den Versuch solchen Entwurfes, der mit dem Titel „hermeneutisches Gespräch" näher angezeigt wurde. Der Graben, über den dabei gesprungen werden soll, ist damit nicht der historische und/oder kulturelle Abstand zum antiken Griechenland, sondern nennt die Verzweiflung des Denkens an sich selbst. Zum Sturz in den Abgrund droht der Sprung fortwährend zu werden, wenn nicht die entwerfende Gründung jenseits des metaphysischen Denkens gelingt, dessen Fundamente sich im Zuge der Frage nach der Sachgemäßheit prinzipiell entziehen. Sofern demnach Heideggers Übersetzen ein Über-setzen sein soll, bleibt es in die Struktur des hermeneutischen Gespräches eingebunden und vollzieht sich nach den „Regeln" dieser Hermeneutik. Indem bereits angezeigt wurde, inwiefern im Zuge dieser Hermeneutik die Struktur der Schwelle zum Tragen kommt, zeigt sich, warum auch Heideggers Übersetzungtätigkeit eine prinzipielle Unvollkommenheit zukommt: Nicht die mangelhafte Wiedergabe der Bedeutung des Griechischen im Deutschen, sondern der Vorbereitungscharakter des Sprunges selbst zeichnet dafür verantwortlich. Die Übersetzung soll ein Über-setzen sein, dieses ist jedoch nur versuchsweise, tastend und vorbereitend durchführbar, also bleibt die Übersetzung unvollkommen und der Sprung über den Graben ständig in Gefahr, ein bloßes Fallen in den Abgrund zu sein. Die Übersetzung selbst ist auf Grund dieser Unvollkommenheit nur ein notwendiges Hilfsmittel, nicht etwa das Ziel des oder gar die Vorarbeit für das hermeneutische Gespräch.

Für dieses ist die Arbeit an den griechischen Fragmenten selbst unerlässlich. Verzichtet werden kann auf die Übersetzung aber deshalb nicht, weil sie die einzige Möglichkeit bietet, für das zu Erdenkende überhaupt eine Sprache zu finden.

Da die Übersetzung in den Vollzug des hermeneutischen Gespräches eingeschrieben ist, lassen sich ihre Grundmomente an Hand der Elemente jener Hermeneutik herausstellen:

A. Zunächst entspricht dem schützenden Moment, also der Vermeidung metaphysischer Kategorien und neuzeitlicher Deutungsschemata, eine Art „Verfremdungstechnik". Heideggers Übersetzungen befremden oft und unterlaufen so metaphysische Sinnantizipationen und eingeschliffene Trivialisierungen ebenso wie die Illusion unmittelbarer Verständlichkeit. Nur so können die Sprüche selbst zum Sprechen gebracht werden, indem nämlich ungewöhnliche und damit befremdliche, aber auch unverbrauchte und so vorderhand erst fragliche und rätselhafte Formulierungen gewählt werden. Paradoxerweise wird der Schutz der Sprüche vor den Zugriffen des gewöhnlichen Denkens also durch einen relativ freien Umgang mit den Texten gewährleistet. Es zeigt sich, wie das schützende Moment und das freie Moment in gewisser Weise ineinander umschlagen und letztlich nur in der abstrakten Reflexion getrennt werden können.

B. Das freie Moment der Hermeneutik des Gespräches findet in der Übersetzung seine Entsprechung, im fortwährenden Aufspüren und Aufzeigen verschütteter und verdeckter Verstehensmöglichkeiten und Sinndimensionen hin auf den zu erdenkenden Grund. Das Befremdliche der Übersetzung kommt so überein mit dem Befremdlichen und, wie sich im Falle Heraklits besonders treffend formulieren lässt, dem Dunklen des zu entwerfenden Grundes selbst. Mit dieser Übereinkunft bestätigt sich die oben herausgestellte Tatsache, dass fragendes und antwortendes Moment nicht als getrennt und gleichsam nacheinander sich vollziehende Vorgänge vorgestellt werden dürfen. Vielmehr nennen beide ein und den selben Vollzug, dessen innere Spannung undeutlich genug mit dem Verhältnis von Frage und Antwort angezeigt werden kann.

Besonders deutlich wird diese Übereinkunft im Falle des viel zitierten Etymologisieren Heideggers. Dabei geht es nicht darum, die eigentliche, richtige, weil eigentlich griechische und dem Denken der frühen Griechen besonders entsprechende Bedeutung ausfindig zu machen. Schon gar nicht darum, auf diesem Weg herauszufinden, was sich das Subjekt Heraklit bei dieser oder jener Wendung gedacht oder vorgestellt haben mag. Vielmehr kommen dabei tatsächlich jene beiden Momente überein: Es geht um das Aufweichen herkömmlicher Deutungskategorien ebenso wie ineins damit um das Aufzeigen von Verstehensmöglichkeiten hin auf das zu Denkende, d. h. das zu Entwerfende.

Zuletzt ist auch hier das seinsgeschichtliche *Gründen* nicht gänzlich ohne wissenschaftlich-metaphysisches *Be*gründen möglich. Die Bezogenheit des seinsgeschichtlichen Über-setzens auf das philologische Übersetzen lässt sich auch hier nicht vermeiden. Wenn Sprache nicht fortwährend *auch* wissenschaftlich in den Blick kommt, ist nicht einzusehen, wie überhaupt seinsgeschichtliches Entwerfen denkerisch möglich sein sollte. In diesem „Auch" versammelt sich die so schwer auszulotende Spannung heideggerscher Hermeneutik. Diese Spannung wird in dem vorliegenden Versuch als „Schwelle" angesprochen. Ohne Philologie, und das heißt jetzt ohne die vergegenständlichende Perspektive auf Sprache als Ausdruck, ist ein Erschließen, und das heißt wiederum ein entwerfendes Konstituieren[23], der Texte nicht möglich. Heideggers Übersetzen hält sich so ständig in der inneren Spannung zwischen vergegenständlichend-philologischer Sprachauffassung und über-setzendem entwerfendem Sprechen vom Wesen der Sprache her.

V) Abschluss

„τὸ φρονεῖν ἀρετὴ μεγίστε, καὶ σοφίε ἀληθέα λέγειν καὶ ποιεῖν κατὰ φύσιν ἐπαΐοντας." (DK 22 B 112)

In der Auslegung dieses Spruches legt sich das seinsgeschichtliche Denken selbst aus. Dieser Interpretationsansatz hat versucht, die philologische Gewaltsamkeit der Übersetzung durch die Nachzeichnung der Prinzipien ihrer seinsgeschichtlichen Hermeneutik verständlich zu machen. Im einzelnen kann dies an Hand von Heideggers Übersetzung des Fragmentes freilich nicht gezeigt werden, da dazu gemäß dem 1. hermeneutischen Prinzip das wechselseitige Erhellen der Sprüche nötig ist, was aus Platzgründen an dieser Stelle naturgemäß nicht geleistet werden kann. Dass sie jedoch als eine Selbstauslegung der Auslegung verstanden werden kann, mag durch folgende erläuternde, diesen Namen kaum verdienende „Übersetzung" angezeigt werden:

„Das seinsgeschichtliche Denken ist das am weitesten ausgreifende[24] Denken, weil es als das ursprüngliche (un-metaphysische) Philosophieren bedeutet: den sich entziehenden (Ab)Grund der Sachgemäßheit des (apophantisch-metaphysischen) Denkens im Zuge eines hermeneutischen Ge-spräches ‚mit' Gedachtem und Gedichtetem[25] zu entwerfen (ἀληθέα λέγειν), und dergestalt zum Sich-Zeigen (im Entzug) zu bringen (ποιεῖν κατὰ φύσιν); (nur) darin vollzieht sich der Bezug zu diesem (Ab)Grund (ἐπαΐοντας [τοῦ λόγου])."

---

[23] Das entwerfende Konstituieren ist nicht das Gegenstück zur philologisch-wissenschaftlichen nüchtern sachlichen Übertragung von Bedeutungen. Auch dieses ist ein entwerfendes Konstituieren, aber unter völlig anderen Gesichtspunkten und zumindest teilweise unreflektierten Voraussetzungen.

[24] Der „Edelmut" aus Heideggers Übersetzung bezieht sich auf die ἁρμονία ἀφανὴς aus Fragment 54, die κρείττων, also „über alles zum Vorschein kommende Gefüge edel" (GA 55, 142) ist.

[25] ἀληθέα λέγειν ist nicht das Sammeln in die Unverborgen*heit*, sondern ihr Aufleuchten im Sammeln auf Unverborgen*es*.

Πόλις und Sprache

Ivo De Gennaro, Mailand

François Fédier zum siebzigsten Geburtstag

Θείῳ δὴ καὶ κοσμίῳ ὅ γε φιλόσοφος ὁμιλῶν
κόσμιός τε καὶ θεῖος εἰς τὸ δυνατὸν ἀνθρώπῳ
γίγνεται· διαβολὴ δ' ἐν πᾶσι πολλή.
Platon, Politeia 500c

Οὐκ ἐμοῦ, ἀλλὰ τοῦ λόγου ἀκούσαντας [...] – „nicht auf mich sollt ihr hören, sondern auf das Wort der einzigen Versammlung [...].“ (Heraklit, B 50 DK). Das Fort- und Weiterweisen des gewohnten menschlichen Hörens – weg vom Sprechenden und hin auf das erste Denkwürdige – gehört in das Wesen der Philosophie als beginnliches Gespräch. Dieses Wesen ist selbst die anfängliche Weg-Weisung des Denkwürdigen im Wort. Eben weil es auf diesem Weg schlechthin um den Menschen geht – um jeden von uns als er selbst –, möchte das Ohr gern an dem, der das Gespräch beginnen lässt, haften bleiben. Philosophie verlangt aber das entschiedene Absehen des Menschen von sich und den gewohnten Verhältnissen – ein Absehen, das nicht auf anderes – Gott, Mensch oder Ding – hin-, sondern einzig dem Denkwürdigen entgegensieht, d. h. auf sein Ankommen gesammelt bleibt, um es in dessen eigenem Wort zu behalten.[1]

Dass immer das von einem Einzelnen und einzigartig Erfahrene die Stiftung des Gemeinsamen ist, gehört in das älteste und doch mitunter schwer eingestandene Wissen der Menschen. Dabei lehrt jedes geglückte Gespräch: Alles Gesagte bleibt unverbindlich und unfrei, solange nicht einer sich unmittelbar von der Sache belangen lässt und, indem er nur dem Belang das Wort leihen muss, alle in die Möglichkeit der Mitsprache, d. h. zu sich selbst als Teilnehmer des Gesprächs befreit. Jetzt liegt alles daran, dass die Befreiten in der ihnen möglichen Weise Hand anlegen und helfen, dieses Selbe, das sich für jeden aus der Verbergung entgegenhält, in Maßen zu sagen und zu bewahren. Nichts liegt dabei an dem Ersten, sofern gerade seine Worte stiftend gewesen sind, alles dagegen an den Worten selbst, so in ihnen das Selbe und Klärungswürdige spricht. Eine Gemeinschaft der Einzelnen entsteht erst im gegenseitigen überlassenden Rufen in das Gestiftete, indem also der Erste als solcher und zugleich jeder sich selbst überlassen, gewissermaßen übersehen wird – was freilich verlangt, dass

---

[1] Entschieden: nicht als zuständiges Subjekt: sich loslassen ins Freie im Bezug einer andersher einholenden stillen Entschiedenheit: Abschied vom Subjekt. Philosophie immer geschichtlich.

jeder selbst in der für ihn verantwortbaren Weise des Handelns in die Verantwortung des Gestifteten tritt.

Das Folgende gibt äußerlich einen Hinweis zum Verhältnis von πόλις und Sprache bei Heraklit, Platon und Heidegger. Bereits die Formulierung des Aufrisses zeigt, dass es sich nicht um die historische Nachzeichnung einer Begriffsentwicklung handeln kann, gleich als gäbe es so etwas wie πόλις und Sprache und deren Beziehung als einen durch die Epochen hindurch feststellbaren ideengeschichtlichen Bestand. Die durch Heideggers Vorausgang ermöglichte Frage nach dem Verhältnis von πόλις und Sprache bewegt sich einen Schritt weit in ein geschichtliches Feld, das dadurch umrissen ist, dass die Griechen das Wort des Denkwürdigen gestiftet, aber nicht als Sprache gedacht haben, uns selbst aber der Name fehlt für jenes, was den Griechen aus der Gründung dieses Gedachten die πόλις ist.

I. Heraklit

ξὺν νόωι λέγοντας ἰσχυρίζεσθαι χρὴ τῶι ξυνῶι πάντων, ὅκωσπερ νόμωι πόλις καὶ πολὺ ἰσχυροτέρως. τρέφονται γὰρ πάντες οἱ ἀνθρώπειοι νόμοι ὑπὸ ἑνὸς τοῦ θείου· κρατέει γὰρ τοσοῦτον ὁκόσον ἐθέλει καὶ ἐξαρκέει πᾶσι καὶ περιγίνεται. (B 114 DK)

Der Anfang des Denkens ist eine Not, das Ergehen eines Anspruchs, griechisch χρή. Das Wort hängt zusammen mit χάρις, Dank und Gunst. Χρή meint eine zugeneigte Freizügigkeit und Gunst, nicht aber diese Freizügigkeit selbst, sondern an dieser den Grundzug des Verlangens nach gemäßer Vernehmung. Solchem Verlangen und Belangen des Grundzugs entspricht ein Vernehmenmüssen. Müssen heißt: folgen dem möglichen Zug der freigebenden Ergreifung des zugemessenen Maßes, heißt: freigeben ein Maß. Darin liegt: müssen ist einwilligen in das eigentliche Können als Ermessung des Zugemessenen. Das Vernehmen geschieht im Leihen einer aus der Gunst selbst erwachsenden Gediegenheit, in der das Freizügige seiner Neigung gemäß frei ziehen kann. Χρή sagt: Es muss ein Vernehmen sein, weil es der Neigung der Gunst entspricht, in gediegener Vernommenheit sich frei zu ergehen. Das Übernehmen und Vernehmen, das der Gunst – gemeint ist die Gunst der Entbergung – in einer ihrer Neigung gemäßen Umfassung und Gestaltung[2] das nötige Maß angediegen sein lässt, heißt griechisch νοεῖν und λέγειν. Das λέγειν, das sammelnde Ermessen, geschieht deshalb immer ξὺν νόωι: mit dem und durch den νοῦς.

Im Aufbrechen der ursprünglichen Geneigtheit ist alles aus der gewöhnlichen Bahn gerückt und im Aufgebrochenen, d. h. zuerst im Aufbruch selbst neu versammelt. Einer der Namen dieser Versammlung lautet: τὸ ξυνόν bzw. τὸ ξυνὸν πάντων. Es meint das Mitsammen der πάντα, also der ὄντα im Ganzen und im Einzelnen. Das Mitsammen, die verborgen alles durchglänzende Rückfügung ins

---

[2] Gestaltung: bildlos; zurückstellen in den Wortriss.

Selbe, erträgt und erhält alles Unverborgene als solches. Weil das ξυνόν dieses Erhalten des Unverborgenen ist, deshalb findet das ξὺν νόωι λέγειν, das fassende und gefasste Vernehmen, im ξυνόν selbst einen Anhalt. Dieser Anhalt ist aber nicht ein Stand oder eine Aufgestütztheit auf einem festen Untergrund. Sondern das Fassen gedeiht erst im Ziehen der Versammlung in die eigene Gediegenheit und Gefasstheit. Freizügig heißt: Das fügliche Ziehen des ξυνόν geht zurück, entzieht sich in das eigene Unerschöpfte des Aufbruchs und nimmt aus diesem Zurückgehen seinen großen Zug. Wir sagen für dieses zurückgehende Ziehen, das alles Seiende ins Anwesen durchlässt: das Durchziehen. Das für das Durchziehen aufgeschlossene Vernehmen, sofern es die eigene Gefasstheit und Stärke aus dem Ziehenlassen des ξυνόν nimmt und in der Unerschöpflichkeit dieses Ziehens sich behauptet, erfüllt den Sinn des griechischen Zeitworts ἰσχυρίζεσθαι.

Wer das ξὺν νόωι λέγειν vollbringt, entspricht der Not, ἰσχυρίζεσθαι τῶι ξυνῶι πάντων – aus dem alles versammelnden Durchzug eine erstarkende Aufgeschlossenheit zu finden im Halt der sich zusprechenden und in diesen Zuspruch beziehenden Gunst. Das Starke ist stark nur, indem und sofern es zugunsten der χάρις handelt, d. h. dieser das zugemessene Maß dankt. Woher und wie trifft die Not, die solches χάρις-bezogene νοεῖν und λέγειν auslöst? Die Griechen haben dafür einen Namen, der in unseren Sprachen keine bündige und fertige Entsprechung hat. Er lautet: ὁ θεός, ἡ θεά, τὸ θεῖον. Θεός ist der verbergungsstämmige Anblick, der das ξυνόν durch das Vorhandene hindurch aufbrechen und dieses verwandelt, als ein Gesicht der Verbergung in das Aufgebrochene hereinragen lässt. Im Anblick zeigt sich das zuvor nur vorhanden Gewesene im Zug einer jegliches zu ihm selbst unterscheidenden Helle und Zeit. Ein solcher Anblick, θεός, ist der heraklitische Blitz: ὁ κεραυνός. Der θεός stellt alles hinaus ins Anwesen durch das durchziehende ξυνόν und entbindet damit das Wesen des Menschen in die ursprüngliche Verpflichtung zum ξυνόν selbst. Denn um das Anwesende als solches aufgehen zu lassen, braucht das ξυνόν das Vernehmen des Menschen, griechisch χρᾶ. Der Mensch muss als solcher brauchbar sein, χρηστός, für das ξυνόν. Er muss im Anblick mit seinem νοῦς und λόγος sich ergreifen lassen von der frei ziehenden Not der Entbergung.

ἔνθα δ' ἐόντι ἐπανίστασθαι καὶ φύλακας γίνεσθαι ἐγερτὶ ζώντων καὶ νεκρῶν. (B 63 DK)

Im Anblick ist der Mensch angehalten, dem ξυνόν im Aufbruch eine gediegene Gesammeltheit zu erwidern, darin der Durchzug frei ziehen und so in seinem Versammeln sich ergehen kann. Das ξὺν νόωι λέγειν erstarkt im Aufschluss des ξυνόν, d. h.: es nimmt in diesem Aufschluss, ihn aushaltend, einen Stand. Das Standnehmen im Aufschluss ist ein Aufstehen gegen den anhaltenden, nötigenden, in die Entgegnung kommenden θεός, griechisch: ἐπανίστασθαι. Das Wogegen des Aufstehens ist ἔνθα, dort, nämlich im Anblick selbst. Dieser nötigende Anblick ist ein gewinnendes Grüßen, χαῖρειν (vgl. Parmenides, I 26 DK); das Aufstehen dagegen, das Stand nimmt und innesteht, d. h. unterwegs ist im ξυνόν, ist ein Hinnehmen und Verwahren des Grußes im Wort. Denn Grüßen heißt zuvor: lichten, aufbrechen lassen ins Wort. Das gewinnende Grüßen ist die belangende Mitte des Nötigens. Im Gruß ist der Mensch erweckt als derjenige, der für das Anwesende als solches den gewinnenden Anblick des ξυνόν erwidern und sagen muss. Χρή – das heißt: Gott und Mensch im Wort des ξυνόν.

Das Aufstehen gegen den θεός behält das ξυνὸν πάντων in dessen eigenem Wort. In dieser Weise hält es den Wesensort des Menschen aus, bewahrt den Bezugsort alles menschlichen An- und Abwesens. Dieses ist immer ein Aufgehen in den und Stehen im Kampf, πόλεμος. Das aufstehende Aushalten steht derart gleichsam zwischen den Lebenden und den Toten, d. h. jetzt: im Zwischen der an- und abwesend in den Kampf Entschiedenen: ζῶντες καὶ νεκροί.[3] Dieses Zwischen meint nicht einen Zustand des Halblebendig- bzw. Halbtotseins; sondern es ist der Ort, da am Denken das Sterbliche und das Unsterbliche aus dem Gesetz der Mitte sich in den Grenzen kreuzt und aus solcher Entgegnung sich ermisst. Die Aufstehenden durchwachen, inständig im ξυνόν, das Sterbenkönnen – den Tod als das bergsam weckende Zeichen des durchziehenden Entzugs. Als die Wachen im sterblichen Ort des ξυνόν sind sie die Wahrer der Ankunft der Gunst der Entbergung und somit die Wächter der Geschichte des Menschentums.

Das Wachen und Wahren der φύλακες steht auf in die Zuweisung des Einzigen, d. h. in den sich ins Seiende zeichnenden Anblick des ξυνόν. Zuweisen, im besonderen zuweisen zum Aufenthalt und zur Wohnung (ἦθος), heißt griechisch νέμειν. Das zum Aufenthalt Zugewiesene, das innerste Fügungsgesetz der Wohnung ist der νόμος. Die Zuweisung des Einzigen, des ἕν für die πάντα, im Anblick heißt deshalb θεῖος νόμος; der über den θεός kommende νόμος ist seinem Wesen gemäß selbst ἕν, in sich einzig.

Aus dem θεῖος νόμος, sagt Heraklit, erwachsen und währen πάντες οἱ ἀνθρώπειοι νόμοι, alles menschliche, von Menschen verfügte Gesetz. Das Gefüge der überlieferten Satzungen erneuert sich in Fug und Zeichen des den Aufenthalt durchherrschenden und ins Maß reißenden θεῖος νόμος. Dessen Verfügen (κρατεῖν) weist alles in seinen Ort und behält es im überlegenen Blick. Das Verb ἐξαρκεῖν, genügen, heißt hier: verhelfen ins offene Anwesen und darin bewahren, und zwar aus einem Übermaß des Hinreichens, welches das Spiel des füglichen In-Geltung-Kommens stets in der Hand behält. Dieses Genügen entspringt dem durchziehenden Überfluss der im Anblick sich weisenden Gunst, deren ständige Neigung es bleibt, sich in die eigene Überlegenheit zu entziehen.

---

[3] Das Wort νεκρός bezeichnet im besonderen die (Leiber der) im Kampf Gefallenen.

Die ins Maß verspielte Überlegenheit ist das eigentlich Langsame des überreichen Verlangens, welches das ξυνόν durchzieht.

Der θεῖος νόμος als Spielraum des Gefüges der menschlichen νόμοι verleiht der πόλις das Maß und die Gediegenheit ihres Wesensbaus. Πόλις, heißt es in der *Parmenides-Vorlesung*, ist die „Ort-schaft für den geschichtlichen Aufenthalt des griechischen Menschentums" (GA 54, 133). Πόλις ist der Pol, „der Ort, um den sich alles Seiende wendet, so zwar, daß im Bereich dieses Ortes sich zeigt, welche Wendung und Bewandtnis es mit dem Seienden hat" (GA 54, 132 f.). Bewandtnis heißt: Wesenheit, Wesen im erhellenden, in die gemessene Deutlichkeit zeitigenden Bezug. Der Wesensbau der πόλις weist Seiendes in verborgen gefügter Einheit des Maßes als so und so sich Zeigendes und Angehendes und Verwendbares und Vollbringbares – kurz: je in einer Möglichkeit zu und zeichnet derart die Bahnen und Hinsichten des Besorgens vor, in denen der Mensch das Dasein bestreitet. Weil das Ganze des sich zuweisenden Seienden als Wesensstätte des Menschen sich aus dem einzigen νόμος fügt, deshalb heißt es im Fragment B 44 DK, es sei Not (χρή), dass das Volk um den νόμος kämpfe genau so wie – und d. h.: weil wesensnotwendig, entschiedener noch als für die Mauer, welche die πόλις umschließt.

Es ist jetzt im Ansatz nachzuvollziehen, inwiefern Heraklit die Not, aus dem ξυνόν zu erstarken[4], mit der Not, aus dem νόμος die Wesensbefugnis zu ziehen, ins Selbe setzen kann (ὅκωσπερ). Denn das ξυνόν ist nichts anderes als die Verstattung von und Versehung mit der Unverborgenheit in Maßen: Unverborgenheit kraft des Mitsammen als das im Zug der Entbergung versammelnde Zwischen. Indem sich aber die Vergleichbarkeit zeigt zwischen der Not der ξὺν νόωι λέγοντες und der Not der πόλις, bleibt zu beachten, dass sich in der Selbigkeit der Verglichenen ein Unterschied auftut, den Heraklit anzeigt im Komparativ πολὺ ἰσχυροτέρως.

Πολὺ ἰσχυροτέρως, weit entschiedener, ist hier die Anzeige für den Unterschied des ξυνόν und ἕν zum ἓν θεῖος νόμος, und deshalb auch für den Unterschied, in dem der ξὺν νόωι λέγων, also der Denkende, zur πόλις steht. Der ἓν θεῖος νόμος, der Blitz, ist, d. h. trägt und fügt das in den Aufbruch gesammelte Ganze des Seienden. Gesammelt ist das Entborgene aber eigentlich nicht im Blitz, sondern im Einen und Einzigen, im ξυνόν. Dieses weist sich zu als die Wendungsmitte aller Bewandtnis, indem es sich im Erscheinen des im Blitz verborgenen Anblicks des Seienden im Ganzen entzieht. Indem der Denker ἐπανίσταται, aufsteht gegen den Anblick, hört er in der Helle des gesammelten Seienden auf diesen Entzug und seine Not. Er ist der φύλαξ des Wesens der πόλις – der πολιτεία –, indem er standhält der Not, die als wesende, ursprünglich langsame Quelle von Entborgenheit das ξυνόν durchzieht.[5] Als

---

[4] Erstarken: wacker werden.
[5] Πολιτεία und πόλις wie Ortschaft und Ort.

Wächter der πολιτεία, d. h. der Not des ξυνόν, ist er abgeschieden von der πόλις, weil entschieden in die unberührte Wesensmitte, die sich im Anblick des einzigen, heilsamen Gesetzes entzieht. Die Abgeschiedenheit des Denkers ist die Gehörigkeit in das πάντων κεχωρισμένον, den endlichen Zwischen-Raum für das Anwesende (B 108 DK). Das πάντων κεχωρισμένον – der Unterschied des unentschiedenen Seienden – ist als Durchzug die eigentliche χώρα, die freigeräumte Gegend für das Wesen der πόλις als Sphäre je entschiedenen Seins.

Das ξὺν νόωι λέγειν muss deshalb selbst den Grundzug der χώρα haben, d. h. ein χωρίζεσθαι sein. Χωρίζεσθαι bedeutet gewöhnlich: sich abtrennen oder scheiden von etwas. Hier aber ist es das Innestehen im Zwischen, in der χώρα als dem Selben (ὁμόν), woraus das Seiende – unberührt von der unberührten Mitte in seine klare Geschiedenheit auseinandergeht. Das χωρίζεσθαι ist der Schritt zurück in die χώρα als Freigabe, als das Überkommenlassen der χώρα selbst: ἀναχώρησις.[6] Das λέγειν, das, indem es den Blitz sagt, einzig dem ξυνόν, d. h. der χώρα der Entbergung gehört, nennt Heraklit ὁμολογεῖν. Ὁμολογεῖν ist ein Sagen, das einzig dem λέγειν der χώρα, dem Wort und seinem unterscheidenden Wesen – dem Wort des Unterschiedes geliehen ist. Dieses Wort des Unterschiedes ist der λόγος selbst. Im ὁμολογεῖν ist der Denker der abgeschiedene Wächter der λόγος-befugten πολιτεία. Seine Wächterschaft ist das ins Selbe entschiedene Sagen der Versammlung im Aufstehen gegen den gewinnenden Anblick der aufgebrochenen Gänze des Seienden selbst.

II. Platon

Das Verhältnis von πόλις und Sprache kehrt verwandelt wieder im sechsten Buch von Platons *Politeia*, das in das Höhlengleichnis (siebtes Buch) mündet. In der *Politeia* werden die Philosophen nicht nur als die obersten Wächter der πόλις und der νόμοι bestimmt, sondern auch als die ἡγέμονες und βασιλεῖς, als Führer und Könige. Indem sie, auf das ἀληθέστατον blickend, die θεῖα παραδείγματα, die Ideen als die im Vorbeigang (παρά) wartenden Anblicke des wahrhaft Seienden einholen und auf das Hiesige übertragen – εἰς ἀνθρώπων ἤθη τιθέναι –, sind sie imstande, den Grund der Gesetze hinsichtlich des Schönen, Guten und Gerechten zu legen bzw. das diesbezüglich Waltende in seinem Wesen zu wahren (σῴζειν, φυλάξαι).

Dass sich die Möglichkeit einer solchen Übertragung zeigt, ist für Heidegger das Zeichen des Übergreifens einer Gefahr, die zugleich mit dem Philosophieren – dem Sagen des gewärtigen, im Vorbeigang anblickenden Wesens des ὄν – entsteht. Es ist die Gefahr, dass der Ertrag, das ins Wort Gebrachte der ausgetragenen Not – die während Seiendheit als ἰδέα – die Oberhand behält über die Not selbst und sich folglich als beziehbarer, verfügbarer Grund des Vorhandenen in Anschlag bringen lässt; so aber kommt das Mögliche selbst in den Machtbereich

---

[6] Heraklit, A 1 DK.

der Verwirklichung aus dem Vorhandenen. In der Vorlesung *Grundfragen der Philosophie* (1937/38) heißt es dazu: „Die Philosophie selbst wird jetzt *eine* Veranstaltung unter anderen, sie wird einem Zweck unterstellt, der um so verfänglicher ist, je höher er gerückt bleibt – wie z. B. die παιδεία *Platons* [...] Selbst dieses, daß in *Platons* ‚Staat' die ‚Philosophen' zu den βασιλεῖς, den obersten Herrschern, bestimmt werden, ist schon eine wesentliche Herabsetzung der Philosophie. Indem das Fassen des Seienden, die Anerkenntnis seiner in seiner Unverborgenheit, sich zur τέχνη entfaltet, werden unvermeidlich und mehr und mehr die in solchem Fassen in den Blick gebrachten Anblicke des Seienden, die ‚Ideen', zu dem allein Maßgebenden." (GA 45, 180 f.)

„Allein" maßgebend heißt hier: Auf dem durch das Seiende vorgezeichneten Weg vergisst die methodische Beherrschung des Fassens über das Fassen selbst und seinen verfolgten Erfolg die in das Fassenmüssen versetzende Not als das nicht nur erstlich, sondern einzig zu Vernehmende und zu Bestehende. (Das künftige Wesen der Philosophie: ohne Unterlass die Sorge um das zumeist Unterlassene: das Bauen am Ausweg, am Schritt zurück in das Quellenlassen der Quelle).

Das ἀληθέστατον, das schlechthin Unverborgene, auf das der Philosoph blickt, ist die ἰδέα τοῦ ἀγαθοῦ: das Gute als das in sich ständige Zugeständnis gemessener Deutlichkeit, in die der Mensch in seinem Bauen und Wohnen hineinhandeln kann. Inwiefern ist das Zugeständnis ein ständiges? Ständigkeit hat hier den Sinn des Verweilens in der Gegenwart; diese wiederum meint das reine Entgegenwarten als das im Kommen wartende Verhältnis. Das Verweilen in der Gegenwart als solches Warten in der Zukunft heißt mit einem noch von Luther verwendeten und später aus dem Gebrauch gekommenen Zeitwort „beiten" (engl. bide, abide); beiten heißt: verweilen im Kommen und also entgegenwarten als die Gegenwart selbst, oder – was dasselbe ist –: als das Mögliche. Die ἰδέα τοῦ ἀγαθοῦ ist der in seiner Selbigkeit ständige, beitende Anblick des Ortes, der im Vorbeigang sich entzieht in die Darbietung des Unverborgenen als solchen. Das schlechthin Unverborgene ist die aus dem einzigen Beiten darbietende Erhaltung und Fügung alles Stehens im Unverborgenen, das Standhalten der Unverborgenheit selbst, u. zw. κατὰ λόγον (Pol. 500c5): in einem bedeutungshaft gelichteten Verhältnis, in dem schon das mögliche Mitbauen des Menschenwesens als λόγον ἔχον liegt.

Die so genannte Idee des Guten ist somit einerseits selbst ein Anblick, ἰδέα; zugleich ist sie das Wesende sämtlicher Ideen, sofern Idee besagt: das mögliche Standhalten der Helle, worin Seiendes als solches zu Stande kommt und sich hält. Das in seine Standhaftigkeit gegründete Unverborgene ist ὑπόθεσις, d. h. jenes, was zu vernehmen und zu setzen ist als das Wesensgesetz des Seienden, das dem Rückfall in die bloße Vorhandenheit oder verkehrte Entborgenheit wehrt, indem es in das selbst ungehaltene Quellen der Ideen zurückweist. Das heißt aber: Eine ὑπόθεσις kann als solche nur bestehen, sofern in ihr das ἀγαθόν als die urvernommene ἀρχή ἀνυπόθετος, als rein in sich stehender Ausgang und Einbehalt herrscht. Dieser ἀρχή kommt eine einzige ἕξις zu, eine sich selbst haltende Haltung, aus der die ἀρχή das παρέχειν, das haltende Darreichen und Bieten der ἀλήθεια vermag.

Kraft der Zuständigkeit für das Ersehen der εἴδη aus der Inständigkeit in der ἀλήθεια ist der Philosoph Wahrer und Erhalter (σωτήρ) der πολιτεία. Er ist es, indem er einzig dem ἀγαθόν gehört und so jene χώρα besetzt, in der sich das mögliche Miteinander der πολῖται fügt: die ständige Wendungsmitte – der πόλος der πολιτεία – als das κοινόν der κοινωνία. Dieses Gehören geschieht als ein Ermessen des λόγος der εἴδη, d. h. der ἰδέα τοῦ ἀγαθοῦ. Das Ermessen wiederum ist ein μιμεῖσθαι und ἀφομοιοῦσθαι: die dem verborgenen Maß sich anmessende, darin Übereinstimmung suchende und derart Maß nehmende Auslösung der ins Seiende gemäßigten Maßgabe des ἀγαθόν.[7]

Damit freilich die Wahrung wirklich, d. h. werkhaft anwesendes Geschichtsverhältnis wird und also die πόλις mit Fug und Recht ihren Wesensort erfüllt, muss, sagt Platon, durch eine Wendung ins Schickliche eine doppelte Notwendigkeit zum Tragen kommen: Dem Denker, dass er, ob er es wünscht oder nicht, sich genötigt sieht, die πόλις wirklich in die Sorge zu nehmen, d. h. die Möge[8] und Wesenskraft ihrer Mitte einzurichten in die Werke menschlicher Bildung und Weisung; der πόλις, dass sie sich gewiesen findet in die Not, auf das ἀγαθόν zu hören, das sich aus der offenen χώρα zuspricht, somit in ihrem Tun und Teilen den daraus bestimmten Weisungen hörig ist und insofern für das wirkende, wirkend in die λόγος weisende Wort des Philosophen ein Gehör hat (κατήκοος γενέσθαι).

Ohne das aufschließende und fügende ἀγαθόν bleibt hingegen das waltende Recht ohne Fug, der νόμος ohne wahren Sinnbezug und somit alles Tun und Trachten der Menschen ohne Maß und Ziel und mögliche Vollendung. Platon sagt (Pol. 497c8-d1): Es muss immer „etwas" in der πόλις sein, was den selben λόγος der πολιτεία festhält (ἔχει), auf den sich der Gesetzgeber bezieht –: Gesetzgebung kann nur aus solcher Festhaltung, als Übersetzung des darin Festgehaltenen Geschehen. Dieses Etwas in der πόλις ist die Philosophie selbst als χώρα, als freier Zwischenraum, der gleichsam unabhängig vom Menschen da ist. Das Besetzen dieser χώρα ist eine Zuständigkeit, ἐπιστήμη, durch den vernehmenden νοῦς und den setzenden und umgrenzenden λόγος. Demnach heißt λέγειν hier: Das in seinem logischen Grundzug vernommene εἶδος als das Bei-

---

[7] Das Gesetz dieser Mimesis (Kunst) lautet: Während der Mime sich ganz einlässt in die Anmessung, geschieht das Nehmen des Maßes nur vom Maßgeblichen aus als das Sichlösen seiner Verbergung.

[8] Aus dem Hauptwort Möge ist unser heutiges Wort möglich gebildet. Möge ist die ursprüngliche Wesens- und Zeugungskraft: die Herkunft des Wirklichen, welches seinerseits die ins Werk gebrachte, wirklich wesende Möglichkeit ist. Im Wesen des Wirklichen wartet, d. h. bleibt im Kommen das mögliche Verhältnis als das, worin das Wirkliche besteht.

tende des Unverborgenen in seiner aus ihm selbst und ohne untergreifenden Grund bestehenden Ständigkeit und Entbergungskraft im Unverborgenen setzen und behalten, griechisch σῴζειν. Freilich ist der λόγος, der solches vermag, von allem Schweren das schwerste: τὸ χαλεπότατον.

Das Wort χαλεπόν, schwer, zieht sich durch das gesamte sechste Buch. Platon lässt keinen Zweifel daran, dass das schickliche Zusammenfallen der beiden Nöte in eine Not nur schwer zu Stande kommt: χαλεπὰ δὲ γενέσθαι, οὐ μέντοι ἀδύνατά γε (Pol. 502c6 f.): ein Geschehnis, schwer zwar, aber fürwahr immerhin nicht unmöglich. Wie, d. h. durch welchen λόγος ließe sich als unmöglich abtun, was als das schlechthin Mögliche, als das Wesensfähige und Wesenlassende aus der Befugnis der einen Gunst im Wesen der πόλις wartet und weilt?[9] Wendet sich das Wesensgesetz der πόλις in die Fügsamkeit zum Möglichen, wird der Sinn des πολιτεύειν das Hören auf das Mögliche selbst, dessen Erwirkung und Erfüllung. In dem Maße wie das οὐκ εμοῦ also bestimmend bleibt, wächst der Philosoph – das anwesende Gedeihenlassen der Weg-Weisung – über das Beschränkte, was er im Ungehörtbleiben des ἀγαθόν vermag, hinaus und gründet mit dem Eigenen auch das Eigentum der πόλις, τὰ κοινά, ins Wahre (Pol. 497a3 ff.). Dabei kommt ein Gesetz der ursprünglichen Ökonomie zum Tragen, wonach in einer dem Möglichen gehorsamen πόλις ein Einziger, dem Ganzen Zugewandter ausreicht, um allem und jedem die Wendung ins Eigentliche zu erhellen und vorzuzeichnen, die eben noch jeglicher Zuverlässigkeit und Gangbarkeit zu entbehren schien (Pol. 502b5 f.).

Die Gründung der πόλις ins Eigentum verlangt freilich zuvor, was οὐ πάνυ ῥᾴδιον (Pol. 501a3 ff.), nicht gar leicht ist, nämlich die πόλις selbst und die Gemüter der Menschen καθαροὶ ποιῆσαι, rein zu machen, zu läutern, d. h.: sie ins Freie zurück zu weisen, sie hinzuwenden und zu erinnern ins Wesensgesetz (den λόγος des ἀγαθόν), sodass sie offen sind für das Kommen der Not und in den Stand gesetzt, ihr zu entsprechen. Die in ihre Bestimmung aufgeschlossene und in der stimmenden Gewalt der (philosophischen) Muse (Pol. 499d4) gehaltene πόλις zeigt sich schließlich gegenüber allem Vorangehenden als ein θεῖον, darin jegliches in freier Deutlichkeit herausgehoben ist und gewahrt in die mögliche Vollendung.

In der unempfänglichen πόλις bleibt die Philosophie dagegen ein ξενικὸν σπέρμα, ein fremder Samen, der nicht befruchten, in die volle Geschichtlichkeit befreien kann. Die Unempfänglichkeit wird betrieben und gefördert von sol-

---

[9] Möglichkeit ist das währende Warten der wahren Wesensfähigkeit; indem er das Mögliche vermag, sich daran hält und es ins Werk setzt, inständet der Mensch im wesentlichen Warten; in solchem Warten ist er zukünftig in der Wächterschaft (ein Sterblicher). Weil die Möglichkeit hier nichts mit der mehr oder weniger großen Wahrscheinlichkeit eines wirklichen Vorkommens zu tun hat, meint auch das Schwere der γένεσις nicht ein schwerliches, eher unwahrscheinliches Eintreten; sondern gemeint ist die in solcher γένεσις überwundene, gelichtete Schwere der Seinsvergessenheit, von der Platon im Schlussmythos der *Politeia* spricht.

chen, für die das Sein immer schon ausgemacht und dergestalt als Aufmachung des Vorhandenen einsetzbar ist: den Sophisten (Pol. 492b5 ff.). Diese sprechen dort, wo das Volk zu einer in Lärm gedrängten Masse vermengt, somit zu allem Hören und Gehorchen unvermögend ist. Die Weise ihres Sprechens ist derart, dass sie den Lärm des massenhaften Wortes noch überschreien und aus solcher überlärmenden Überschreiung heraus auf Gesagtes und Getanes mit Lob und Tadel einhämmern. Dabei schießen sie stets über das Ziel hinaus und befördern – unter dem Schein, etwas zu treffen – doch nur das schon Gewusste der Masse, das Hybride und die Vergessenheit von endlicher Deutung und Maß.[10] Solches Sprechen ist nicht im eigentlichen Sinne logisch: Es scheidet nicht das Seiende vom Unseienden aus der Rückstellung in das Wort des Seins, sondern steht im Dienst der unbedingten Unterdrückung der πόλις in das Unwesen der Rede. Wer sich aber der Züchtigung durch solche Überredungskunst entzieht, wird erstens in dem, was er ist, ferner hinsichtlich dessen, was er zum Leben benötigt, schließlich in der Möglichkeit des Todes verstümmelt.

In einem solchen Zustand der πόλις, sagt Platon, kann Rettung nur geschehen durch eine μοῖρα θεοῦ. Bereits der Versuch, durch eigene Reden gegen die Reden der Massenzüchtigung anzugehen, ist eine πολλὴ ἄνοια, eine große Dummheit. Weshalb? Weil ohne Einklang von Not und Not der λόγος, der dem κοινόν entspricht, d. h. das οὐκ ἐμοῦ als Beginn des Gespräches, faktisch zur bloßen, echolosen Widerrede eines Einzelnen wird im Element des vorherrschenden Unwesens des Worts. Das Scheitern des οὐκ ἐμοῦ, der Entmachtung von Rede und Wort in der ungehörigen Wirklichkeit ist für den Wächter des πόλος nicht nur ein unschickliches πολιτεύειν, sondern lebensgefährlich. Angesichts des drohenden Verderbens ist der Philosoph deshalb gut beraten, sich der Ruhe des Eigenen zuzuwenden, d. h. dieses zu hüten wie einer, der zum Schutz vor den Unbilden des Winters einen bergenden Unterstand aufsucht.

Das Eigene der philosophischen φύσις ist die Gehörigkeit in die ἀλήθεια. Platon nennt im sechsten Buch die Wesenszüge dieser Gehörigkeit: Entschiedenheit zur ἀλήθεια und Abneigung gegen solches, was die ἀλήθεια verhehlen oder verstellen will; Größe des Denkens (μεγαλοπρέπεια) in der Treue zum Denkwürdigen und als Behaltenkönnen des Einzigen; Freiheit und Mut; Milde und Fügsamkeit, u. a. m. Diese Züge sind nicht so genannte positive menschliche Eigenschaften, die etwa die Person des Denkers als Ausstattung mitbringt; vielmehr sind es Züge der philosophischen χώρα selbst, gezeichnet durch die Not der Unverborgenheit des Seienden als λόγος der ἰδέα τοῦ ἀγαθοῦ. Es handelt sich um wesende, mit der ἀλήθεια mitgeschehende (συγγίγνεσθαι), vom ermessenden Menschen zu übernehmende Züge des Seins selbst, die der νοῦς vollbringen, in denen er sich halten, in die er sich fügen, aus denen er sich näh-

---

[10] Masse: das Menschentum im ungelichteten Erdkreis, dort, wo die Lichtung eingebrochen ist.

ren muss. Dazu gehört, dass er (Pol. 486d11 ff.) ἔμμετρος sei und εὔχαρις, also das der Neigung der χάρις gemäße Maß im Wort des Wahren erhalte. Nur durch solche Einlassung in das gehörige Maß ist der νοῦς εὐάγωγος, d. h. als er selbst eigentlich einweisbar, fügsam überführbar in das Aussehen des ὄντως ὄν, dessen Maß und Wahrheit er retten muss.

Ein Sorgetragen, das solches verlangt, sagt Glaukon, könnte selbst der Gott des Tadels, Μῶμος, nicht tadeln. Doch offenbar gibt es solche, die an Fähigkeit zum Tadeln dem Gott noch überlegen sind. Ungebührlich, von außen her unter großem Tanz eindringend in die Philosophie (Pol. 500b2 f.), tragen sie nur vorgeblich und dem Schein nach dasselbe aus wie die Philosophen und erklären sich doch gerade zuständig für die χώρα der Philosophie. Dabei verfahren sie so, dass sie, in ständiger Wegwendung vom Denkwürdigen, gerade die Aufmerksamkeit auf die Menschen – allen zuvor die tadelnswerten Philosophen – lenken und somit der Möglichkeit der Philosophie aufs entschiedenste zuwiderhandeln: καὶ ἀεὶ περὶ ἀνθρώπων τοὺς λόγους ποιουμένους, ἥκιστα φιλοσοφίᾳ πρέπον ποιοῦντας (Pol. 500b5 f.). Auf diese Weise entsteht der Philosophie selbst die bei weitem größte und gewaltsamste Verleumdung (διαβολή; Pol. 489c9 ff.):[11] der Vorwurf der Schlechtigkeit und, im besten Fall, der (am feststellbaren, machtzuständlichen Erfolg abgelesenen) Unbrauchbarkeit für die πόλις. Letztere weist Platon auf als die Unfähigkeit der anderen, die eigentümliche Brauchbarkeit des Philosophen – das Gebrauchtsein durch das ἀγαθόν für dessen Zukunft – zu erkennen. Schlecht aber, d. h. gefährlich als ein Zerreder und Zerstörer des κοινόν, kann einer nur werden, wenn er abkommt von dem Weg, der die Philosophie selbst ist.

III. Heidegger

In der bereits angeführten *Parmenides-Vorlesung* umreißt Heidegger, was er die „verborgene Wesensgeschichte des Abendlandes" nennt, durch die Nennung dreier Wesensorte des Seyns[12]: 1. „Sein und Wort" – die als λόγος aufbrechende ἀλήθεια im alles entscheidenden Anfang, den das ὁμολογεῖν Heraklits zur Sprache bringt; 2. „Sein und Ratio" – die Geschichte der Wahrheit des Seienden als solchen im Ganzen, die sich zunächst bei Platon und Aristoteles im λόγος als behaltende Aussage der in ihrem Grund erstrebten Seiendheit ins Wort bringt; schließlich und 3. „Sein und Zeit", wo Zeit der „Vorname ist für das ursprünglichere Wesen der ἀλήθεια" und damit zugleich der „Vorname für den Anfangs-*grund* des Wortes" (GA 54, 113).

---

[11] Διαβολή ist das gewaltsame Durchziehen mit Worten, das auf die Möglichkeit des Betroffenen zielt, um diesen zu vernichten.

[12] Seyn: das Langsamste in der langen Zeit und also das am längsten Gesparte, das die am längsten Wartenden braucht.

Was im Titel *Sein und Zeit* angezeigt ist, fasst Heidegger als einen Schritt zurück.[13] Um diesen Schritt kurz zu vergegenwärtigen, orientieren wir uns an der Weise des denkerischen Entwurfs, der die drei genannten Orte bestimmt. Der Entwurf, heißt es in den *Beiträgen zur Philosophie* (GA 65, 263. Abschnitt), ist stets Loswurf, nämlich 1. „vom Seienden, ohne daß dies als ein solches schon eröffnet wäre", und 2. ins Freie als den des Menschenwesens gewärtigen Riss, aus dem sich das Seiende als ein solches bestimmt. Der Loswurf ist schließlich Rückkehr zum Seienden selbst. Das Seiende, ohne dass es als ein solches schon eröffnet wäre, ist das zunächst Vorhandene: der zustrebende zustehende Bestand, der den Menschen auf seine unvermittelte, umstandsbeherrschte Entdeckungszuständigkeit anspricht. Das Freie, der im dimensionierenden Entzug das entfernte Monochaoin auszeichnende Riss, ist das Seyn – das Seyn mit dem Riss-y.

Der erste Loswurf, „Sein und Wort", wirft in das ξυνὸν πάντων als πάντων κεχωρισμένον. Das ὁμολογεῖν überträgt ergänzend ins Ganze des Seienden das Zeichen der Not des Unterschiedes des Einen, einzig Versammelnden zu der darin versammelten Vielfalt: ἓν πάντα. Es ist ein Sich-Halten in der Schwebe als das Offenhalten des Hin-und-Her zwischen Seiendem und Sein (ἐκ πάντων ἓν καὶ ἐξ ἑνὸς πάντα – Heraklit, B 51 DK). Das ὁμολογεῖν als dieses Sich-Halten ist ein Einrücken in den λόγος der χώρα, ein im Einklang Stehen mit ihm, das nicht mehr aus der φύσις ins Seiende zurückkehrt – und doch zurückkehrt im Ergänzenden, d. h. in die göttliche Kraft und Möge des Ganzen (τὸ ἱερόν).

Das Seiende selbst steht jetzt im Zeichen des Risses, der selbst kein seiender Anblick ist, sich aber im Anblick des κεραυνός aus seiner eigenen Gegend, χώρα, in königlicher Herrschaft bedeutet. Diese χώρα, die sich im Blitz entzieht, ist die als φύσις erfahrene Entbergung, ἀλήθεια. In ihrem Entflammen entzündet und verlöscht sie sich die Maße, in die das Menschenwesen, dem Entflammen übereignet, ins Verhältnis des Seienden gewiesen ist. Der Denker ist der Gezeichnete dieses Aufblitzens und Entflammens. Er steht nicht erstlich ein für das Bestehen der Maße, aus deren gesparter Befugnis als Quelle des Rechts sich die menschlichen Gesetze fügen, sondern entspricht dem Schickungsgesetz des Aufgehens und Verlöschens der Maße als dem maßgeblichen Wesensgesetz des ξυνόν. Seine Wächterschaft beruht in einer Wachheit und diese in einer einzigen Weise des Sprechens: das wachende λέγειν spricht nicht und spricht doch zurück in das Seiende selbst. Es spricht nicht zurück als das ὁμολογεῖν, das einbehalten bleibt im stiller schwingenden Einklang des λόγος; es spricht doch zurück als das entbergend-verbergende Zeigen, σημαίνειν, welches das Zeichen der ἀλήθεια in das Vorhandene hinein- und dadurch dieses als Unverborgenes in den λόγος zurückspricht.

---

[13] Der Schritt: menschliches Längenmaß.

Der erste Loswurf in seiner griechischen Vollendung wirft in die ἰδέα τοῦ ἀγαθοῦ, das Ständige für das Erglänzen der ἀλήθεια, das durch einen χωρισμός geschieden bleibt von allem Vorkommen in der Unbeständigkeit. Der Loswurf ist das Durchfahren des bildlosen, rein eidetischen Elementes im erotischen Bezug der ἀρχὴ ἀνυπόθετος. Die im Höhlengleichnis verbildlichte Rückkehr zum Seienden steht im Zeichen des Behaltenmüssens des in einem einzigen Anblick aufblitzenden Maßes aller Maße. Die Not ist das Wahrenmüssen des übergründig beitenden Maßes im Wort. Im Licht der Rückkehr trägt das in einem Umkreis von Unverborgenheit eröffnete Seiende das helle Zeichen der Unbeständigkeit: es ist μὴ ὄν. Der Denker ist der Wächter der πόλις als der Ansagende des θεῖον – des einzigen Anblickes, der das Maß bereithält, darin das Seiende sich einig offen legt in seine Bewandtnis. Dieses Ansagen ist ein festigendes Umgrenzen und Behalten des Anblicks entlang des aufschließenden Rückgangs, der ἀνάμνησις in die ἰδέα selbst. Der ausdrücklich-dialektische Rückgang wiederholt den anfänglichen Loswurf längs einer verborgen im Ort des ὄν (des Zustehenden) verankerten Bahn (ἐπέκεινα τῆς οὐσίας).

Die Rückkehr zum Seienden geschieht bei Heraklit als ἀναχώρησις, d. h. eigentlich als Unrückkehr in der homologisch gehaltenen Schwebe des Geschehens der Entbergung; sie geschieht bei Platon als Rückstieg aus der philosophischen χώρα, bei welcher der Absteigende den Ertrag des Auf- und Überstiegs, d. h. den λόγος der Beständigkeit anwesender Helle (ἰδέα) als Mitgift mitführt. Diese Rückkehr, sagt Heidegger, ist selbstvergessen. Inwiefern? Die Selbstvergessenheit der Rückkehr ist ein Vergessen des Loswurfs, und d. h. das Ungegründet-Lassen der loswerfenden Not. Dieses Vergessen, heißt es in den *Beiträgen*, „ist nur die Folge des Nichtbehaltenkönnens der Rückkehr. Dieses aber entspringt dem Sichnichthaltenkönnen im Abgründigen des Loswurfes. Dieses Sichnichthaltenkönnen aber ist nicht Schwäche, sondern Folge der Notwendigkeit, erst das Sein und das Seiende in die erste, selbst noch unfaßliche Unterscheidung zu bewahren. / Deshalb bleibt nur die Rückkehr: das Behalten der Seiendheit (ἰδέα), was ein Vergessen ist von dem, was sich ereignete." (GA 65, 453)

Damit ist bereits angedeutet, was den Loswurf auszeichnet, der unter dem Titel *Sein und Zeit* steht (– der selbe, unergründliche Anfang, aber anders): Das Nichtvergessen, d. h. das Behalten dessen, „was sich ereignete". Dieser Loswurf versetzt in die Notwendigkeit, sich im Abgründigen des Loswurfs selbst, in der Not und ihrem Riss und in der milden Unberührtheit des Freien zu halten, und d. h.: kommen zu lassen und besetzt zu halten, was Sein und Seiendes erst in ihre Unterschiedenheit auseinandergehen lässt: die Lichtung von Welt-Vierung und Ding. Dieses rein durchziehende Kommen des Unterschiedes ist das mit einem y, dem y des Kommens geschriebene Seyn.

Welche Art der Rückkehr gehört zu diesem Loswurf? Nicht-Vergessen, Behalten des Loswurfs heißt: in ihm sich halten, seinen Austrag bestehen, heißt:

sich brauchen lassen vom langsamsten (in die ins Ding verspielte Vierung geborgenen) Ziehen des Abgrunds. Das bedeutet: Die Rückkehr zum Seienden, damit dieses als solches eröffnet sei, muss jetzt nicht nur von selbst, sondern frei und fernhell geschehen aus der Zurückgehaltenheit in den, aus der gehaltenen Nähe zum lichtenden Abgrund, aus diesem Ort. Derjenige, der, selbst zurückbleibend, den Abgrund den Dingen zugekehrt hält, ihn in diese sich sammeln lässt, bleibt inmitten der Dinge „der Mensch als der im ausgetragenen Loswurf *Fremde*, der aus dem Ab-grund nicht mehr zurückkehrt und in dieser Fremde die ferne Nachbarschaft zum Seyn *behält*" (GA 65, 492).

Gesetzt, wir sind imstande, das Folgende frei neben das eben Angedeutete zu halten und also der Versuchung zu widerstehen, die alles mit allem vermengen möchte, können wir eine Stelle aus dem Protokoll *Die Kunst und das Denken* hören, in der Hoseki Shin'ichi Hisamatsu ausführt:

„Das Können in der Zen-Kunst bedeutet zweierlei: zum ersten wird der Mensch dadurch von der Wirklichkeit zum Ursprung der Wirklichkeit gebracht; die Kunst ist ein Weg, wie der Mensch in den Ursprung einbricht; zum anderen hat die Kunst den Sinn, daß der Mensch, nachdem er in den Ursprung eingebrochen ist, zur Wirklichkeit zurückkommt. Das eigentliche Wesen der Zen-Kunst besteht in dieser Rückkehr. Diese Rückkehr ist nichts anderes als das Wirken, das Sich-ins-Werk-setzen der Zen-Wahrheit selbst. Der genannte Ursprung der Wirklichkeit ist das ursprüngliche wahre Leben oder Selbst, ist gleichsam die göttliche Abgeschiedenheit von aller Gebundenheit, das Ledigsein von aller formhaften Gebundenheit. Dies Ledigsein wird auch *Nichts* genannt. All das Genannte ist das Selbe. [...] Nicht den Ursprung *gewinnen*, sondern daß er selbst zum Erscheinen kommt, das ist das Wesentliche in der Zen-Kunst. Das Positive des Wesens des Zen besteht in diesem Herausspringen des Ursprungs, in dem Hervorkommen des Ursprungs selbst. Das ist das Wirken der Zen-Wahrheit. Das Wesen des Zen besteht nicht in dem Weg des Hingehens, sondern im Weg der Rückkehr." (GA 16, 553 f.)

Die Zurückgehaltenheit im Abgrund ist die Verhaltenheit. Sie verhält und behält den wesenden Ort der Ursprungs-Not des Seyns. Diesen Ort nennt Heidegger: Da.[14] Das Da hält die Wahrheit des Seyns aus. Das in seinem Grund ertragene Da ist das Da-sein. In das Da-sein kann wiederum der Mensch sich fügen, indem er es besteht. Dieses Bestehen ist die Inständigkeit als Wächterschaft für die Wahrheit des Seyns. Das wache Innestehen im Da-sein als Ertragen des Daseins selbst – dieses Innestehen ist anders als das ἐπίστασθαι Platons und auch als das ἐπανίστασθαι Heraklits. Dasein heißt: Nicht-Rückkehr des Menschenwesens für die Rückkehr der Dinge im Spiel der Welt.

In der Verhaltenheit zieht ein eigener Eros: das Verlangen der Seyns-Stille zum Geschwiegenen Wort. Deshalb gehört zur Inständigkeit im Dasein eine ei-

---

[14] Das ungedachte λαμπρὸν τῆς χώρας (vgl. Soph. 254a8-b1; GA 27, 215).

gene Weise des Sprechens. Heidegger nennt sie in einem Briefentwurf von 1945: „Ich schweige im Denken nicht erst seit 1927, seit der Veröffentlichung von ‚Sein und Zeit‘, sondern *in* diesem selbst und vorher ständig. Dieses Schweigen ist die Bereitung der Sage des Zu-denkenden und dieses Bereiten ist das Er-fahren und dieses ein Tun und Handeln. Allerdings ‚existierend‘, ohne ein Engagement nötig zu haben" (GA 16, 421 f.). Das Schweigen ist vor, in und nach *Sein und Zeit* ein ständiges, weil es die Weise der Inständigkeit ist im Da-seyn zur Stille. Schweigen und Verhaltenheit sind „der Ursprung der Stille und [das] Gesetz der Sammlung" (GA 65, 35). In der Sammlung als dem ursprüng-lich Logischen gedeiht die Stille, worin „allein noch ein Volk *sein* [kann]". Was gedeiht, ist, wie im seynsgeschichtlichen Genitiv angesagt, selbst Ursprung: die Stille als das langsame Entspringen gediegener Sprache im Geschwiegenen Wort.

Vom Schweigen spricht Heidegger in der zweiten Rektorats-Vorlesung 1933/34. In einem, wie er anmerkt, wesentlich über *Sein und Zeit* hinausgehen-den Schritt wird hier das Schweigen als Ursprung der Sprache bestimmt, d. h. als jener „Anfangs*grund* des Wortes", dessen Vorname die Zeit ist. Schweigen ist „*die gesammelte Aufgeschlossenheit für den übermächtigen Andrang des Sei-enden im Ganzen*" (GA 36/37, 111). Diese Aufgeschlossenheit ist nichts anderes als das Sein des Da. Da-sein als wesendes Seyn ist das Schweigen, in dem der Mensch, der das Da zu sein übernimmt, als der von wachsender Stille Durch-wachte besteht. Der Inständige im Schweigen als der Ertragende des vom Seyn ausgetragenen Da der Verbergung ist der Fremde Wächter der πόλις im anders-anfänglichen Sinn.

IV.

Verhaltenheit und Schweigen sind das Tragende des gesamten Denkwegs. Was Friedrich-Wilhelm von Herrmann zu Recht als den immanenten Wandel von *Sein und Zeit* zu den *Beiträgen zur Philosophie* bezeichnet, ist, anders benannt, das Zu-sich-selbst-Kommen dieser Verhaltenheit als Einkehr des Menschenwe-sens ins Dasein. „Verhaltenheit", schreibt Heidegger in den *Beiträgen*, „ist der Grund der Sorge" (GA 65, 35). Alles spricht dafür, dass das Denken der Ver-haltenheit, deren langsame Mitte das Seyn ist, auf allen Wegen einholbar bleibt für die Entscheidung ins Dasein und also bestimmt von Maß und Milde, Stärke und Fügsamkeit, Nüchternheit und Dank, Umsicht und Wachheit, Freiheit und Scheu – und zwar deshalb, weil diese und andere Züge des denkenden Selbst Zeichen und Züge des Seyns sind – des Seyns mit dem Freiheits-y. Alles spricht dafür, dass gerade Heidegger und er allein unterwegs war im Wissen darum, wie die Aufgabe der Gründung des Daseins das Denken – anders noch als bei Hera-klit und bei Platon – aus dem Vorhandenen herausrückt – hinaus in die schwei-gende Offenhaltung des Raumes, in dem die Stimme vernehmbar wird, aus der ein „Volk erst frei [wird] für sein zu erkämpfendes Gesetz" (GA 65, 43). Alles spricht dafür – auch ohne, dass man die allenthalben begegnenden Bezugnahmen auf Heraklit und Platon in der Rektoratsrede und anderswo beachtet und bedenkt –, dass Heidegger wusste um die Gefahr, die dem Denken, zumal dem rückkehrlosen, begegnen muss, wo es ins Wirkliche hinein ein Zeichen setzt. „Ins Wirkliche hinein" aber heißt: für die Rückkehr der Dinge in der Überkommnis des Seyns ein Zeichen setzen, das unmittelbar in die Auseinandersetzung kommt mit dem Unseienden, sofern dieses auf sich und seiner vermeintlichen Gesetzeskraft besteht.

Nichts schützt denjenigen, der einzig die Not der Freiheit bedenkt, davor, dass ihm, ob er es wünscht oder nicht, ἀνάγκη τις ἐκ τύχης περιβάλῃ, eine umdrängende Notwendigkeit sich zuschickt, nämlich die Notwendigkeit, ja oder nein dazu zu sagen, πόλεως ἐπιμεληθῆναι, in die Sorge zu nehmen die πόλις, oder genauer: in dieser Wesensstätte den Bau der „Stätte der geistigen Gesetzgebung", wie in der Rektoratsrede die Universität noch genannt wird. So konnte es „nötig" und „möglich" (GA 16, 398) erscheinen, durch das ins Wirkliche gesprochene und eine Zeit lang darin aufrecht erhaltene Zeichen der Not, die in die Wächterschaft ruft, an die Hand zu gehen. Denn Möglichkeit heißt: geschichtliche Wesenskraft des am längsten Gesparten und also Beitenden. Dass der Versuch der Läuterung des Gehörs und des Freiwerdenlassens für das zu Erkämpfende zerschellen musste am unbedingten Ausweichenwollen vor dieser Freiheit, ändert an der Not und Möglichkeit ebenso wenig wie der Irrtum hinsichtlich des gegen das Mögliche aufbegehrenden, den Unweg der totalen Vernichtung im Zuständlichen betreibenden und aus solcher Gier heraus sich stärkenden, d. h. vollendet nihilistischen Charakters der Macht. Die mit der Macht in die Auseinandersetzung geratende Sorge aus der Verhaltenheit (ἐπιμελεῖσθαι) ist in dieser Lage faktisch eine ἄνοια, eine Dummheit im genauen Sinn, nicht dass der νοῦς abhanden kommt, sondern dass dieser im Bereich des niemals als solches zu eröffnenden Seienden kein Heimatrecht hat. Irrtum und Dummheit haben aber ihr Maß nur in dem Selben, dem zuerst die μεγαλοπρέπεια sich verdankt.

Nicht zufällig liest Heidegger in der auf das Rektorat folgenden Vorlesung, abweichend vom angekündigten Thema, Logik (GA 38). Und in einer Aufzeichnung desselben Jahres 1934 heißt es: „Der Nationalsozialismus ist ein barbarisches Prinzip."[15] Das besagt: Der Nationalsozialismus ist in seinem ermöglichenden Prinzip ein Sprachgeschehen – ein Geschehen der mit Worten betriebenen Verstummung, dessen Maßvergessenheit nicht dem Unwesen des

---

[15] Zitiert nach François Fédier, L'irreprochable (s. FN 15). Der Satz ist einem noch unveröffentlichten Heft Heideggers entnommen und wird von Hartmut Tietjen in den Einleitungsworten zu der von ihm besorgten Heidegger-CD zitiert (Martin Heidegger: Von der Sache des Denkens. Vorträge, Reden und Gespräche. 5 Audio-CDs. Auswahl und Begleittext Hartmut Tietjen. München: Der Hörverlag 2000).

λόγος entspringt, sondern dem nihilistischen Gegenwesen des Geschwiegenen Worts.

Heideggers Rektorat, das in Wahrheit „für sich bedeutungslos" ist (GA 16, 389), mag in zweierlei Hinsicht noch unsere Aufmerksamkeit binden. Zum einen ist es eine aus dem Denken selbst kommende Pflicht, die unvergleichliche διαβολή, die diesen Denker und mit ihm die Philosophie getroffen hat, als solche sichtbar zu machen. François Fédier hat als vorläufige Krönung einer fast vierzigjährigen klärenden und im eigentlichen Sinn apologetischen Bemühung – wonach Apologie meint: das Erbauen des Grundes, in den eine grund- und bodenlose Anschuldigung abfallen kann – seinem Beitrag zur Festschrift für Walter Biemel mit Bezug auf Heidegger den Titel gegeben: *L'irreprochable* – wir können auf Deutsch sagen: der Untadelige.[16] Damit ist ein solcher gemeint, dem, was die tragende Sorge und Absicht, was das Tun und Wirken betrifft, zulässigerweise kein Vorwurf, keine gerechtfertigte Vorhaltung gemacht werden kann – was mitnichten bedeutet, der Betreffende bleibe in allem, was er tut und sagt, ohne Fehl und Tadel.

Die scheinbar harmloseste Form der διαβολή besteht darin, mit einer fast schon zur Objektivität verhärteten Selbstverständlichkeit dem Denker Größe und Wirkung einzuräumen, um – gleichsam im Windschatten dieses Zugeständnisses – die ebenso fraglos daherkommende und mittlerweile wie durch Formelhaftigkeit und Wiederholung bewahrheitete Einschränkung nachzuschieben, derselbe sei allerdings „aufgrund seiner politischen Verstrickungen in den Nationalsozialismus [auch] überaus umstritten". Was sich auf den ersten Blick wie eine bloße Feststellung ausnimmt, ist im besten Fall eine ungeschickte, im Grunde aber eine unredliche Aussage: unwahr im Kern und in der Absicht verleumderisch. Verleumdung ist die Schädigung des Leumunds. Der Leumund ist der Ruf, in dem einer steht. Der Ruf ist, was man hört, wenn der Name eines Menschen genannt wird. Hier wird im Verschwommenen gelassen, was mit „Nationalsozialismus", was mit „Verstrickung" gemeint ist. So fließt das Umstrittensein zurück in das vermeintlich Große des Gedachten und setzt sich als Grundmakel in dessen Herz, das die Philosophie selbst ist, fest. Man weiß nicht und weiß doch sehr genau, dass Größe des Denkens und Umstrittenheit auf Grund einer Gleichstimmigkeit mit dem Nationalsozialismus unvereinbar sind. Weil das Schweigen überhört bleiben soll, deshalb muss, wenn der Name Heidegger fällt, die Rede am Menschen haften bleiben und dieser λόγος das Wort der Absage an das Denken sein. Nicht von ungefähr zeigt diese διαβολή eine bemerkenswerte Zählebigkeit nicht so sehr in der informierten Masse, sondern zuerst in solchen Kreisen, in denen Philosophie nur noch dem Namen nach und

---

[16] François Fédier: L'irreprochable, in: Mădălina Diaconu (Hg.): Kunst und Wahrheit. Festschrift für Walter Biemel. Bukarest: Humanitas 2003, 119-130 (Studia Phaenomenologica, Special Issue).

mehr oder weniger offen die Handlangerschaft zur Vernichtung des Denkens betrieben wird.

Eine zweite Hinsicht, die dieses für sich Bedeutungslose unserer Deutung nahe legen mag, betrifft uns selbst. Es ist die Gelegenheit, unsere Wachheit zu schärfen für die Verantwortung, in der wir stehen. Heidegger hat sich nach dem Rektorat mit neuer Entschiedenheit und Durchsichtigkeit des Weges in das gestellt, was er die „abendländische Verantwortung" nennt: entschiedener in das Wort der Not, entschiedener in die überlegene Verhaltenheit, entschiedener in das dem Dichter hingehaltene Schweigen. Dieses Schweigen ist heute, so weit ich sehen kann, der einzige Ort der schaffenden Wachheit, die einzige Baustelle gleichsam der künftigen Fähigkeit und Bereitschaft des Menschen, einer gewendeten abendländischen πολιτεια das Gehör zu leihen.

Die Verantwortung, in der „wir" stehen, das meint aber vor allem auch meine Generation, die unmittelbar vorausgehende und die unmittelbar folgende, die aufwachsen ohne das lebendige Wort eines Denkers. Dafür wächst unterdessen das Zeugnis jenes Schweigens – zum einen um zwei deutsche Bände im Jahr, dazu um den einen oder anderen Übersetzungs-Band, der vom Versuch einer Einstimmung auf das Weckende jenes Schweigens zeugt.

In der Verhaltenheit, die in dieses Schweigen zurückgewinnt, liegt eine Aufgabe, die zuerst nur das Denken in die Verantwortung nimmt. Es ist nicht eine, sondern die politische Aufgabe unserer Zeit. Ich spreche von der Aufgabe, unsere Sprachen – jede als sie selbst und die Suchenden miteinander – aufs Neue ein beginnliches abendländisches Gespräch werden zu lassen. Den Sinn für diese Aufgabe zu wecken und wach zu halten, ist vielleicht schwer, doch immer noch – und deutlicher denn je – nicht unmöglich. Vor allem aber ist es eines nicht, nämlich undankbar. Nein – für diese Aufgabe müssen wir dankbar sein.

Das produktive Nichts. Zur Platondeutung Heideggers

Damir Barbarić, Zagreb

Es ist bekannt, dass die Philosophie Platons für Heidegger den geschichtlich entscheidenden – man kann fast sagen – verhängnisvollen Beginn der Metaphysik darstellt: „Die erst mit Platon beginnende ‚Philosophie' [...] hat fortan den Charakter dessen, was später ‚Metaphysik' heißt" (GA 9, 235) – behauptet er im Vortrag *Platons Lehre von der Wahrheit*, wo diese These mit der ihm eigenen Radikalität vertreten wird. Trotz aller Differenzierungen und neugewonnenen interpretativen Nuancen seiner späteren Beschäftigung mit Platon ist Heidegger diesem grundsätzlichen Ansatz lebenslang verpflichtet geblieben. Auch in den *Beiträgen zur Philosophie*, also in dem Werk, das sein spätes Denken eröffnet, spricht er von der platonischen – im Zusammenhang mit der aristotelischen – Philosophie als „*erste[m]* Ende des ersten Anfangs" (GA 65, 211). Auch sonst stehen die *Beiträge zur Philosophie*, was Platon betrifft, in vollem Einklang mit dem vorher erwähnten Vortrag.

Heidegger glaubt, die sich in der Philosophie Platons vollziehende Wende zur Metaphysik am besten auf dem Weg einer eingehenden Erörterung seines Bezugs zur Wahrheit ersichtlich machen zu können, der durch eine ganz wesentliche Wandlung gekennzeichnet sein soll. Den Ausgangspunkt dieser Erörterung bildet die Überzeugung, dass Wahrheit im frühgriechischen, vorplatonischen Denken, Handeln und Sagen „das einer Verborgenheit Abgerungene" (GA 9, 223) bedeutet, was schon durch das betonte α-privativum im Namen ἀλήθεια angezeigt sei. Das Wesen des metaphysischen Denkens soll darin liegen, dass das Moment der Verborgenheit und Verbergung in der anfänglich erfahrenen Wahrheit allmählich zugunsten der vollen und fraglosen Waltung des Unverborgenen des stets Anwesenden und Zugänglichen als solchem verdrängt wird. Durch eine anspruchsvolle, rein philologisch nicht immer ohne weiteres ganz überzeugende Interpretation des Höhlengleichnisses aus Platons *Politeia*[1] will Heidegger zeigen, dass durch die dort zu findende ausschließliche Ausrichtung nach dem Licht und dem von ihm ermöglichten Sehen und Blicken das wesentliche Moment der Verbergung in der ursprünglichen Wahrheit preisgegeben und verlorengegangen ist: „Die platonisch begriffene Unverborgenheit bleibt eingespannt in den Bezug zum Erblicken, Vernehmen, Denken und Aussagen. Diesem Bezug folgen, heißt das Wesen der Unverborgenheit preisgeben." (GA 9, 238) Platons Festlegung der Wahrheit auf die Zugänglichkeit und Offenbarkeit – und zwar „im gedoppelten Sinne des Freistehens des Seienden als solchen und

---

[1] Vgl. Damir Barbarić: Ideja dobra. Platonova *Politeia* VI i VII. Prijevod s filološkim i filozofskim komentarom [Die Idee des Guten. Platons Politeia VI und VII. Übersetzung mit einem philologischen und philosophischen Kommentar]. Zagreb: Demetra 1995.

des Durchgangs für das Vernehmen" (GA 65, 332) – soll dazu beigetragen haben, dass jedes Fragen nach der Verbergung und nach ihrem Grund aus dem Horizont des Philosophierens verschwunden ist:

„Und weil so ἀλήθεια zu φῶς wird, von diesem her gedeutet, geht auch der Charakter des α-privativum verloren. Es kommt nicht zur Frage nach der *Verborgenheit* und der Verbergung, ihrer Herkunft und ihrem Grund. Weil gleichsam nur das ‚Positive' der Unverborgenheit, das frei Zugängliche und Zugang Gewährende in Ansatz gebracht wird, verliert die ἀλήθεια auch in dieser Hinsicht an ihrer ursprünglichen Tiefe und Abgründigkeit, gesetzt, daß sie überhaupt jemals in dieser Hinsicht befragt wurde." (GA 65, 332)

Der letzte Satz der zitierten Stelle weist schon auf eine gewisse Selbstkritik hin, die Heidegger später an seiner eigenen These vom anfänglichen Wesen der Wahrheit und von ihrem Wandel bei Platon geübt hat. Im Vortrag *Das Ende der Philosophie und die Aufgabe des Denkens* erklärt er seine eigene frühere Behauptung vom Wesenswandel der Wahrheit von der Unverborgenheit zur Richtigkeit als unhaltbar.[2] Und doch darf das keineswegs als Preisgabe des Wesentlichen der früheren Ansichten verstanden werden. Jetzt glaubt Heidegger nämlich nicht mehr daran, dass die von ihm gedachte Wahrheit im Sinne des abgründigen Spiels der Verbergung und Entbergung bei den Denkern und Dichtern vor Platon tatsächlich zu finden ist. Trotzdem bleibt er aber fest davon überzeugt, dass gerade in der Gründung einer solcherweise zwiespältigen und innigst gegenwendigen Wahrheit die höchste Aufgabe der Philosophie liegt; nicht nur heutiges, sondern auch zukünftiges Denken muss sich auf die Griechen einlassen. In diesem Zusammenhang konnte die neue Einsicht trotz der ihr entspringenden Selbstkorrektur nichts an der früheren Deutung des Wesens der Wahrheit bei Platon ändern. Wenn die Wahrheit bei ihm zwar noch nicht zur Richtigkeit geworden ist, wozu es, aufgrund einiger Ansätze bei Aristoteles, im späten Mittelalter und eigentlich erst in der Neuzeit kommt, soll doch die *Zugänglichkeit* als Wesensmerkmal der platonisch verstandenen Wahrheit als eine vorbereitende Stufe dazu erkannt werden.

Einleuchten soll das vor allem am Wesen dessen, was Platon die „Idee" nennt. Trotz dem früh geäußerten Vorbehalt in Bezug auf die allgemein herrschende Ansicht, nach der die Ideenlehre das Zentrum der gesamten platonischen Philosophie bilde und als Leitfaden für ihre Interpretation genommen werden müsse (vgl. GA 19, 46), hat sich Heidegger selbst von dieser Ansicht im Wesentlichen doch nicht entfernt. Sein wichtigster Beitrag zur Platondeutung liegt zweifelsohne in der immer von Neuem versuchten, möglichst genauen Bestimmung des Wesens der platonischen Idee, insbesondere der höchsten Idee des Guten. Alles, was er über Wesenswandel der Wahrheit bei Platon behauptet, soll

---

[2] Martin Heidegger: Das Ende der Philosophie und die Aufgabe des Denkens, in: Zur Sache des Denkens. Tübingen: Niemeyer 1969, 78.

an der genauen Bestimmung des philosophischen Sinnes der platonischen „Idee" bestätigt und weiter erklärt werden. Die einseitig hervorgehobene Entborgenheit und damit Zugänglichkeit bildet – im Zusammenhang mit dem Licht und mit dem von ihm ermöglichten Sehen im weitesten Sinne – die Grundbedingung für das Wesen der Idee: „,Unverborgenheit' meint jetzt das Unverborgene stets als das durch die Scheinsamkeit der Idee Zugängliche. Sofern aber der Zugang notwendig durch ein ‚Sehen' vollzogen wird, ist die Unverborgenheit in die ‚Relation' zum Sehen eingespannt, ‚relativ' auf dieses." (GA 9, 226)

Platons „Idee" fasst Heidegger als „das Scheinende", nämlich als jenes, „dem einzig am Scheinen seiner selbst liegt" (GA 9, 225). Sie ist „das Aufscheinen des Aussehens selbst, was die Aussicht bietet für ein Hinsehen" (GA 65, 208). Als solche „zeigt [sie] die Anwesung an, und zwar als das, was anwesend zugleich Bestand gibt" (GA 65, 208). Um eine solch aufscheinende, beständige Anwesenheit sein zu können, muss sie immer schon im voraus alles vorübergehende Einzelne und unbestimmt Viele zurückstellen und selbst das Einigende-Eine sein. So macht die Einigung das Wesen des Seienden nicht erst seit der Leibniz'schen Monade, sondern schon seit der Idee Platons aus. Im Horizont der Wahrheit als der stets zugänglichen Unverborgenheit – und d. h. im Horizont der „Ideen" – heißt „sein" soviel wie „einigen" (GA 65, 209). Innerhalb dieses Horizonts wird das Moment der Verbergung zusammen mit allem Einzelnen, Vielen und Veränderlichen zum Hintergrund verdrängt; hier sinkt es zu einem nicht weiter gedachten und befragten Nichtseienden ab.

Die Idee ist durch ständige Anwesenheit ausgezeichnet, die auch alles andere zum ständig Anwesenden, daher auch Vernehmbaren, Ansprechbaren, Denkbaren – mit einem Wort – Zugänglichen macht: „Die Grunderfahrung, aus der Platon das ὄν als εἶδος bestimmt, die Erfahrung des ὄντος ὄν, ist die der reinen Anwesenheit, deren Eigentümlichkeit es ist, sich offen zu zeigen." (GA 15, 312) Durch diese Deutung der platonischen Idee im Sinne einer „reine[n] Anwesenheit, nie abwesende[n] Anwesenheit" und einem „Sich-beständig-gegenwärtigen" (GA 15, 333) stilisiert Heidegger Platon zum Kronzeugen seiner eigenen Ansicht, jener, die sein Philosophieren von Anfang an in Atem hält, dass nämlich für den Griechen Sein nichts anderes heißt als das Anwesendsein, das Gegenwärtigsein (vgl. GA 19, 34).[3]

Auch bei der Deutung der Idee des Guten soll dieser Grundcharakter der Idee maßgeblich bleiben. Heidegger legt das ganze Gewicht seiner Deutung der Idee des Guten auf Platons Ausdruck der „Idee der Ideen", und versteht ihn als Folge der Steigerung und volle Entfaltung aller Momente, die schon das Wesen der Idee als solcher bestimmen. Methodisch vorsichtig enthält er sich zwar zunächst

---

[3] Vgl. Damir Barbarić: Bitak kao prisutnost. Osnovne crte Heideggerove interpretacije Aristotela [Sein als Anwesenheit. Grundzüge der Aristoteles-Interpretation Heideggers], in: Damir Barbarić (Hg.): Aristotel i aristotelizam. Zagreb: Matica hrvatska 2003, 151-168.

jeder aufdringlichen Frage nach der eindeutigen, satzmäßigen Definition dieses Höchsten und Letzten der Philosophie Platons: „[Es] gilt [...] zu bedenken, ob wir überhaupt im Platonschen Sinne recht fragen, wenn wir so geradezu durch einen Satz zu wissen verlangen, was denn nun diese höchste Idee des Guten sei. Wenn wir so fragen, sind wir schon aus der Richtung des eigentlichen Verstehens abgebogen." (GA 34, 96 f.) Und trotzdem kann er in seiner eigenen Platondeutung nicht umhin, auf so etwas wie den grundsätzlichen philosophischen Sinn dieser höchsten platonischen Idee mindestens hinzuweisen zu versuchen.

Erstens hebt er hervor, dass jedes Verständnis im Sinne des späteren sittlichen oder ethischen Guten ganz irreführend ist: „Die eigentliche und ursprüngliche Bedeutung von ἀγαθόν meint: dasjenige, was etwas taugt und anderes tauglich macht, womit sich etwas anfangen läßt; ,gut!' heißt: es wird gemacht! es ist entschieden! Es hat nichts von der Bedeutung des *sittlich* Guten; die Ethik hat die Grundbedeutung dieses Wortes verdorben." (GA 34, 106) Im griechisch gedachten τὸ ἀγαθόν soll also in erster Linie das erkannt werden, „was zu etwas taugt und zu etwas tauglich macht" (GA 9, 227). Sowohl die Tauglichkeit selbst als auch die damit zusammenhängende Eigenschaft, das andere tauglich zu machen, bestimmt Heidegger näherhin als Macht – und zwar im Sinne der Ermöglichung und Begründung. An allen einschlägigen Stellen, sowohl in der Vorlesung *Von Wesen der Wahrheit. Zu Platons Höhlengleichnis und Theätet* (GA 34) als auch in den großen *Nietzsche-Vorlesungen* (GA 6.1/2) und in *Beiträgen zur Philosophie* (GA 65) rückt dieser Grundzug immer wieder ins Zentrum seiner Deutung der Idee des Guten: „Das ἀγαθόν hat den Charakter der ἕξις, dessen, was *vermag*, d. h. was bei sich selbst die erste und letzte *Macht* trägt. Allein in dieser Hinsicht der *Ermöglichung* dessen, daß überhaupt Sein ist und Wahrheit geschieht, kann das erfragt und gesucht werden, was Platon mit der Idee des Guten meint." (GA 34, 105)[4]

Die berühmte und immer strittige Formel ἐπέκεινα τῆς οὐσίας, also die „Jenseitigkeit" der Idee des Guten, wird von Heidegger hauptsächlich im Sinne von Ermöglichung verstanden, und zwar merkwürdigerweise jener des menschlichen Lebens und seiner Glückseligkeit:

„Aber weil die Frage nur steht nach dem Seienden und seiner Seiendheit, kann sie auf das Seyn selbst und von diesem her nie stoßen. Das ἐπέκεινα kann deshalb nur als etwas bestimmt werden, was die Seiendheit nunmehr als solche in ihrem Bezug zum Menschen (εὐδαιμονία) kennzeichnet, als das ἀγαθόν, das *Taugliche*, alle *Tauglichkeit* Begründende, also als Bedingung des ,Lebens', der ψυχή und somit deren Wesen selbst." (GA 65, 210)

---

[4] Vgl.: „Durch Platons Auslegung der ἰδέα als ἀγαθόν wird das Sein zu dem, was das Seiende tauglich macht, Seiendes zu *sein*. Sein zeigt sich im Charakter des Ermöglichens und Bedingens." (GA 6.1, 201) Im selben Sinne spricht Heidegger schon in *Die Grundbegriffe der antiken Philosophie* (GA 22, 114).

Damit soll Platon den entscheidenden Grund für alle nachfolgende, sich immer weiter durchsetzende Anthropologisierung, Humanisierung und Subjektivierung der Philosophie als Metaphysik gelegt haben. Umgekehrt bringt seine Bestimmung des ἐπέκεινα τῆς οὐσίας als ἀγαθόν die *„grundsätzliche Verleugnung* des Weiter- und ursprünglicheren Fragens nach dem Seienden als solchem, d. h. nach dem Sein" (GA 65, 211) mit sich. Heidegger zögert vielmehr nicht, selbst das Sein von allem, was es überhaupt gibt, im Horizont der Wahrheit als Zugänglichkeit und Offenheit, d. h. im Horizont der Idee als der aufscheinenden Anwesenheit und der Idee des Guten als der Macht zur Ermöglichung, als ein *Hergestelltsein* zu bezeichnen. Im späten Vortrag *Das Ding* lässt er eine harte Äußerung fallen: „Platon hat vielmehr, und zwar maßgebend für die Folgezeit, alles Anwesende als Gegenstand des Herstellens erfahren." (GA 7, 170)[5] Lange bevor im christlichen Denken der Gott als Schöpfer aus dem Nichts gedacht und lange bevor alles Seiende als das von solchem Gott Geschaffene und damit Zustandegebrachte ausgelegt wurde, soll diese Richtung des Denkens schon bei Platon vorbereitet worden sein, insbesondere in seinem *Timaios.*

Freilich versuchte Heidegger, das auffällig Übertriebene dieser Behauptung auch zu mildern. Bei einer Gelegenheit hat er sogar von einer gewissen Nähe zwischen der Position Platons und seiner eigenen gesprochen. Laut dem Protokoll des Gesprächs nach seinem späten Vortrag *Zeit und Sein* hat er den Charakter des Hergestelltseins im Anwesen des Anwesenden vorwiegend dem aristotelischen Denken und der von ihm gedachten ποίησις zugeschrieben. Im Unterschied dazu scheint ihm Platon – obwohl in seinen späteren Werken, vor allem in *Nomoi,* „der poetische Charakter des νοῦς bereits immer mehr hervortritt" – das Verhältnis von Anwesen und Anwesendem nicht im Sinne von ποίησις bestimmt zu haben. Die platonische Formel τῷ καλῷ τὰ καλὰ καλά, womit „nur die παρουσία, das Beisein des καλόν bei den καλά ausgesprochen, ohne daß diesem Beisein der Sinn des Poietischen hinsichtlich des Anwesenden zukomme" zeuge eher davon, „daß bei Platon das Bestimmen ungedacht bleibt". „Denn nirgends ist bei ihm", so heißt es weiter im Protokoll, „ausgearbeitet, was diese eigentliche παρουσία ist, nirgends ausdrücklich gesagt, was die παρουσία in bezug auf die ὄντα leistet. Diese Lücke wird nicht dadurch geschlossen, daß Platon den Bezug des Anwesens zum Anwesenden in der Lichtmetapher – d. h. nicht als ποίησις, Machen usw., sondern als Licht – zu fassen sucht, wiewohl darin zweifellos eine Nähe zu Heidegger gegeben ist."[6]

---

[5] Vgl. die ganz allgemeine frühe Äußerung in der *Sophistes-Vorlesung: „Sein heißt also: Hergestelltsein. Das entspricht dem ursprünglichen Sinn von* οὐσία. οὐσία besagt die Habe, das Vermögen, der Hausstand, das, worüber man verfügt im alltäglichen Dasein, das, was zur Verfügung da steht. Sein heißt: Zur-Verfügung-Stehen." (GA 19, 270)

[6] Martin Heidegger: Protokoll zu einem Seminar über den Vortrag „Zeit und Sein", in: Zur Sache des Denkens. Tübingen: Niemeyer 1969, 49.

Es darf nicht übersehen werden, dass es im Werk Heideggers mehrere ähnliche Äußerungen gibt, die das vordergründige, in vielem an Nietzsches Antiplatonismus erinnernde, gewiss auch zum Teil von ihm übernommene Bild von Platon als Gründer der Metaphysik einigermaßen relativieren und zu einem ausgewogeneren und differenzierteren Urteil mahnen. Schon in seiner wohl radikalsten Platon-Interpretation, im Vortrag *Platons Lehre von der Wahrheit*, spricht Heidegger vorsichtig genug von „eine[r] notwendige[n] Zweideutigkeit" (GA 9, 231), die in Platons Lehre liegt. Auch in der großen *Sophistes-Vorlesung* kommen Sätze vor, die aus dem sonstigen Rahmen der dort aufgestellten Diagnose zu fallen scheinen: „Man muß sich abgewöhnen, an die platonische Philosophie den Schulhorizont anzulegen, als wäre bei Plato in der einen Kiste die Sinnlichkeit, in der anderen das Übersinnliche gewesen. Plato hat die Welt genau so elementar gesehen wie wir, nur viel ursprünglicher als wir." (GA 19, 580) Insbesondere in der *Parmenides-Vorlesung* aus dem Wintersemester 1942/43 fällt auf, inwiefern Heidegger dort darum bemüht ist, Platon selbst Gehör zu schenken und ihn einmal echt griechisch zu lesen. Zeugnis davon gibt auch die folgende nüchterne Äußerung: „Eine griechische Auslegung des Denkens Platons ist das Schwerste –, nicht weil dieses Denken in sich besondere Dunkelheiten und Abgründe hat, sondern weil die Folgezeit und noch wir Heutigen geneigt sind, unmittelbar das Eigene, Spätere in dieser Philosophie wieder zu finden." (GA 54, 140) Hier besteht Heidegger offenkundig mehr als sonst auf jener früher festgestellten, obwohl zum Rande eigener Interpretation gedrängten Zweideutigkeit im platonischen Denken, und er versucht jetzt, auch die andere, unter dem Druck der anfänglichen Metaphysik anscheinend verloren gegangene Seite seiner Philosophie möglichst treu zum Ausdruck zu bringen. Obwohl für ihn nach wie vor gilt, „daß Platons Denken sich anschickt, das anfängliche Denken aufzugeben zugunsten der später so genannten ‚Metaphysik'", weist er jetzt mit Nachdruck auch darauf hin, „daß aber eben dieses beginnende metaphysische Denken gleichwohl die Erinnerung in das anfängliche Denken behalten muß" (GA 54, 145).[7]

Wenn sich trotz dieser nicht zu übersehenden Schwankungen die Deutung der Philosophie Platons als beginnender Metaphysik bei Heidegger endgültig festgelegt und bis zum Ende erhalten hat, scheint dies vor allem die Folge seines eigenen interpretativen Ansatzes zu sein, wie er sich in seiner ersten großen Aus-

---

[7] Vgl.: „Obwohl sich in der Philosophie Platons und durch sie die Verfestigung des philosophischen Fragens in schulmäßigen Lehren und Lehrbüchern vorbereitet, müssen wir uns hüten, seine Fragen am Leitfaden der einzelnen Lehrstücke und Lehrtitel der späteren philosophischen Disziplinen nachzudenken. Was Platon über die Wahrheit und das Erkennen, was er über die Schönheit und die Kunst sagt, dürfen wir nicht nach der späteren Erkenntnislehre, Logik und Ästhetik auffassen und zurechtlegen." (GA 6.1, 193)

einandersetzung mit Platon gebildet hat. Gemeint ist damit seine umfangreiche *Sophistes-Vorlesung*, die es jetzt näher zu betrachten gilt.[8]

Merkwürdigerweise besteht Heidegger dort darauf, dass der einzig angemessene Weg zu Platon über Aristoteles führt. Ohne daran zu zweifeln, hebt er hervor, dass *„es kein wissenschaftliches Verständnis, d. h. historisches Zurückgehen zu Plato [gibt] ohne Durchgehen durch Aristoteles"* (GA 19, 189). Es ist ja kaum überzeugend, wenn er im Folgenden versichert, dass darin keine Unterschätzung Platons enthalten ist: „Wenn wir in die Platonische Philosophie eindringen wollen, so werden wir dies am Leitfaden der aristotelischen Philosophie tun. Darin liegt kein Vorurteil über Plato. Was Aristoteles sagt, ist das, was ihm Plato in die Hand gab, nur radikaler, wissenschaftlicher ausgebildet." (GA 19, 11 f.) Die Ausarbeitung einer „wissenschaftlichen Philosophie" ist das, wonach zu dieser Zeit Heidegger selbst vor allem trachtet und was er in einer beispielhaften Gestalt gerade bei Aristoteles zu finden meint. Immer von Neuem kommt er im Gang der Vorlesung auf die Wendungen von einer „Idee der *wissenschaftlichen Philosophie"* (GA 19, 231) oder einer *„Idee der Forschung"* (GA 19, 255) zurück. In nicht weniger als fünf untereinander nur wenig variierenden Formulierungen erwähnt Heidegger in einem Atem bzw. auf einer Seite des veröffentlichten Textes, „griechische Ontologie", „ontologische Forschung", „griechische Forschung", „Grundlegungsforschung" und „griechische ontologische Forschung". (GA 19, 438) Daran gemessen scheint ihm vieles sowohl bei Platon selbst als auch in gegenwärtig geläufiger Platon-Interpretation kaum mehr als eine „romantische Auffassung der Philosophie" (GA 19, 199) oder „die romantische Schätzung Platons" (GA 19, 412) zu sein. In diesem Zusammenhang zögert er vielmehr nicht, auch eine historisch und philologisch schwer anzunehmende Vermutung zu äußern, dass nämlich die wichtigsten dialektischen und ontologischen Einsichten des späten Platon auf den Einfluss des jungen Aristoteles zurückzuführen sind. (GA 19, 483, 522) In Bezug auf die Anamnesislehre im *Phaidros* fühlt er sich hier verpflichtet, die Interpretation zunächst von allem Mythischen freizumachen, um erst dann den eigentlichen Sinn sich zu vergegenwärtigen (vgl. GA 19, 354).

Als höchste Errungenschaft Platons erklärt er die Einsicht, „daß *Sein* nichts anderes besagt als δύναμις, δύναμις des κοινωεῖν, das Möglich-sein als Zusammen-sein" (GA 19, 533). Das Sein als δύναμις, also als Macht und Mächtigkeit, als Möglich-sein, fasst er des Näheren als Verhältnis, als Sein-bei und Sein-zu, das in der Analogie zur Grundstruktur der Intentionalität zu verstehen sei, wie sie in der gegenwärtigen Phänomenologie ausgearbeitet ist (vgl. GA 19, 424).

---

[8] Vgl. die Besprechung vom Verf.: Damir Barbarić: Martin Heidegger, Gesamtausgabe. Band 19: Platon: Sophistes, in: Filozofska istraživanja 48 (1993), 243-244.

Besonders in Platons stark verwickelten Erörterungen der Seinsweise des Nicht-Seienden als „des Anderen" findet Heidegger die höchste philosophische Leistung und zumal die innere Begrenztheit der platonischen, vielmehr der ganzen griechischen Ontologie. Es ist nämlich Platon hier gelungen, „*ein[en] neue[n] Begriff des ,gegen', des Gegenhaften*" auszuarbeiten, „damit auch *die Basis für eine neue Fassung der Negation*" (GA 19, 543). Das Hauptergebnis im *Sophistes* liegt im positiven Verständnis der Negation, ihrer inneren Produktivität, d. h. im Verständnis des Grundcharakters des Aufzeigens und Offenbarmachens, der dem Negativen am Anderen inhärent ist: „*Das Nicht also und die Negation ist damit verstanden als erschließendes Nicht. Das Ver-nichten im* λέγειν, *das Nein-sagen, ist ein Sehen-lassen* [...]." (GA 19, 560)[9] Die dialektische Darlegung im Platons Dialog hat gezeigt, dass die Negation Erschließungscharakter hat, wodurch sie einen „*produktiven Charakter* bekommt" (GA 19, 560). Was aber Platon entfällt – und eben darin soll die innere Grenze sowohl seiner als auch der ganzen griechischen Ontologie enthalten sein – ist die tiefere Einsicht, dass „*in der Struktur des* ἕτερον *selbst noch ein ursprünglicherer Charakter* [liegt], den Plato hier als solchen nicht fixiert, *das* πρός τι" (GA 19, 544). Gerade in dieser kritischen Bemerkung kulminiert die gesamte heideggersche Interpretation des Dialogs:

„Es ist merkwürdig und gerade eines der deutlichen Dokumente für die innere Begrenztheit der griechischen Ontologie, daß Plato hier bei der Analyse des ἕτερον auf das Phänomen des πρός, des Beziehungsweise, stößt, aber nicht imstande ist, gerade im Sinne seiner eigenen Dialektik und dialektischen Aufgabe, dieses πρός τι als eine universalere Struktur sichtbar zu machen, sofern dieses πρός τι auch noch ein apriorisches Strukturmoment des καθ' αὐτό ist. Auch in der Selbigkeit, im Ansich, liegt das Moment des πρός τι, nur daß hier das Beziehungsweise auf es selbst zurückweist." (GA 19, 544 f.)

Heidegger billigt also Platons neue Bestimmung des Nichtseienden und der Negation im Sinne der Erschließung, des Zeigens und Offenbarmachens. Aber eben dieser solcherweise positiv verstandenen Natur des Nichts glaubt er, auch einen noch ursprünglicheren und allgemeineren Grundcharakter des Seins als solchen entnehmen zu können. Daher macht er einen interpretativen Schritt über Platon hinaus, und zwar mit der Annahme, dass die erschließende Produktivität des Nicht noch auf dem ursprünglichsten Wesen des Seins als Sein-bei und Sein-zu beruht – oder mit anderen Worten: auf dem Wesen des Seins als κοινωνία, d. h. als Verhältnis, und zwar in einem zur Intentionalität analogen Sinn: „[D]*as Sein des ,nicht', des* μή, *ist nichts anderes als die* δύναμις *des*

---

[9] Vgl.: „Das μή ist δύναμις des πρός τι, des *Seins zu*, was zu Sein gehört. ἕτερον ist keine Ausschließung, völlige Verschiedenheit, sondern es bleibt etwas erhalten. Das μή schließt nicht gegen das Seiende ab, sondern τὶ μηνύει (257 b 10) – ,zeigt etwas', was das (Andere) Nichtsein ist, nicht ist. [Das μή] läßt nicht verschwinden, führt nicht vor das Nichts, sondern *läßt sehen*." (GA 22, 127)

πρός τι, *die Anwesenheit des Seins-zu.* Das ist nur die schärfere Formulierung, die wir hier interpretatorisch der Idee der κοινωνία geben. *Das Sein des Nicht, das* μή *im Sinne des* ἕτερον, ist die δύναμις *des* πρός τι. Das wird so nicht von Plato herausgestellt, ist aber implicite in der Idee der κοινωνία beschlossen." (GA 19, 558)[10]

Jedem Kenner der Philosophie Heideggers leuchtet ein, dass eben hier die Herkunft für den zentralen Gedanken eines positiven, produktiven und weltstiftenden Nichts liegt, von welchem Gedanken, und zwar unter den verschiedenen Namen, etwa „nihil originarium" oder „nichtendes Nichts" usw., nach der Veröffentlichung von *Sein und Zeit* seine Bemühungen um die Begründung einer wissenschaftlichen, und d. h. phänomenologischen „Metontologie" vom transzendentalen Ansatz her geleitet wurden. Mit der Verabschiedung dieses Ansatzes in der so genannten Kehre wurde Heidegger immer klarer, dass auch das produktive Nichts – dessen wesentliche Nähe zur bestimmten Negativität Hegels langsam immer mehr zum Vorschein kam – nicht zureicht, um das endliche, innerlich zerklüftete und daher auch strittige Wesen des Seins selbst zu denken. Sein spätes Denken ist von der Überzeugung getragen, dass das Wesen des Nichts und des Nichtigen nirgendwo in der gesamten Geschichte der Philosophie, weder im Platons *Sophistes* noch in der Philosophie Hegels, angemessen erfahren und gedacht worden ist: „Die im griechischen Denken selbst mit Platon beginnende Metaphysik blieb dem Wesen des ‚Negativen' nicht gewachsen. Dieses wird, obzwar es dort einer Gleichsetzung mit dem leeren Nichts entgeht, doch stets als das Nichtige im Sinne des Minderen begriffen, als das, was nicht sein sollte, als das μὴ ὄν." (GA 53, 95) An Stelle Platons wird jetzt mit Nachdruck wieder das ganz frühe griechische Denken aufgerufen und der endgültige Bruch mit diesem Denken wird nun definitiv Platon zugeschrieben:

„Die Geschichte des Griechentums erreicht eben dort die Höhe seines Wesens, wo es die Gegenwendigkeit des Seins selbst bewahrt und zur Erscheinung bringt; denn da allein ist die Notwendigkeit, in dem Grund des Gegenwendigen zu verbleiben, statt sich auf die eine oder andere Seite zu flüchten. In dem geschichtlichen Augenblick, da die eine Seite im Gegenwendigen des Seins zum Minderen und Unteren herabgewertet wird, fällt das Griechentum aus der Bahn seines Wesens heraus und der Niedergang ist entschieden. Das Zeichen dieses Wandels ist die Philosophie Platons." (GA 53, 95)

Heideggers eigene Versuche, das Nichts wesentlich neu und anders zu denken, haben sich fortan von Platon entfernt gehalten. In der Bemühung, dem Gegenwendigen im Wesen des Seins zu seinem Recht kommen zu lassen, und es als den Streit von Erde und Welt, später auch als das Geviert von Erde und

---

[10] Vgl.: „Hier – im ‚Sophisten' – ist das πρός τι nur *für* das ἕτερον selbst in Anspruch genommen als eine begriffliche Bestimmung desselben, nicht etwa *gegen* das ἕτερον herausgehoben als ein ursprünglicheres Apriori für das ἕτερον selbst." (GA 19, 545)

Himmel, Sterblichen und Unsterblichen zu verstehen, wollte er sich nicht von Platon beraten lassen.

Dementsprechend galt es ihm, vor allem Abstand zu nehmen von der festgestellten Einseitigkeit des platonischen Wahrheitsverständnisses im Sinne der reinen Zugänglichkeit und Unverborgenheit. Platons verhängnisvolle Begründung der Wahrheit auf dem Licht musste aufgehoben werden. Der Tatsache, dass das Licht bei Platon nichts mehr als Gleichnis für die an sich unfassbare und unaussprechliche Idee des Guten ist, fand bei Heidegger keine besondere Beachtung. Das öffnende, durchsichtige und daher das Sehen und Vernehmen zulassende Wesen des Lichts hat er schon bei der frühen Interpretation des Höhlengleichnisses in der Vorlesung *Vom Wesen der Wahrheit* stark hervorgehoben: „[D]as Licht ist nicht nur das, was hindurchdringt, sondern ist selbst das Hindurch, – das, was hindurch-*läßt*, nämlich das Sehen und den Blick. Das Lichte ist das *Durchsichtige*, d. h. ausbreitsam, öffnend, durchlassend. Das *Wesen* von Licht und Helle ist das Durchsichtigsein." (GA 34, 55). Die Abstandnahme von Platon sucht Heidegger damit zu gewinnen, dass die einseitige Ausrichtung nach dem *Licht* zu einer vertieften Erfahrung der allem vorangehenden *Lichtung* gewandelt wird, und zwar der Lichtung *für die Verbergung.* Unermüdlich beharrte er darauf, diesen eigenen Grundgedanken der Lichtung fern zu halten von der Gleichsetzung mit dem platonisch verstandenen Licht. Auf eine besonders belehrende Weise hat er das im Gespräch anlässlich seines späten Vortrags *Das Ende der Philosophie und die Aufgabe des Denkens* getan:

„Das Substantivum ‚Lichtung' geht auf das Verbum ‚lichten' zurück. Das Adjektivum ‚licht' ist dasselbe Wort wie ‚leicht'. Etwas lichten bedeutet: etwas leicht, etwas frei und offen machen, z. B. den Wald an einer Stelle frei machen von Bäumen. Das so entstehende Freie ist die Lichtung. Das Lichte im Sinne des Freien und Offenen hat weder sprachlich noch in der Sache etwas mit dem Adjektivum ‚licht' gemeinsam, das ‚hell' bedeutet. Dies bleibt für die Verschiedenheit von Lichtung und Licht zu beachten. Gleichwohl besteht die Möglichkeit eines sachlichen Zusammenhangs zwischen beiden. Das Licht kann nämlich in die Lichtung, in ihr Offenes, einfallen und in ihr die Helle mit dem Dunklen spielen lassen. Aber niemals schafft das Licht erst die Lichtung, sondern jenes, das Licht, setzt diese, die Lichtung, voraus. Indes ist die Lichtung, das Offene, nicht nur frei für Helle und Dunkel, sondern auch für den Hall und das Verhallen, für das Tönen und das Verklingen. Die Lichtung ist das Offene für alles An- und Abwesende."[11]

Ob Heidegger in seiner Deutung Platons den kaum zu erschöpfenden Reichtum seiner Philosophie zureichend ermessen hat? Ist es ihm gelungen, die diesem Philosophieren eigene, fast unermessliche Vielfältigkeit der Perspektiven zu

---

[11] Martin Heidegger: Das Ende der Philosophie und die Aufgabe des Denkens, in: Zur Sache des Denkens. Tübingen: Niemeyer 1969, 72.

einer einheitlichen Zusammenschau zusammenzubringen? Hätte er vielleicht bei den eigenen Versuchen um einen „anderen Anfang" gerade in Platon den helfenden Gefährten erkennen können?

Um auf diese Fragen eine befriedigende Antwort zu geben tut es not, zunächst die Philosophie beider Denker von dem jeweiligen Grundansatz beider her in ein Gespräch zu bringen. Diese Aufgabe ist aber in ihrer ganzen philosophischen Tragweite bisher kaum wirklich gestellt.[12] Begnügen wir uns hier damit, statt einer Skizze der erwähnten Aufgabe nur die diesbezügliche Äußerung eines dritten Denkers anzugeben, der wie kaum ein anderer mit dem Werk und Wollen beider vertraut war. Bei einer Gelegenheit äußert Hans-Georg Gadamer in Bezug auf das uns beschäftigende Thema folgende Vermutung: „Man hätte sich vorstellen können, daß gerade auch die Platonische Philosophie als eine Möglichkeit erschienen wäre, hinter die Fragestellung der Aristotelischen und nacharistotelischen Metaphysik zurückzugehen und die Dimension des sich manifestierenden Seins, des sich im *logos* artikulierenden Seins der *aletheia*, in Platos Ideendialektik zu erkennen. Aber Heidegger hat diese Perspektive, die er den ältesten Denkern gegenüber durchaus festhielt, an Plato nicht mehr angelegt."[13]

---

[12] Freilich sollen damit die Verdienste der bisherigen wegweisenden Untersuchungen nicht vermindert werden. Hier sei der Hinweis auf die wichtigere Arbeiten erlaubt: Jean Grondin: L' ἀλήθεια entre Platon et Heidegger, in: Revuc dc métaphysique et de morale 87 (1982), 551-556; Robert J. Dostal: Beyond Being: Heidegger's Plato, in: Journal of History of Philosophy 23 (1985), 71-98; Alain Boutot: Heidegger et Platon. La probléme du nihilisme. Paris: PUF 1987; Jean-François Courtine: Le platonisme de Heidegger, in: ders., Heidegger et la phénoménologie. Paris: Vrin 1990; Alain Boutot: L'interpretation heideggerienne du *Sophiste*, in: Pierre Aubenque (Hg.): Études sur le Sophiste de Platon, Neapel: Bibliopolis 1991, 535-562; Walter Brogan: Plato's Dialectical Soul: Hedegger on Plato's Ambiguous Relationship to Rhetoric, in: Research in Phenomenology 27 (1997), 3-15; Robert J. Dostal: Gadamer's Continuous Challenge: Heidegger's Plato Interpretation, in: Lewis Edwin Hahn (Hg.): The Philosophy of Hans-Georg Gadamer. Chicago / La Salle: Open Court 1997, 289-307; Francisco J. Gonzales: On the Way to Sophia: Heidegger on Plato's Dialectic, Etics, and Sophist, in: Research in Phenomenology 27 (1997), 16-60.

[13] Hans-Georg Gadamer: Die Geschichte der Philosophie, in: Gesammelte Werke. Bd. 3: Hegel Husserl Heidegger. Tübingen: Mohr (Siebeck) 1987, 302 f. – Grundsätzliches über den Unterschied zwischen der gadamerschen und heideggerschen Platoninterpretation: P. Christopher Smith: H.-G. Gadamer's Heideggerian Interpretation of Plato, in: Journal of the British Society for Phenomenlogy 12 (1981), 211-230; P. Christopher Smith: Plato as Impulse and Obstacle in Gadamer's Development of a Hermeneutical Theory, in: Hugh J. Silverman (Hg.): Gadamer and Hermeneutics. New York: Routledge 1991, 23-41; Otto Pöggeler: Ein Streit um Platon: Heidegger und Gadamer, in: Theo Kobusch / Burkhard Mojsisch (Hg.): Platon in der abendländischen Geistesgeschichte. Neue Forschungen zum Platonismus. Darmstadt: Wissenschaftliche Buchgesellschaft 1997, 241-254; François Renaud: Die Resokratisierung Platons. Die Platonische Hermeneutik Hans-Georg Gadamers. Sankt Augustin: Academia 1999.

Aristoteles und Heidegger.
Eine geschichtliche Besinnung auf das Phänomen Sprache

Matthias Flatscher, Wien

Not	Nicht
un deux trois	er he le
der	ahn
die	döh
Stood(apparition.)	Bare(erscheinung.)[1]

Vorspiel

Was soll mit diesem doch recht eigenartigen Motto angezeigt werden? Was haben die Philosophen Aristoteles und Heidegger mit dem Dichter Cummings und seinem Übersetzer Bonné zu schaffen? Auf den ersten Blick wohl nichts – oder vielleicht doch?

Das mit der Übersetzung und der implizierten Interpretation ist immer eine heikle Sache, auf die bereits ein berühmtes italienisches Sprichwort hinweist; durch das Wortspiel von *traditore* und *tradutore* wird die Übersetzungstätigkeit kurzerhand mit einem Betrug gleichgesetzt. Im Übersetzen, das stets notwendig ist, wo etwas Fremdes (es braucht nicht zwingend eine Fremdsprache zu sein) in den eigenen Auslegungshorizont, die eigene Sprache übertragen und somit zu verstehen versucht wird, kann so manches verschleiert, einiges aber auch entdeckt werden. Es ist stets mehr als ein einfacher, unproblematischer Transfer. Dieser Überschuss der Übersetzung verdunkelt zuweilen Passagen, da mehr, anders oder weniger interpretiert wird, als der Ausgangstext zu sagen beabsichtigt; manchmal zeigt sich jedoch in ihm das „Original" in einer neuen, erhellenden Weise, da in der übersetzenden Auslegung allererst etwas sichtbar wird, das in einer flüchtigen Lektüre des Originals nicht oder nicht in der Weise aufscheint. So waren für mich anfangs die Verse Cummings' nichtssagend, ja geradezu stumm. Erst in der Übertragung von Bonné, die auf selbstschöpferische Art die Zeilen neu entwirft, habe ich einen Weg gesehen, wie die Verse gelesen werden können. Einige Anmerkungen hierzu.

Bonné übersetzt den englischen Ausdruck „Not" mit „Nicht" noch wörtlich ins Deutsche. (Ob damit nur ein englisches „not" im Sinne von „nicht" gemeint ist, wird durch die folgenden Zeilen noch in Frage gestellt; vielleicht schwingt hier, da Cummings augenscheinlich mit mehrsprachigen und mehrstimmigen

---

[1] Edward E. Cummings: 39 Alphabetisch. Ausgewählt und aus dem Amerikanischen übersetzt von Mirko Bonné. Engeler: Basel u.a. 2001, W [ViVa] / XXXIX // 10 & 19, V. 11-15.

Varianten spielt, auch das deutsche Substantiv „Not" mit.) Danach erhalten aber die „deutschen" Zeilen ein merkwürdiges Eigenleben. Der zweite Vers, der auf Französisch die ersten drei Zahlwörter („un deux trois") anführt, wird offensichtlich in ein vielsprachiges „er he le" übertragen, wobei auffälligerweise – aber wohl nicht ganz unbegründet – das französische Personalpronomen aus der Reihe tanzt („le" und nicht „il"). Die bei Cummings angeführten französischen Numeralia kehren aber unerwartet – wenn auch um das dritte Glied gebracht – in lautmalerischen Abwandlungen in den nächsten Zeilen („ahn / döh") wieder. Sie sind jedoch alles andere als eine einfache Übertragung der beiden deutschen Artikel („der / die"), die bei Bonné wohl eher mit der zweiten Zeile zu korrespondieren scheinen. Es stellt sich natürlich die Frage, warum sich der Übersetzer für diese chiasmatische Variante entscheidet. Wird dadurch etwas *Erhellendes* gezeigt, wie der „Imperativ" der Zeile zwei im Deutschen („er he le"!) auch nahe legen könnte? Wahrlich erhellend lassen sich dann die Zeilen über den Umweg der deutschen Übersetzung lesen, wenn auf Cummings' und Bonnés akribische Genauigkeit bei der Einrückung der Verse geachtet wird und nur die Anfangswörter betrachtet werden: Aus dem Cumming'schen „Not / un / der / Stood" wir im Deutschen das kongeniale „Nicht / er / ahn / Bare", das dann in der letzten Zeile als die „Bare(erscheinung.)" – als das selbstreferentielle Aufgehen der Sprache – des Verskomplexes der Leserschaft, zumindest der deutschsprachigen, ins Auge springt – mehr wohl als das englische Original „Stood(apparition.)". In der Eigendynamik von Bonnés Übertragung gewinnen die Zeilen von Cummings an Bewegung. Auf eine merk-würdige Weise wird hier erst in der Übersetzung das ersichtlich, was im „Original" mitschwingt.

Vielleicht trifft Analoges auch auf Heidegger zu, der sich oft auf ähnlich unorthodoxe Art – zumindest für die meisten klassischen Philologen – an die Griechen gehalten hat, aber gerade durch diese Übertragungsversuche und Auslegungsvorschläge die antiken Texte in einer nachhaltigen Weise zum Sprechen bringen konnte, sodass Heraklit oder Aristoteles nicht wie Überbleibsel aus längst vergangenen Zeiten, sondern als adäquate Gesprächspartner und wichtige Ideengeber auftreten.

Im Folgenden soll eines dieser möglichen, tatsächlich aber nie in der Weise stattgefundenen Gespräche zwischen Aristoteles und Heidegger re/konstruiert werden, um die Fruchtbarkeit dieses Dialoges aufzuzeigen.

Die Notwendigkeit einer geschichtlichen Besinnung für Heidegger

Wie viele andere Denker im 20. Jahrhundert hat sich auch Heidegger mit dem Phänomen Sprache auseinander gesetzt. Heideggers Selbstverständnis nach unterscheiden sich jedoch seine Annäherungen an die Sprache von anderen Zugängen dadurch, dass er sich von den sprachphilosophischen Überlegungen der abendländischen Tradition bis hin zur Gegenwart, die für ihn unwissentlich das Erbe der Antike tradierten, zu distanzieren gedachte; so greifen für ihn analytische, aber auch semiologische Ansätze in einer opaken und verschärften Weise auf das von den Griechen bereitgestellte Fundament der metaphysischen Seinsauffassung zurück. Heidegger geht daher von der provokanten These aus, dass die gesamte Philosophiegeschichte – von den Einsichten der Vorsokratiker abgesehen – das Phänomen Sprache verfehlte. Analog zu Heideggers Verdikt der Seinsvergessenheit kann man mit Hans-Georg Gadamer in diesem Zusammenhang von der „Sprachvergessenheit des abendländischen Denkens"[2] sprechen. Die tradierte Sprachphilosophie, welche die Sprache stets als einen gesonderten Gegenstandsbereich zu umgrenzen trachtete[3] und sie als Ausdrucksmittel des menschlichen Subjekts verstand, mit deren Hilfe Sachverhalte repräsentierbar sind, ging dabei nie auf die Eigenheiten der *Sprache als Sprache* ein, sondern betrachtete von einem anthropozentrischen Blickwinkel aus in erster Linie den instrumentellen und somit abkünftigen Charakter der Sprache.

Eine erneute Besinnung auf das Walten der Sprache erfüllt nach Heidegger gerade nicht den Zweck, nun ein weiteres wichtiges Themengebiet abzuhandeln, sondern impliziert eine fundamentale Kritik an der in der abendländischen Metaphysik leitend gewordenen Seinsauslegung. Das Anliegen von Heideggers Annäherungen an die Sprache bekundet sich darin, dem *vor-stellenden* Denken, das alles nicht-menschliche Seiende als quantifizierbaren und somit beherrschbaren Gegenstand betrachtet, seine Grenzen und stillschweigenden Voraussetzungen aufzuzeigen. Sprache ist das, was sich *als Ganzes* einer umfassenden Vergegenständlichung entzieht: Sprache ist *als* Sprache nicht zu verobjektivieren. Von dieser Einsicht gelenkt, wird die Souveränität eines absoluten Subjekts, das Heideggers Interpretation zufolge dadurch ausgezeichnet ist, dass es alles Seiende auf sich zuzustellen vermag, in Frage gestellt. Eine abermalige Annäherung an das Phänomen Sprache führt nicht nur zur Erörterung eines einzigen Bereichs, sondern zu einem grundlegenden Überdenken des ontologischen Geschehens und zu einer Neuverortung der Seinsweise des Menschen. Auf diesem Weg der Sprachbetrachtung wird die in der Tradition leitende Ontologie der Vorhandenheit und Verfügbarkeit von jeglichem Seienden für ein Subjekt zu destruieren beabsichtigt.

Heidegger weist in *Der Weg zur Sprache* dezidiert auf diese durch die Überlieferung tradierten Bedingtheiten der heute gängigen Sprachbetrachtung hin: „Jede Sprache ist geschichtlich, auch dort, wo der Mensch die Historie im neuzeitlich-europäischen Sinne nicht kennt. Auch die Sprache als Information ist

---

[2] Hans-Georg Gadamer: Wahrheit und Methode. Grundzüge einer philosophischen Hermeneutik. Band 1. Tübingen: Mohr (Siebeck) [6]1990 (GW I), 422.
[3] „Wenn wir also die Sprache einer Sprachphilosophie zuweisen, so sind wir sofort schon in einer ganz bestimmten Auffassung festgehalten. Das Fragen nach der Sprache ist im Grunde schon unterbunden. Denn vielleicht ist es ein Vorurteil, die Sprache sei neben Kunst, Religion, Staat, Geschichte usw. auch irgendein Gebiet, das man in einer Sonderdisziplin untersuchen könne." (GA 38, 14)

nicht *die* Sprache an sich, sondern geschichtlich nach dem Sinn und den Grenzen des jetzigen Zeitalters, das nichts Neues beginnt, sondern nur das Alte, schon Vorgezeichnete der Neuzeit in sein Äußerstes vollendet." (GA 12, 253) Heidegger vertritt folglich die These, dass die gegenwärtig vorherrschende Sprachauffassung geschichtlich bedingt ist, ohne sich aber ihrer eigenen Geschichtlichkeit bewusst zu sein, da ihre ursprüngliche Herkunft verdeckt oder vergessen ist. Von dieser Einsicht geleitet scheint für ihn eine genaue Auseinandersetzung mit den philosophiegeschichtlichen Weichenstellungen für die heute gängige Sprachauffassung unumgänglich zu sein. Ausgehend von dieser geschichtlichen Besinnung ist es erst möglich, tradierte und mittlerweile selbstverständlich gewordene Denkgewohnheiten zu hinterfragen und sich von dort aus Alternativen aufgeben zu lassen, die sich laut Heidegger immer am Phänomen selbst ausweisen lassen müssen.

Heidegger geht es bei seiner Auseinandersetzung mit dem griechischen Denken nicht um eine historische Rekonstruktion der Texte bzw. eine gelehrige Kritik an deren Auffassungen, sondern um eine geschichtliche Besinnung, die auf unser jetziges Denken rückwirkt und für unser zukünftiges leitend wird, indem sie auf die Herkunft der immer noch gängigen Vorstellungen hinzuweisen sucht und uns die Augen dafür öffnet, „was *heute* eigentlich geschieht" (GA 34, 10). Heidegger ist nicht nur bereit, etwas über, sondern auch von den Griechen zu lernen. In der bewusst gesuchten Konfrontation mit den klassischen Positionen ist es Heidegger folglich nicht darum zu tun, die denkerischen Einsichten der Tradition als historischen Ballast zu verwerfen, sondern er möchte im Gegenzug auf unausgesprochene Vorannahmen der überlieferten Annäherungen an das Phänomen Sprache aufmerksam machen, um von dort aus auf Einschränkungen und Unterlassungen der tradierten Fragestellungen und ihre Fortentwicklungen bis in das 20. Jahrhundert hinzuweisen. Die Auseinandersetzungen werden zwar weitgehend auf historischem Boden geführt, aber dies geschieht stets in Hinblick auf Engführungen in gegenwärtigen Sprachkonzeptionen. Das Ende der gegenwärtigen – und für Heidegger zutiefst metaphysischen – Art der Philosophie wird von ihm an ihrem Anfang festgemacht.

Der für die Sprachbetrachtung entscheidende Entwurf, auf den alle weiteren sprachphilosophischen Annäherungen explizit oder implizit zurückgreifen, vollzog sich laut Heidegger bei den Griechen, genauer gesagt bei Aristoteles, dessen Einsichten für die gesamte abendländische Tradition prägend geworden sind.

Heideggers ambivalenter Rückgriff auf die aristotelische Sprachbetrachtung

Die Bezugnahme Heideggers – insbesondere ab den 30er Jahren[4] – auf Aristoteles ist aber keine einfache, sondern eine auf auffällige Weise mehrfach gebrochene. Ohne allzu sehr ins Detail gehen zu können, scheint mir Aristoteles gerade in dieser Zeit ein „Hauptgesprächspartner" für Heidegger in der Auseinandersetzung mit der metaphysischen Tradition zu sein, da er sich teils explizit, über weite Strecken jedoch implizit an den aristotelischen Grundeinsichten abarbeitet und von dort aus – gerade in einer, zumeist unausgesprochenen, produktiven Anverwandlung des in der Wirkungsgeschichte verkürzt Überkommenen – auch „alternative" Denkmöglichkeiten entwirft. Auf diese Ambivalenz Heideggers in der Relektüre von Aristoteles gilt es aufmerksam zu machen: *Einerseits* gilt Aristoteles für Heidegger als Urvater des metaphysischen Denkens, der für die Verengung des Geschehnisses der Unverborgenheit (ἀλήθεια) zur Urteilswahrheit in einem hohen Maße als mitverantwortlich zu nennen ist. Aristoteles suggeriert somit dem abendländischen Denken die Auffassung von Seiendem als beständig Anwesendem und drängt die Sprache in die Auslegungsbahn der Logik. Gerade in Heideggers Vorhaben einer „Verwindung der Metaphysik" (GA 9, 414) ist Aristoteles ein fester Bezugspunkt, anhand dessen sich das „Wesen der Metaphysik verdeutlichen" (GA 9, 416) lässt. Bei Aristoteles hat sich die Grundlegung der abendländischen Metaphysik mit der Leitfrage nach dem Seienden als solchen vollzogen, ohne jedoch die *Unverborgenheit selbst*, das *Lichtungs- (und Verbergungs-)Geschehen überhaupt* eigens zu bedenken. „Indem sie [die Metaphysik] das Seiende als solches denkt, streift sie denkenderweise das Sein, um es auch schon zugunsten des *Seienden* zu übergehen, zu dem sie zurück- und bei dem sie einkehrt. Darum denkt die Metaphysik zwar das Seiende als solches, aber das *, als solches'* selbst bedenkt sie nicht. Im ,als solches' wird gesagt: das Seiende ist unverborgen." (GA 6.2, 317) Der Fragehorizont des ὄν ᾗ ὄν wird nicht hinsichtlich des Seins weiter bedacht, sondern hinsichtlich der letzten Ursachen und obersten Gründe, sodass für Heidegger in der Folgezeit die ontologische Differenz zugunsten einer Ontifizierung der ἀρχαὶ und αἰτίαι vernachlässigt wurde (vgl. Met., 1003 a). Diese aristotelische Fragestellung, die Heidegger als „Onto-Theo-Logik"[5] bezeichnet, gab auch den zukünftigen und überaus wirkmächtigen Rahmen für die christliche Theologie und ihre Hinwendung zu einem *summum ens* und damit den Leitfaden der Seinsvergessenheit ab. Mit dem Satz vom Widerspruch, den Aristoteles „das si-

---

[4] In den Vorarbeiten zu und im Umfeld von *Sein und Zeit* (1927) scheint mir eine weit affirmativere Aristotelesrezeption bei Heidegger vorzuliegen, in der die hier konstatierte Doppeldeutigkeit noch nicht in dem Maße zum Tragen kommt, da es Heidegger in erster Linie um eine phänomenologische Interpretation des griechischen Denkers ging.
[5] Martin Heidegger: Identität und Differenz. Pfullingen: Neske [9]1990, 50.

cherste unter allen Prinzipien" (Met., 1006 a 5) nannte, wurde für Heidegger der „Satz vom Sein" (GA 6.1, 544) formuliert, der nunmehr für eine Ontologie der Vorhandenheit grundlegend wurde. Das Anwesendsein – d. h. das, was widerspruchsfrei, im Sinne von sicher und beständig, für den Menschen vorliegt – wird als die leitende Bestimmung genommen, die den Maßstab für das Sein und die Auslegung von Seiendem vorgibt: „Der Name ‚Metaphysik' wird hier unbedenklich zur Kennzeichnung der ganzen bisherigen Geschichte der Philosophie gebraucht. [...] Der Name soll sagen, daß das Denken des Seins das Seiende im Sinne des Anwesend-Vorhandenen zum Ausgang und Ziel nimmt für den Überstieg zum Sein, der zugleich und sogleich wieder zum Rückstieg in das Seiende wird." (GA 65, 423)

Andererseits hat Aristoteles noch aus einer Erfahrung gedacht, die Heidegger dem vor-stellenden Denken entgegenzusetzen trachtet und beispielsweise in seinem *Physis*-Aufsatz von 1939 (GA 9, 239-301) auch in späteren Jahren zu würdigen wusste. Bisweilen differenzierte Heidegger zwischen Aristoteles und einem Aristotelismus, dessen schulmetaphysische Tendenzen Heidegger nicht Aristoteles selbst, sondern der hellenistischen (vgl. GA 12, 234) und in weiterer Folge der christlichen Adaption seines Denkens zuschrieb. Mitunter – und diese These soll im Folgenden noch untermauert werden – spielt Heidegger die Wirkungsgeschichte des Aristotelismus so gegen Aristoteles aus, dass leicht übersehen werden kann, dass Heidegger selbst eine Reihe von wesentlichen Einsichten gerade von seiner Relektüre des aristotelischen Opus bezogen hat.

Diese ambivalente Stellung gegenüber Aristoteles setzt sich gerade in seiner Auseinandersetzung mit der Fundierung der metaphysischen Sprachkonzeption auf markante Art und Weise fort. Auf die für die Sprachbetrachtung relevante Stelle aus *Peri Hermeneias* kommt Heidegger in mehreren Anläufen zurück. Schon in einer frühen Freiburger Vorlesung (GA 63) setzt er sich mit der aristotelischen Abhandlung ansatzweise auseinander; weitere Spuren der Beschäftigung finden sich noch in den Marburger Vorlesungen (vgl. GA 21, 163-170). Bevor er sich in *Unterwegs zur Sprache* auf die aristotelische Bestimmung der Sprache einlässt (GA 12, 192 ff. und 232 ff.), finden sich in der Vorlesung *Grundbegriffe der Metaphysik* (GA 29/30, 442 ff.) in Rückgriff auf *Peri Hermeneias* längere Überlegungen zum aristotelischen Symbolbegriff. Heidegger widmet dem Passus jedoch nie eine durchgängige Interpretation, sondern begnügt sich zumeist mit kleinen Hinweisen. Die Ambiguität in der Auseinandersetzung mit dieser Stelle wird zusätzlich dadurch unterstrichen, dass Heidegger in *Unterwegs zur Sprache* gleich zweimal auf die zentrale Passage zurückkommt und sie in signifikant unterschiedlicher Weise ins Deutsche übersetzt. Zunächst soll aber die herkömmliche, schulmetaphysische Interpretation der aristotelischen Textstelle expliziert werden.

Die schulmetaphysische Lektüre von Aristoteles' *Peri Hermeneias*

Aristoteles hat im Gegensatz zu Platon keine eigene Abhandlung über die Sprache verfasst. Bemerkungen zur Sprache finden sich verstreut in mehreren seiner Werke; so steht dabei neben der *Poetik, Rhetorik* oder den beiden *Analytiken* immer wieder die Schrift *Peri Hermeneias* (oder *De interpretatione*) im Brennpunkt des „sprachphilosophischen" Interesses.[6] Dort wird aber nicht in erster Linie die Sprache im Allgemeinen untersucht, sondern es werden die Regeln zur Bildung eines Satzes sowie die Verbindung von Satzteilen zu Urteilen beleuchtet. Aristoteles schreibt: „Zuerst müssen wir feststellen, was Nomen [ὄνομα] und was Verbum [ῥῆμα], dann, was Verneinung [ἀπόφασις], Bejahung [κατάφασις], Aussage [ἀπόφανσις] und Rede [λόγος] ist." (De int., 16 a 1) Dieser logisch-grammatikalische Kontext ist sicherlich für die metaphysische Auslegungstendenz mitverantwortlich, dass die Sprache fortan vornehmlich von diesem verengten Blickwinkel des wahrheitsfähigen Aussagesatzes (λόγος ἀποφαντικός) aus betrachtet wurde.

Die Grundlegung der vorherrschenden Sprachauffassung in der abendländischen Tradition vollzieht sich nach Heidegger in dem knappen, aber umso wirkmächtigeren zweiten Absatz der genannten Abhandlung. Die dort vorgenommene Bestimmung der Sprache, die in einer verkürzten Auslegung für einen Großteil der abendländischen Sprachphilosophie prägend wirkte, gibt aufgrund ihrer Dichte immer wieder Anlass zu neuen, sehr divergierenden interpretatorischen Anläufen.[7] Anhand der einschlägigen Übersetzung dieses Passus von Eugen Rolfes ist es möglich, die schulmetaphysischen Auslegungstendenzen nachzuzeichnen, die – um es nochmals zu wiederholen – Heidegger nicht Aristoteles selbst, sondern der hellenistischen Interpretation zuschrieb (vgl. GA 12, 234):

---

[6] Für Xiropaidis steht hinter dem Faktum, dass Aristoteles der Sprache keine durchgehende Abhandlung widmete, eine tiefreichende philosophische Überlegung, dass Sprache aufgrund ihrer universalen ontologischen Rolle nicht ontifiziert und in einen gesonderten Bereich abgeschoben werden dürfe: „[D]ie spärlichen Bemerkungen des Aristoteles über die Sprache [implizieren] nicht unbedingt eine naive Haltung gegenüber dem so entscheidenden Phänomen der Sprache [...], sondern eher ein Wissen davon, daß die Sprache nicht so ins Thema gehoben werden kann wie ein Seiendes oder ein Gebiet des Seienden, daß also die Frage nach der Sprache in das Fragen nach dem Sein hineingehört." (Georgios Xiropaidis: Einkehr in die Stille. Bedingungen eines gewandelten Sagens in Heideggers „Der Weg zur Sprache". Univ. Diss. Freiburg i. Br. 1991, 114)

[7] Stellvertretend für viele vermerkt etwa Ackrill im Nachwort der Oxford-Ausgabe zu *Peri Hermeneias* die interpretatorische Unsicherheit: „This account of the relation of the things in the world, affections in the soul, and spoken and written language is all too brief and far from satisfactory." (John L. Ackrill: Aristotle's ‚Categories' and ‚De Interpretatione'. Translated with Notes by J. L. Ackrill. Oxford: Clarendon Pr. [8]1985, 113) Einen guten Überblick über die diversen Auslegungstendenzen gibt Henningfeld (Jochem Henningfeld: Geschichte der Sprachphilosophie. Antike und Mittelalter. Berlin, New York: de Gruyter 1994, 71-103).

„Es sind also die Laute, zu denen die Stimme gebildet wird, Zeichen [σύμβολα] der in der Seele hervorgerufenen Vorstellungen [τῇ ψυχῇ παθήματον], und die Schrift ist wieder ein Zeichen [σύμβολα] der Laute. Und wie nicht alle dieselbe Schrift haben, so sind auch die Laute nicht bei allen [Menschen, M. F.] dieselben. Was aber durch beide [Verlautbarungen und Schrift, M. F.] an erster Stelle [πρώτων] angezeigt wird [wörtl.: wofür sie Zeichen [σημεῖα] sind, M. F.], die einfachen seelischen Vorstellungen [παθήματα τῆς ψυχῆς], sind bei allen Menschen dieselben, und ebenso sind es die Dinge, deren Abbilder [ὁμοιώματα] die Vorstellungen sind." (De int., 16 a 3-8)[8]

Bei einer der metaphysischen Tradition verpflichteten Interpretation dieser Textstelle lässt sich festhalten, dass Aristoteles in seiner Sprachbetrachtung zwischen drei voneinander getrennten Bezirken unterscheidet: einer an sich seienden Wirklichkeit, den innerseelischen Vorgängen des Menschen und dem Zeichensystem der Sprache, wobei die reale Welt und der mentale Bereich nicht sprachlich verfasst sind. Die Sprache als gesonderter Gegenstandsbereich steht für etwas, das sie gerade selbst nicht ist; ihre Bedeutung erhält sie nachträglich in Bezug auf das, was sie in (materieller) Form von stimmlicher Verlautbarung oder geschriebenen Buchstaben repräsentiert. Wie sind diese für sich getrennten Bereiche miteinander verbunden? Für Aristoteles lässt sich die Sprache offensichtlich über ein mehrfaches Abbild-Verhältnis, genauer über Zeichenrelationen erklären: Die Schrift fungiert als Zeichen für die Verlautbarung, die Laute sind Zeichen für die (subjektiven) Vorstellungen der Seele und diese sind wiederum Zeichen für die real existierenden Dinge. Die Sprache als Stimme oder als Schrift wird als Endprodukt einer doppelten Zeichenrelation innerhalb dieser Abbildungskette angesehen und ist augenscheinlich durch diese zwei ineinander verschachtelten semiotischen Dreiecke von Gegenstand, Mensch, Wort bzw. Gegenstand, Mensch, Schrift hinreichend charakterisiert.[9] Die Sprache fungiert somit lediglich als Zeichen für intelligible Inhalte von innerseelischen Vorgängen, die wiederum von der Außenwelt affiziert werden und diese repräsentieren. Die Textstelle evoziert gerade ein Modell eines kausalen Nacheinanders der Bereiche Welt, Subjekt und Sprache. Eine Trennung zwischen (verlautbartem oder verschriftlichtem) Zeichen auf der einen Seite und der wahren intelligiblen Bedeutung auf der anderen wird anscheinend bei Aristoteles nachhaltig unter-

---

[8] Aristoteles: Organon II. Lehre vom Satz. Peri hermeneias, in: Philosophische Schriften in sechs Bänden. Band 1. Übers. v. Eugen Rolfes. Hamburg: Meiner 1995 [Lizenzausgabe der Wissenschaftlichen Buchgesellschaft].

[9] In der für den deutschen Sprachraum maßgeblichen Ausgabe *Aristoteles. Werke in deutscher Übersetzung* im Akademie-Verlag, in der Hermann Weidemann neben der diffizilen Übertragung von *Peri Hermeneias* einen erhellenden Kommentar liefert, wird dieser interpretatorische Ansatz des semiotischen Dreiecks (unverständlicherweise) unkritisch übernommen (vgl. Aristoteles: Peri Hermeneias. Übers. und erl. v. Hermann Weidemann. Berlin: Akademie 1994, 149).

strichen. Damit einhergehend vollzieht sich bei ihm auch eine starke Einschränkung der Erkenntnisfähigkeit der Sprache, da sich zwar alle Menschen auf dieselbe Realität beziehen und davon auch adäquate Vorstellungen besitzen, diese sich aber auf unterschiedlichste Art und Weise – ansonsten wäre ja die Sprachvielfalt nicht zu erklären – in Wort und Schrift niederschlagen. Somit wurde Aristoteles immer wieder eine konventionalistische Sprachauffassung zugeschrieben. Die Sprache erhält hierbei, als sekundäres Produkt des menschlichen Intellekts, eine stark erkenntnisrelativierende, ja erkenntnisstörende Schlagseite. Die eigentliche Einsicht in das Wesen der Dinge muss sich zwangsläufig in einem sprachnackten Denken vollziehen. Die Sprache selbst wird primär als akustische Verlautbarung verstanden, Schweigen oder Hören werden in dieser Sprachkonzeption überhaupt nicht berücksichtigt und somit in der Folgezeit als defizitäre Modi charakterisiert.

Bewusst wurde die Übersetzung von Eugen Rolfes gewählt, um sichtbarer zu Tage treten zu lassen, wie Aristoteles (miss-)verstanden wurde und wird.[10] Auffallend ist hierbei die undifferenzierte Wiedergabe der griechischen Termini σύμβολα, σημεῖα und ὁμοιώματα als Zeichen bzw. Abbilder, ohne diese Synonymsetzung bzw. den Zeichen-, Symbol- oder Abbildcharakter der Sprache weiter zu klären. Vorschnell werden die Begriffe wie *Symbol* oder *Zeichen* mit herkömmlichen Bedeutungen überfrachtet und die παθήματα als mentale Eindrücke der an sich seienden Wirklichkeit verstanden, da diese Auslegungstendenz gut in unser herkömmliches Schema von Sprache passt.

Wie zuvor erwähnt, vollzieht sich diese Grundbestimmung der Sprache bei Aristoteles im logischen Kontext. Einzig den beschreibend-darstellenden Sätzen wird Wissenschaftlichkeit zugestanden, da sie die Abbildungsfunktion erfüllen. So untersucht Aristoteles in *Peri Hermeneias* in erster Linie nur noch den Aussagesatz (λόγος ἀποπαντικός), der wahr oder falsch sein kann, und nicht das mannigfache Walten der Sprache. Aristoteles weist zwar darauf hin, dass es noch andere Weisen des Sprechens gibt, wie beispielsweise das Bitten (vgl. De int., 17 a 4), aber auch das Fragen, Wünschen oder das Befehlen; diese werden aber weder in der genannten Schrift noch in den maßgeblichen sprachphilosophischen Überlegungen der spätantiken oder mittelalterlichen Tradition unter-

---

[10] Die Rolfes'sche Übersetzung wurde nicht nur deshalb gewählt, weil sie auf eine markante Weise Aristoteles vor einem metaphysischen Hintergrund interpretiert, sondern weil sie auch die weitest verbreitete ist, da sie in der *Philosophischen Bibliothek* des Meiner-Verlags abgedruckt wurde. Noch deutlicher tritt das metaphysische Grundverständnis in der Übersetzung von Zekl zu Tage: „Es ist nun also das *zur Sprache Gekommene* Ausdruck von Vorgängen im innern Bewußtsein, so wie das Geschriebene (Ausdruck) des Gesprochenen. Und so, wie nicht alle die gleichen Buchstaben haben, ebenso auch nicht die gleichen Lautäußerungen; wovon allerdings, als seelische Ersterfahrungen, dies die Ausdrücke sind, die sind allen gleich, und die Tatsachen, deren Abbilder diese sind, sind es auch." (Aristoteles: Kategorien. Hermeneutik oder vom sprachlichen Ausdruck (De interpretatione). Griechisch – deutsch. Hg., übers., mit Einl. und Anm. versehen von Hans Günther Zekl. Meiner: Hamburg 1998)

sucht. Diese Entscheidung war für Heidegger dafür mitverantwortlich, dass Sprache nunmehr aus der verengten Perspektive der Logik und innerhalb des Horizonts des folgerichtigen Denkens und der korrekten sprachlichen Abbildung betrachtet wurde.[11]

Neben dieser Reduktion der Pluralität von Sprechweisen auf den Aussagesatz weist Heidegger noch auf eine weitere Verengung der Sprachauffassung hin, indem jede ontologische Tragweite der Sprache zugunsten der vergegenständlichenden Sichtweise der Sprache als Grammatik aufgegeben wurde. Die Seinsweise der Sprache wird auf ihren vorliegenden Bestand reduziert. Insofern wird auch Heideggers pauschale Ablehnung der griechischen Sprachkonzeption verständlicher:

„[D]ie Griechen fassen auch die Sprache als etwas Seiendes und somit im Sinne ihres Verständnisses des Seins. Seiend ist das Ständige und als solches sich Darstellende, das Erscheinende. Dieses zeigt sich vorwiegend dem Sehen. Die Griechen betrachteten die Sprache in gewissem weiten Sinne optisch, nämlich vom Geschriebenen her. Darin kommt Gesprochenes zum Stehen. Die Sprache ist, d. h. sie steht im Schriftbild des Wortes, in den Schriftzeichen, in den Buchstaben, γράμματα. Darum stellt die Grammatik die seiende Sprache vor." (GA 40, 68 f.)

Von diesen Einsichten geleitet, zieht Heidegger folgenden – in seiner uniformen Kritik sehr provokativen – Schluss, der seiner Auffassung nach für die gesamte abendländische Sprachphilosophie gilt:

„Man sieht leicht, daß das eine *ungeheure Vergewaltigung der Leistung* der Sprache ist; man vergleiche ein Gedicht oder ein lebendiges Gespräch von Mensch zu Mensch; Stimmart, Tonführung, Satzmelodie, Rhythmik und so fort. Zwar hat man später und in der Gegenwart versucht, zu ergänzen und den Vorrang der logisch-grammatischen Fassung der Sprache zurückzudämmen – doch ist die alte grammatisch-logische Vorstellung geblieben –; und sie wird bleiben, solange 1. die Art des Denkens und Vorstellens bleibt, wie sie mit der Logik der Griechen in das abendländische Denken eingegangen ist, 2. solange nicht endlich die Frage nach dem Wesen der Sprache von Grund auf entwickelt wird. Diese Aufgabe aber läßt sich nur durchführen unter gleichzeitigem Abbau der grammatisch-logischen Vorstellungsart, d. h. unter Zurückführung derselben auf

---

[11] „Kurz: *die Grammatik·kommt unter die Herrschaft der Logik*, und zwar einer ganz bestimmten *griechischen Logik*, der eine ganz bestimmte Auffassung des Seienden überhaupt zugrundeliegt. *Diese* Grammatik aber beherrscht die Art und Weise des Vorstellens der Sprache. Und damit erwächst die mehr oder minder ausdrückliche Vorstellung von der Sprache, als sei sie in erster Linie und eigentlich die *Verlautbarung des Denkens* im Sinne des *theoretischen* Betrachtens und Beredens der Dinge." (GA 36/37, 103 f.) Mit der Reduktion auf den λογος αποπαντικός als richtiges oder falsches Urteil, das ja seit Aristoteles als Ort der Wahrheit fungiert, geht laut Heidegger auch ein Wandel des Wesens der Wahrheit einher (vgl. GA 12, 234).

106

ihren bestimmten, begrenzten Ausgang, d. h. unter *Erschütterung der grammatischen Vorstellung von der Sprache.*" (GA 36/37, 104)

Eine Rehabilitierung des aristotelischen Sprachverständnisses scheint nach dieser gezielten Kritik kaum mehr möglich zu sein. Zu gewichtig sind Heideggers Argumente gegen die herkömmliche Betrachtungsweise der Sprache. Um einen Weg für eine Modifikation oder gar Korrektur der griechischen Sprachauffassung aufzuzeigen, soll nun Heideggers wiederholter Bezugnahme auf Aristoteles nachgegangen werden und anschließend dieser selbst zu Wort kommen.

Heideggers wiederholte Bezugnahme auf Aristoteles' *Peri Hermeneias*

Heidegger selbst hat in *Unterwegs zur Sprache* den Passus gleich zweimal übersetzt und darüber hinaus noch markante Abänderungen angebracht. Diese Abweichungen der beiden Übertragungen, die erneut das zuvor angesprochene Changieren Heideggers gegenüber Aristoteles unterstreichen, haben mich veranlasst, den Abschnitt bei Aristoteles selbst noch einmal einer Lektüre zu unterziehen und mit Heidegger, aber auch ein Stück weit gegen ihn, dem aristotelischen Sprachverständnis nachzugehen und eine simple Einordnung Aristoteles' in die metaphysische Auslegungstendenz in Frage zu stellen.

Heideggers erste Übersetzung in das *Wesen der Sprache* (1957/58) unterscheidet sich nicht maßgeblich von der Übertragung Rolfes'. Auch hier wird der Unterschied zwischen σημεῖον und σύμβολον verwischt und auf den Zeichencharakter der Sprache rekurriert: „Es ist nun das, was in der stimmlichen Verlautbarung *vorkommt* (die Laute), *Zeichen* von dem, was in der Seele an Erleidnissen *vorkommt*, und das Geschriebene (ist) *Zeichen* der stimmlichen Laute. Und so wie die Schrift nicht bei allen die nämliche ist, so sind auch die stimmlichen Laute nicht die nämlichen. Wovon aber diese (Laute und Schriftzeichen) erstlich *Zeichen* sind, das sind bei allen die nämlichen Erleidnisse der Seele, und die *Dinge*, wovon diese (die Erleidnisse) die angleichenden Darstellungen bilden, sind gleichfalls die nämlichen." (De int., 16 a 3-8; Übers. v. Heidegger in GA 12, 192; Herv. v. M. F.)

Auch in der anschließenden Interpretation weicht Heidegger nicht von der gängigen – zuvor skizzierten – Auslegungstendenz dieser Stelle ab und distanziert sich in seinen eigenen Ausführungen klar von dieser metaphysischen Sprachkonzeption. Umso auffallender ist in seiner zweiten Übersetzung in *Der Weg zur Sprache* (1959) die Zurückweisung des „Zeichencharakters" der Sprache, den Heidegger nunmehr vom „Zeigen" her verstanden wissen will und aufs Engste mit der Unverborgenheit zusammenbringt. Sprache ist dabei nicht mehr nachträgliches Zeichen für etwas, sondern ein Zeigen, durch das und in dem etwas allererst eröffnet wird. In dieselbe Kerbe schlägt auch die Modifikation des Vorkommens (als beständiges Vorliegen) in ein Geben (sich begeben, es gibt) der Sprache, wodurch ein Stück weit auch eine Ontologie der Vorhandenheit zurückgenommen wird, indem der ereignishafte Charakter der Sprache – denn erst in der Sprache geschieht ein Erscheinenlassen – und somit die Vorgängigkeit von Sprache angezeigt wird: „Es ist nun das, was in der stimmlichen Verlautbarung *(sich begibt)*, *ein Zeigen* von dem, was *es* in der Seele an Erleidnissen *gibt*, und das Geschriebene ist *ein Zeigen* der stimmlichen Laute. Und so wie die Schrift nicht bei allen (Menschen) die nämliche ist, so sind auch die stimmlichen Laute nicht die nämlichen. Wovon indes diese (Laute und Schriftzeichen) erstlich *ein Zeigen* sind, das sind bei allen (Menschen) die nämlichen Erleidnisse der Seele, und die *Sachen*, wovon diese (die Erleidnisse) angleichende Darstellungen bilden, sind gleichfalls die nämlichen." (De int., 16 a 3-8; Übers. v. Heidegger in GA 12, 233; Herv. v. M. F.)

Im Anschluss an diesen zweiten Übersetzungsanlauf nimmt Heidegger ausdrücklich Stellung zu seinem Versuch, den er noch als unzureichend empfindet, da die mannigfachen Implikationen dieses Passus noch nicht in voller Tragweite ausgelotet wurden: „Die Übersetzung versteht die σημεῖα (das Zeigende), die σύμβολα (das Zu-einander-haltende) und die ὁμοιώματα (das Angleichende) durchgängig vom Zeigen her im Sinne des Erscheinenlassens, das seinerseits im Walten der Entbergung (ἀλήθεια) beruht. Dagegen übergeht die Übersetzung die Verschiedenheit der angeführten Weisen des Zeigens." (GA 12, 233) Um in Anschluss daran – und hier wird die zuvor hervorgehobene ambivalente Stellung Heideggers zu Aristoteles besonders deutlich – wieder zu konstatieren, dass sich die metaphysische Grundlegung der Sprache nun doch maßgeblich bei Aristoteles vollzieht: „Der Text des Aristoteles enthält das abgeklärt-nüchterne Sagen, das jenes klassische Baugefüge sichtbar macht, worein die Sprache als das Sprechen geborgen bleibt. Die Buchstaben zeigen die Laute. Die Laute zeigen die Erleidnisse in der Seele, welche Erleidnisse die sie be-treffenden Sachen zeigen." (GA 12, 233)

Heidegger selbst deutet zwar Möglichkeiten einer anderen Interpretation als der so genannten „metaphysischen" bei Aristoteles an, zieht selbst aber nicht die Konsequenzen aus dieser – in seinen Übersetzungen selbst aufgewiesenen – Doppeldeutigkeit, da er sich in erster Linie von der Tradition abzugrenzen gedenkt und nicht bloß Tendenzen der Wirkungsgeschichte revidieren möchte. Aristoteles bleibt für ihn letztlich der Gründervater der abendländischen – und das heißt in diesem Fall metaphysischen – Sprachauffassung.

Destruktion der Wirkungsgeschichte – *Über*setzen und *Über*setzen

Bei einer Relektüre der aristotelischen Sprachauffassung geht es mir darum, Heideggers interpretatorische Verfahren – in gewisser Weise auch gegen ihn – für eine neuerliche – und vielleicht adäquatere – Bezugnahme auf den aristotelischen Passus zu adaptieren. Im Umgang mit philosophischen Texten ging es ihm nie um eine einfache Rekonstruktion des Gedachten, sondern zunächst um eine Destruktion der überkommenen Auslegungstendenzen. Destruktion bedeutet in diesem Zusammenhang jedoch nicht ein willkürliches Zerstören des Tradierten, sondern mit der Übersetzung der Texte den darin unausgewiesen enthaltenen Verstehenshorizont sowie die meist nicht weiter reflektierten Voraussetzungen zu hinterfragen und wirkungsgeschichtlich bedingte Verfremdungen aufzuzeigen. Dabei ist es Heidegger nicht darum zu tun, das „eigentlich" bei Aristoteles Gedachte zu Tage zu fördern, sondern er bleibt sich dessen bewusst, dass jede Aneignung immer schon eine Übersetzung in den eigenen Verstehenshorizont, der vom eigenen Vorverständnis durchsetzt ist, bedeutet: „Man meint, das ,Übersetzen' sei die Übertragung einer Sprache in eine andere, der Fremdsprache in die Muttersprache oder auch umgekehrt. Wir verkennen jedoch, daß wir ständig schon unsere eigene Sprache, die Muttersprache in ihr eigenes Wort übersetzen. Sprechen und Sagen ist in sich ein Übersetzen, dessen Wesen keineswegs darin aufgehen kann, daß das übersetzende und das übersetzte Wort verschiedenen Sprachen angehören. In jedem Gespräch und Selbstgespräch waltet ein ursprüngliches Übersetzen." (GA 54, 17) Diese vermittelnde Tätigkeit des Übersetzens ist laut Heidegger nicht zu umgehen, sondern bei jeder Aneignung am Werk, wo gesprochen und verstanden wird – und nicht nur bei offensichtlichen Übertragungen. Auch wenn Heidegger in einer provokanten Form davon spricht, dass es „[u]nserem heutigen Denken [...] aufgegeben [ist], das griechisch Gedachte noch griechischer zu denken" (GA 12, 127), bedeutet das nicht, dass es eine „bessere" Interpretation gemessen an einem absoluten Maßstab von seiner Seite aus gibt, sondern dass es stets um die jeweilige Anverwandlung des Gedachten geht, indem von einem geschichtlichen Blickwinkel aus das dort Ungedachte, d. h. das dort (implizit) Angelegte und für die Folgezeit (Nicht-)Wirksame, versucht wird mitzubedenken. Heideggers Vorgehensweise stellt somit keine simple Rekonstruktion des griechisch Gedachten dar, da ein solch neutraler Rückgang nicht möglich ist, sondern er ist sich dessen bewusst, dass in der jeweiligen Interpretation die eigenen Fragestellungen den Rahmen für die Auslegung mitabgeben. Heidegger geht es folglich darum, Aristoteles so zu interpretieren, dass er seinem eigenen Denken neue Sichtweisen aufzeigen kann.

Von philologischer Seite hat Heideggers hermeneutischer Ansatz und seine Kritik an einer „neutralen" Rekonstruktion des ursprünglichen Textes zahlreiche Polemiken hervorgerufen. Stellvertretend dafür möchte ich Werner Beierwaltes anführen: „In diesem durchaus anfechtbaren hermeneutischen Zirkel, der das Griechische noch ,griechischer' zu denken suggeriert, hat Heidegger, so meine ich, die griechischen *Ursprünge* der Philosophie in ihrer Authentizität und Fremdheit uns kaum näher gerückt, sondern sie durch die excessive Nutzung der sprachlichen Wünschelrute des Deutschen in vielfältiger Hinsicht eher verhängt und verfremdet [...]."[12] Beierwaltes markiert scheinbar zielsicher den fragilen

---

[12] Werner Beierwaltes: Heideggers Rückgang zu den Griechen. München: Verlag der Bayrischen Akademie der Wissenschaften 1995, 30.

Punkt in Heideggers Beschäftigung mit den Griechen (und es würde sich lohnen, seine Kritik Punkt für Punkt ernst zu nehmen und von Heidegger her zu entkräften zu versuchen), den Heidegger jedoch bewusst nicht auf ein sicheres Fundament stellt. Beierwaltes' Schlussfolgerung aber, dass Heideggers Auseinandersetzung mit antiken Texten mehr verschleiert denn erhellt, kann in keinster Weise zugestimmt werden; im Gegenteil: von Heidegger her lassen sich die Griechen auf eine neue und fruchtbare Art philosophisch lesen, indem darauf hingewiesen wird, dass diese Texte Einsichten enthalten, die uns gerade heute wesentliche Denkanstöße liefern können. Wichtig erscheint mir, dass sich die jeweiligen Interpretationsversuche jedoch noch am Text selbst ausweisen lassen bzw. diesen – in welcher Hinsicht auch immer – zu erhellen suchen. Heideggers Umgang ist daran zu messen, ob er produktive Interpretationsansätze bereithält – oder nicht.

Heidegger spricht auch davon, dass die Auseinandersetzung mit den überlieferten Texten stets ein *Übersetzen* sei. Gemeint ist damit aber nicht (nur) ein Über*setzen* im geläufigen Sinn, dass ein Text von einer Sprache in eine andere – in diesem Fall ein griechischer ins Deutsche – übertragen wird, sondern ein *Über*setzen – im Sinne von: ich setze auf ein anderes Ufer über – mit weitreichenden Konsequenzen: „Der Wechsel in der Wortwahl ist bereits die Folge davon, daß sich uns das, was zu sagen ist, *über*gesetzt hat in eine andere Wahrheit und Klarheit oder auch Fragwürdigkeit. Dieses *Über*setzen kann sich ereignen, ohne daß sich der sprachliche Ausdruck ändert. [...] Das sogenannte Über*setzen* und Umschreiben folgt immer nur dem *Über*setzen unseres ganzen Wesens in den Bereich einer gewandelten Wahrheit." (GA 54, 17 f.) Übertragungen im Sinne Heideggers sind stets gewagte Übergänge von vertrauten Bereichen hin zu einem neuen Ufer, „das kaum bekannt ist und jenseits eines breiten Stromes liegt" (GA 55, 45). Diese Art der Überfahrt – um in Heideggers Diktion zu bleiben – hat nicht nur stets etwas Gewaltsames an sich, da sie sich anmaßt, altbekannte Gefilde zugunsten unentdeckter Landstriche zu verlassen, sondern birgt in sich auch die Gefahr, Schiffbruch zu erleiden.

Der Rückgang zu den Griechen ist für Heidegger nie reiner Selbstzweck im Sinne einer bloß historischen Reminiszenz, sondern es gilt, in jeder Auseinandersetzung mit Gedachtem die Implikationen für das zukünftige Denken aufzuspüren. Die geschichtliche Besinnung ist somit stets auch richtungsweisend für zukünftiges Denken: „Denken wir aus der Eschatologie des Seins, dann müssen wir eines Tages das Einstige der Frühe im Einstigen des Kommenden erwarten und heute lernen, das Einstige von da her zu bedenken." (GA 5, 327)

Eine Relektüre von Aristoteles' *Peri Hermeneias*

In diesem letzten Abschnitt wird der Versuch unternommen, mit Hilfe der spärlichen Hinweise von Heidegger sowie der seinem Denken stark verpflichteten

Arbeit von Xiropaidis[13], der hervorragenden Studie von Wieland[14] und des großen (und großartigen) Kommentars von Picht[15] zu *De anima* den mittlerweile
vielfach zitierten Abschnitt aus *Peri Hermeneias* neu zu lesen. Diese Interpretation vollzieht sich aus einem hermeneutisch-phänomenologischen Blickwinkel
und versucht von diesem Standpunkt aus, dem von Aristoteles Ausgeführten im
wortgetreuen Sinne nachzudenken.

a) Σύμβολα

Um dem auf die Spur zu kommen, was Aristoteles unter Sprache verstanden haben könnte, lohnt es sich, mit Heidegger dem griechischen Verständnis der angeführten Grundworte nachzugehen. Was versteht Aristoteles unter σύμβολον?
Sein Verständnis von σύμβολον ist nach Heidegger strikt zu unterscheiden von
der uns geläufigen Bedeutung des Symbols als materiellem Zeichenträger, der
aufgrund von Konventionen – im Gegensatz zu natürlichen Zeichen – auf anderes, zumeist nicht sinnlich Darstellbares, verweist. So fungiert beispielsweise die
Waage als Symbol für die Idee der Gerechtigkeit.

Das griechische Verb συμβάλλειν bedeutet wörtlich so viel wie „zusammen-
werfen" oder „zusammen-fügen", aber nicht im Sinne eines regellosen Anhäu-
fens, sondern eines Zusammenhaltens von etwas mit etwas anderem, insofern es
mit diesem übereinstimmt: „σύμβολον ist das, was, zusammengehalten, zueinander paßt, dabei als zueinandergehörig sich erweist." (GA 29/30, 445) So verwendet Platon den Terminus im *Symposion*, um das Einheitsstreben des durch
Zeus von seiner anderen Hälfte getrennten Menschen anzuzeigen, der um der ursprünglichen Ganzheit willen seinen „komplementären" Partner wiederzufinden
trachtet (vgl. Symp., 191 d). Als Symbol wurde beispielsweise bei den Griechen
auch eine in zwei Hälften geteilte Münze verstanden, die als zukünftiges Erken-
nungszeichen zwischen (Gast-)Freunden oder auch ihren Kindern dienen sollte,
insofern die beiden Einzelteile wieder zusammenpassen. *Im* Zusammenhalten
der beiden Teile – und nicht vorher oder nachher – zeigt sich für die Nachkommen die Freundschaft der Eltern. Das Beispiel hat leider auch etwas Irreführen-
des: es soll nicht in erster Linie die in Vorzeiten geschlossene konventionelle
Übereinkunft betont werden, sondern vielmehr, dass im σύμβολον die Manifestationsweise – das Zusammenhalten der beiden Münzhälften – und das Manifes-
tierte – die Freundschaft – in ein und demselben Geschehen zusammenfallen
und nicht voneinander abtrennbar sind. Im σύμβολον (und nicht neben oder au-

---

[13] Georgios Xiropaidis: Einkehr in die Stille. Bedingungen eines gewandelten Sagens in
Heideggers „Der Weg zur Sprache". Univ. Diss. Freiburg i. Br. 1991.
[14] Wolfgang Wieland: Die aristotelische Physik. Untersuchungen über die Grundlegung der
Naturwissenschaft und die sprachlichen Bedingungen der Prinzipienforschung bei Aristoteles.
Göttingen: Vandenhoeck und Ruprecht 1962.
[15] Georg Picht: Aristoteles' „De anima". Mit einer Einführung von Enno Rudolph und hg. v.
Constanze Eisenbart. Stuttgart: Klett-Cotta 1987.

ßer ihm, sondern nur in ihm) wird das Übereingekommen*sein* offenkundig. In diesem Übereingekommensein wird nicht der Stiftungsakt des Übereinkommens betont, sondern dass je schon eine Übereinkunft bestanden hat und diese als bestehende zu Tage tritt. Für die Interpretation des angeführten Passus aus *Peri Hermeneias* kann dies dann bedeuten, dass die Äußerungen der Stimme (φωνή) oder das Geschriebene (γραφόμενα) nicht für sich allein zu nehmen sind und ihnen dann nachträglich in einem zweiten Akt Bedeutung verliehen wird, sondern dass sie mit den παθήματα τῆς ψυχῆς, den Widerfahrnissen der menschlichen Seele, in einem symbolischen Geschehen zusammenzudenken sind. Die Sprache verweist nicht auf die Erleidnisse der Seele und stellt diese auch nicht in einem nachträglichen Akt dar, sondern das menschliche Wort, das für Aristoteles als λόγος σημαντικός immer schon bedeutungshaft ist, geschieht als Widerfahrnis der Seele. Menschliches Reden vollzieht sich nur in diesem Zusammenhalten des σύμβολον. Die παθήματα und die Sprache bilden *ein* Geschehen. So schreibt Aristoteles auf die Sprachgebundenheit des Denkens hinweisend, dass „das, was wir (beim Sprechen) mit der Stimme äußern, dem entspricht, was (dabei) in unserem Denken vorgeht [τοῖς ἐν τῇ διανοία]" (23 a 32 f.; Übers. Weidemann). Aristoteles widerspricht somit der gängigen Auffassung der Trennung von Sprache und Denken. Nicht ist zuerst Denken, dem dann die sprachliche Artikulation folgt, sondern Denken ist nach Aristoteles folglich kein sprachnackter Vorgang, sondern immer schon sprachlich verfasst. Aus diesem symbolischen (und damit sprachlichen) Geschehen können dann worthafte Laute oder Buchstaben entwachsen.

b) Ψυχή

Was könnte Aristoteles unter den παθήματα τῆς ψυχῆς, den Erleidnissen der Seele, verstanden haben? Schnell werden diese als mentale Vorstellungen oder als inneres Bewusstsein eines Subjekts – wie es die Rolfes'sche und Zekl'sche Übersetzung nahe legt – interpretiert, die als der Außenwelt entgegengesetzt betrachtet werden müssen. Unser Vorverständnis ist so stark von der neuzeitlichen Wirklichkeitsauffassung geprägt, dass die Einteilung in einen Dualismus von *res extensa*, die Welt mit ihren physischen Objekten, und von *res cogitans*, die subjektive Innensphäre mit psychischen Bewusstseinszuständen, auch an die antiken Texte herangetragen wird. Der Mensch wäre demnach in der Lage, sich von der real existierenden Außenwelt nachträglich innere Abbilder zu machen. Auch hier scheint Aristoteles ein kausales Abbildmodell zu vertreten, das dem bis dato vorgeschlagenen Interpretationsansatz widerspricht.[16]

---

[16] Explizit erteilt Heidegger beispielsweise in seiner Vorlesung *Logik. Die Frage nach der Wahrheit* einem kausalen Abbildmodell eine Absage: „es [sei] ein Vorurteil […] zu meinen, Aristoteles habe eine Wahrheitstheorie vertreten im Sinne einer Abbildtheorie, als bestünde Wahrheit darin, daß Vorstellungen in der Seele ein Seiendes draußen nachbilden." (GA 21, 162)

Doch was versteht Aristoteles unter ψυχή? Das Wort *Seele* erscheint im philosophischen Kontext des 21. Jahrhunderts mehr als problematisch, denn es weckt eine Reihe von Assoziationen meist theologischer oder psychologischer Art, mit denen man philosophisch nicht so recht etwas anzufangen weiß. Doch die ψυχή nimmt bei Aristoteles eine zentrale Stelle ein, was allein schon dadurch ersichtlich wird, dass er ihr eine ganze Abhandlung widmet, auf die er sich in *De interpretatione* (16 a 8 f.) ausdrücklich bezieht. In *De anima*[17] betont Aristoteles, dass er nicht nur dem Menschen, sondern allem Lebendigen, also auch den Pflanzen und Tieren, eine Seele zuschreibt; er kritisiert sogar die Denker, die nur dem Menschen eine Seele zuerkennen wollen (De an., 402 b 3-5). Im Widerspruch zu einem herkömmlichen Verständnis von Seele, das sie als Gegensatz zum Körper begreift, vermeidet Aristoteles bei seinen Ausführungen den gewohnten Dualismus von Materie und Geist, indem er die leiblich-seelische Verfasstheit als eine Einheit unterstreicht.[18] Die Seele ist nicht dadurch gekennzeichnet, dass sie der immaterielle Gegenpol zum Leib ist, sondern für Aristoteles ist die Seele das, was das Lebendigsein des Lebendigen ausmacht und dem Leib die lebendige Einheit gibt. Das „Andere" der Seele, wenn man schon in komplementären Denkmustern bleiben will, wäre dann das Leblose.[19] Insofern kann er auch den lebendigen Tieren und Pflanzen eine Seele zusprechen. In der Bestimmung der menschlichen Seele wird das Menschsein des Menschen zu erfassen versucht.

Ohne auf die Unterschiede zwischen vegetativen, animalischen und menschlichen Seelenteilen näher eingehen zu wollen, da hinsichtlich der aristotelischen Sprachauffassung nur die menschliche Seinsweise von Relevanz ist, muss im Folgenden gezeigt werden, inwiefern sich Aristoteles gegen die Interpretation des Menschen als Subjekt, das zunächst in einer Innensphäre verweilt und nachträglich zur Welt kommt, verwehrt. Normalerweise gehen wir von den absoluten Entitäten Subjekt auf der einen und Objekt auf der anderen Seite aus. Dieser Dualismus wird von Aristoteles mit aller Vehemenz zurückgewiesen.

Die Abhandlung kulminiert in philosophischer Hinsicht in der Aussage, „daß die Seele in gewisser Weise [πώς] das Seiende ist" (De an., 431 b 21). Der Satz ist mehr als befremdlich: die Seele (oder die menschliche Seinsweise in ihrer

---

[17] Die im Folgenden angeführten deutschen Passagen von *De anima* folgen (beinahe) nie wörtlich den Übersetzungsvorschlägen von Willy Theiler (Aristoteles: Über die Seele, in: Philosophische Schriften in sechs Bänden. Band 6. Übers. v. Willy Theiler. Hamburg: Meiner 1995 [Lizenzausgabe der Wissenschaftlichen Buchgesellschaft]), sondern sind zumeist modifiziert, da sich diese – ohne dies im Detail immer zu belegen – ähnlich wie die Übertragung von Rolfes von *De interpretatione* gerade in den Schlüsselpassagen als ungeeignet für den hier vorgelegten Interpretationsansatz erweisen.

[18] „Daß also die Seele nicht abtrennbar vom Körper ist [...], erweist sich deutlich." (De an., 413 a 4; vgl. 403 a ff.)

[19] „[D]enn es scheint umgekehrt vielmehr die Seele den Körper zusammenzuhalten. Wenn sie (von ihm) herausgeht, dann verflüchtigt er sich und verfault." (De an., 411 b 8-10)

leiblich-seelischen Gesamtheit) soll laut Aristoteles τὰ πάντα ὄντα, alles Seiende, sein. Wichtig ist zu bemerken, dass Aristoteles nicht einfachhin von einer Gleichsetzung spricht (er schreibt nicht, die Seele ist das Seiende; er schreibt aber auch nicht, dass die Seele das Seiende widerspiegelt oder abbildet), sondern die Aussage wird dahingehend auf eine merkwürdig offene Art näher bestimmt, dass die Seele πῶς, d. h. in gewisser Weise, das Seiende ist.[20] Durch die Berücksichtigung des πῶς wird die Problemlage alles andere denn geklärt. Welche Weise ist damit gemeint und warum betont Aristoteles dieses πῶς? Dass er nämlich das πῶς mit Nachdruck hervorhebt, scheinen mir eine Reihe von weiteren Sätzen zu belegen, die Aristoteles gleichfalls im dritten Teil der Abhandlung anführt. Dort ist zu lesen: „Überhaupt aber ist die Vernunft [νοῦς] in ihrem Im-Wirken-Sein [κατ᾽ ἐνέργειαν][21] die Dinge." (De an., 431 b 17) Wie im zuvor angeführten Zitat hebt auch hier wiederum Aristoteles in einer geradezu emphatischen Weise die Identität von Mensch und Seiendem hervor; aber er zielt nicht auf eine einförmige, kongruente Deckung von Subjekt und Objekt ab, sondern das zuvor unbestimmte πῶς wird nun von ihm dahingehend spezifiziert, dass er nunmehr von einer Identität κατ᾽ ἐνέργειαν[22] – hinsichtlich des Im-Wirken-Seins als Vollzug – spricht. Darüber hinaus unterstreicht Aristoteles in aller Deutlichkeit durch eine zweimalige wörtliche Wiederholung die Selbigkeit des Vollzugs von Vernehmen (im weitesten Sinne) des Menschen und von Sein der Welt: „Im-Wirken [κατ᾽ ἐνέργειαν] ist das Wissen [ἐπιστήμη] mit dem Gegenstand das Selbe [τὸ δ᾽αὐτό]." (De an., 430 a 19 f.; 431 a 1 f.) Im Gegensatz zu einem Zusammenfall von einem für sich seienden Ich und den für sich seienden Gegenständen lässt Aristoteles nur eine *energetische* Identität von Mensch und Welt gelten; mit aller Schärfe spricht er sich gegen eine Gleichheit

---

[20] Einen anderen Interpretationsansatz vertritt Frede: „Wegen dieser völligen Ungebundenheit des Denkens an äußere, physische Gegebenheiten meint Aristoteles auch, die Seele ‚*sei* in gewissem Sinn alle Dinge': sie kann die intelligiblen Formen aller Dinge beliebig aufnehmen und miteinander verknüpfen." (Dorothea Frede: Aristoteles über Leib und Seele, in: Thomas Buchheim u. a. (Hg.): Kann man heute noch etwas anfangen mit Aristoteles? Hamburg: Meiner 2003, 85-109; 101) Hier soll im Gegenzug nicht der Seele die Fähigkeit abgesprochen werden, sich Dinge ohne deren unmittelbare Präsenz zu vergegenwärtigen; kritisiert wird jedoch die Ausklammerung der Inblicknahme des Erscheinenkönnens von Dingen für den Menschen. Dieses ontologische Grundgeschehen soll im Folgenden mit Aristoteles näherhin beleuchtet werden.

[21] Theiler übersetzt das κατ᾽ ἐνέργειαν mit „der Wirklichkeit nach" und unterschlägt der deutschen Leserschaft den verbalen Akzent von ἐνέργεια. Mit Picht (Georg Picht: Aristoteles' „De anima". Mit einer Einführung von Enno Rudolph und hg. v. Constanze Eisenbart. Stuttgart: Klett-Cotta 1987, 38 ff.), der vom „Im-Werk-Sein" spricht, und Welte (Bernhard Welte: Meister Eckhart. Gedanken zu seinen Gedanken. Mit einem Vorwort von Alois M. Hass. Freiburg u.a.: Herder 1992 [Neuauflage], 110 ff.), der noch deutlicher mit „Im-Wirken-Sein" überträgt, möchte ich ebenfalls den Akzent auf den (energetischen) Vollzug legen.

[22] Die Wendung κατ᾽ ἐνέργειαν findet sich darüber hinaus an mehreren zentralen Stellen von *De anima*, z. B.: 417 b 19, 425 b 28, 426 a 5, 429 a 24, 429 b 6, 430 a 29, 431 a 1.

des Bestandes aus: „Im Vollzug [des Vernehmens] ist das Vernehmbare und das Vernehmen [des Menschen, M. F.] [ἡ δὲ τοῦ αἰσθητοῦ ἐνέργεια καὶ τῆς αἰσθήσεως] ein und dasselbe, aber das Sein / der Bestand [τὸ δ'εἶναι] ist für sie nicht dasselbe." (De an., 425 b 26 f.)

Diese Sätze sind alles andere als gemeinhin verständlich, doch Aristoteles scheint nachdrücklich sagen zu wollen, dass die hervorgehobene Identität zwischen νοῦς / ψυχή und πράγματα / ὄντα nicht aus zwei für sich bestehenden Gliedern nachträglich eine Gleichheit kreiert, in der alle Verschiedenheit in einer undifferenzierten Einheit zum Verschwinden gebracht werden soll, sondern er betont ausdrücklich eine Identität, bei der eine Nicht-Identität besteht (genauer bedacht wird man sagen müssen: aus der überhaupt eine Nicht-Identität entsteht). Es geht ihm offensichtlich nicht um eine uniforme Einheit des Bestandes, sondern um eine Selbigkeit des Im-Wirken-Seins [κατ' ἐνέργειαν], d. h. um eine Identität des Vollzugs. Gegen den gewöhnlichen Sinn von Identität als Gleichheit bzw. Selbigkeit der vorhandenen Seienden hebt Aristoteles somit eine Identität im Geschehen hervor. Dort und nur dort ist der Mensch und Seiendes dasselbe: „Bei dem, was ohne Materie ist, ist das Anschauende [νοοῦν] und das Angeschaute [νοούμενον] das Selbe." (De an., 430 a 3 f.)

Normalerweise gehen wir von einem Dualismus der objekthaften Welt und des Menschen als Subjekt aus; beide Pole bilden für uns selbständige und vollkommen getrennte Bereiche. Wir mögen ja noch zugestehen, dass unser Denken immer auf Objekthaftes bezogen bleiben muss, denn das Denken braucht stets einen Gegenstand, sonst denkt es gar nicht, aber die Welt besteht immer für sich und verschwindet nicht, wenn ich nicht denke oder die Augen verschließe und nichts vernehme. Um diese aristotelischen Sätze, die um den energetischen Vollzug kreisen, zu verstehen, müssen wir die herkömmliche Auslegungstendenz, uns stets ans Ontischen zu halten und von einer strikten Trennung von einem für sich seienden Subjekt und einem für sich seienden Objekt auszugehen, verlassen. Aristoteles möchte mit seiner Betonung der Selbigkeit im Vollzug von Sein und Mensch nicht anmerken, dass sie zuerst als für sich genommene Einzelglieder sind, die dann vom Menschen her oder vom Seienden aus nachträglich in eine Einheit des Bestandes zusammengeführt werden, sondern Vernehmbares und Vernehmender sind als ontisch Differente aus dieser (ontologischen) Identität des Vollzugs bestimmt. Im Vollzug des Vernehmens, schreibt er, sind Vernehmender und Vernommenes identisch. Die Identität des Vollzugs hebt jedoch nicht die Nicht-Identität von Vernehmen des Menschen und Sein der Welt auf, sondern im Gegenteil, sie ermöglicht erst diese Unterscheidung: durch das Vernehmen des Menschen wird das vernommene Seiende allererst offenbar, aber auch der Vernehmende gelangt im Vollzug des Vernehmens von Seiendem zur Selbstoffenheit. Dieser „vorgängigen" Offenheit – vorgängig (nicht in einem zeitlichen Sinne) deshalb, weil diese Offenheit weder vom Menschen bewerkstelligt noch von den innerweltlichen Seienden produziert wird –

verdankt sich die Offenbarkeit des Seienden und die Offenständigkeit des Menschen. Nicht ist zuerst diese Offenheit, in der dann Mensch und Seiendes hereinstehen, sondern diese Offenheit ereignet sich, wie Aristoteles hervorhebt, erst im Vollziehen. So geschieht beispielsweise das Leuchten der Farbe, die Offenbarkeit dieses oder jenes Seienden in seiner Farbigkeit, als das jeweilige Sehen des Menschen; so hat das vom Menschen Gesehene seine Wirklichkeit (ἐνέργεια) im Leuchten und Aufscheinen. Das Leuchten der Farbe ist aber nicht etwas neben dem Sehen, sondern es ereignet sich als das jeweilige Sehen. Das menschliche Sehen (als Entsprechen) und das Aufscheinen des Gesehenen (als Zuspruch) sind somit nicht zweierlei, sondern das Selbe: das eine geschieht als das andere. Die Vollzugsidentität ist nicht nur auf die visuelle oder auditive[23] Wahrnehmung beschränkt, sondern zeichnet die menschliche Seinsweise überhaupt aus.

Die energetische Identität *ist* das Hervorgangsgeschehen alles Seienden als menschlicher Selbstvollzug – und damit die Lichtung oder Offenheit selbst. In diesem Sinne kann auch Aristoteles behaupten, ohne in einen Subjektivismus zu verfallen, dass die Seele alles ist: Im Austrag der Offenheit durch die Offenständigkeit des Menschen ereignet sich die Offenbarkeit von Seiendem. Der Mensch ist dadurch ausgezeichnet, diese Offenheit auszustehen, ihr entsprechen zu können.[24]

Vor dem Hintergrund dieser kurzen Skizzierung, bei der eine Reihe von anderen Bezügen innerhalb des aristotelischen Gesamtwerks beiseite gelassen werden mussten,[25] kann auch verständlich werden, wie nunmehr die παθήματα τῆς ψυχῆς verstanden werden können. Sie sind keine bewusstseinsimmanenten Vorstellungsbilder eines Subjekts, sondern die jeweiligen Vollzüge des menschlichen Entsprechens auf diesen vorgängigen Anspruch der Offenheit. Diese

---

[23] Aristoteles bezieht sich in *De anima* in auffälliger Weise auf das Phänomen des Hörens, das noch stärker eine Ontologie der Vorhandenheit zurückweist: „Wenn aber das zu hören Vermögende sich vollzieht, und das zu tönen Vermögende tönt, dann stellt sich zugleich [ἅμα] das Gehör in Wirklichkeit [κατ᾽ ἐνέργειαν] und der Ton in Wirklichkeit [κατ᾽ ἐνέργειαν] ein, von denen man das eine Hören, das andere Tönen nennen könnte." (De an., 425 b 29 – 426 a 1)

[24] Von diesem Lichtungsgeschehen spricht auch Heidegger: „Aber das Auszeichnende des Menschen beruht darin, daß er als das denkende Wesen, offen dem Sein, vor dieses gestellt ist, auf das Sein bezogen bleibt und ihm so entspricht. Der Mensch *ist* eigentlich dieser Bezug der Entsprechung, und er ist nur dies. ‚Nur‘ – dies meint keine Beschränkung, sondern ein Übermaß. [...] Das Sein west den Menschen weder nur beiläufig noch ausnahmsweise an. Sein west und währt nur, indem es durch seinen Anspruch den Menschen an-geht. Denn der Mensch, offen für das Sein, läßt dieses als Anwesen ankommen. Solches An-wesen braucht das Offene einer Lichtung und bleibt so durch dieses Brauchen dem Menschenwesen übereignet. Dies besagt keineswegs, das Sein werde erst und nur durch den Menschen gesetzt. Dagegen wird deutlich: Mensch und Sein sind einander übereignet. Sie gehören einander." (Martin Heidegger: Identität und Differenz. Pfullingen: Neske ⁹1990, 18 f.)

[25] Wesentliche Aspekte, wie z. B. eine nähere Bestimmung der ἐντελέχεια, der Begriffspaare δύναμις und ἐνέργεια oder μορφή und ὕλη und vieles mehr, wurden hier ausgespart.

Vollzüge sind nicht etwas, was der Mensch bewerkstelligt oder bewirkt, sondern was ihm durch einen vorgängigen Anspruch, dem er sich nicht entziehen kann und den er so gleichsam erleidet, zum Vollbringen aufgegeben wird. Dieses Angegangenwerden wird von Aristoteles durch den Terminus παθήματα herausgestrichen.[26]

c) Ὁμοιώματα und Σημεῖα

Wie bei der Relation zwischen Sprache und Seele ist auch im Verhältnis von Mensch und Welt eine kausale, zeitlich nachgeordnete Verbindung für die Interpretation zurückzuweisen. Der Mensch bildet das Seiende nicht in Form von mentalen Eindrücken ab, wie es die Rolfes'sche Übersetzung der ὁμοιώματα als Abbilder suggeriert. Zu voreilig orientiert man sich an einem mechanischen Modell eines physischen Abdrucks, in dem die Dinge in der Seele Spuren hinterlassen, wie eine Fährte im Schnee.[27] Das Affiziertwerden von der Wirklichkeit geschieht vielmehr als seelisches Widerfahrnis; insofern scheint mir eine Übersetzung der ὁμοιώματα als „Angleichungen", oder noch deutlicher als „Entsprechungen" dem von Aristoteles Intendierten weit mehr entgegenzukommen. Nicht ist zuerst das Seiende und dann seine Überführung in eine menschliche Innensphäre, die anschließend eventuell noch versprachlicht werden kann, sondern Seiendes zeigt sich nur im menschlichen Entsprechen – Welt *ist* nur in diesem Geschehnis. Das Erscheinen von den Dingen ereignet sich als Erscheinen für die menschliche Seele. In ihr kommen die Dinge zum Stehen. Dieses geschieht nur innerhalb einer sprachlichen Verfasstheit des Denkens. Sprache ist hier nicht mehr nur als stimmliche Verlautbarung zu verstehen, sondern als Horizont, innerhalb dessen sich das Affiziertwerden durch Seiendes und das menschliche Entsprechen abspielt. Aristoteles weist hier ganz deutlich auf die Identität des Vollzugs vom Angesprochenwerden der Dinge (πράγματα) und dem menschlichen Entsprechen im Denken (διάνοια) hin, indem er bezeichnenderweise den sonst nicht eigens betonten Aspekt des Hörens, das herkömmlicherweise als der Verlautbarung nachgeordnet oder abkünftig verstanden wird, hervorhebt und damit die universelle Verfasstheit der menschlichen Seinsweise herausstreicht: „[D]enn jemand, der (ein solches Wort) ausspricht, bringt sein Denken (bei der mit ihm gemeinten Sache) zum Stehen, und jemand, der (es)

---

[26] Vgl. hierzu auch die Unterscheidung zwischen dem νοῦς παθητικός (die erleidensfähige Vernunft) und dem νοῦς ποιητικός (die hervorbringende Vernunft) bei Aristoteles (De an., 429 b 22 – 430 a 25).

[27] Zekl verbaut sich meiner Ansicht nach mit der Vorstellung eines physischen Abdrucks – er zieht das platonische Beispiel (vgl. Theait., 191 c ff.) mit der Wachstafel zur Illustration heran – den Zugang zu einem adäquaten Verständnis von Aristoteles (vgl. Aristoteles: Kategorien. Hermeneutik oder vom sprachlichen Ausdruck (De interpretatione). Griechisch – deutsch. Hg., übers., mit Einl. und Anm. versehen von Hans Günther Zekl. Meiner: Hamburg 1998, 272).

hört, kommt (in seinem Denken bei dieser Sache) zum Stillstand." (De int., 16 b 21 f.; Übers. Weidemann) Die Sprache verweist also nicht auf die realen Dinge, die irgendwo hinter dem Wort liegen, sondern in der Sprache – und nicht vorher oder außerhalb ihrer – wird die (besprochene) Sache im Denken so zum Stehen gebracht, dass wir bei der Sache sind. So können wir aus unserer alltäglichen Spracherfahrung auch nicht behaupten, dass wir es mit einer Dreiteilung in akustische Verlautbarung als materielle Hülse für geistige Inhalte, in die intelligiblen Werte selbst und in eine außersprachliche Realität zu tun haben, die nachträglich zusammengeführt werden müssen, sondern im Gespräch – im Miteinandersprechen und Einanderzuhören – kommen die besprochenen Dinge zum Stehen, d. h. in der Sprache sind wir immer schon bei den Sachen selbst. Sprache und ihr Worüber sind von unserer lebensweltlichen Erfahrung her gesehen nicht zu trennen, sondern in ein und demselben Phänomen gegeben. Im Vollzug des Gesprächs, das auf eine gemeinsam geteilte Sprache angewiesen ist, wird nun das zugänglich, worüber gesprochen wird. Das Worüber der Sprache, ihr Thema, ist also nicht unabhängig vom Gespräch vorfindlich, sondern wird erst im Gespräch offenbar. Wenn wir miteinander sprechen, werden wir nicht auf die Dinge verwiesen, die irgendwie „hinter" der Sprache liegen, sondern im Gespräch *sind* wir bei der besprochenen Sache. Sprache bildet folglich nicht einen vorgegebenen Sachverhalt ab, sondern dieser wird in und aus ihr allererst sichtbar. Die beredete Thematik ist somit nur sprachlich da. Das Worüber des Gesprächs hat nur innerhalb des sprachlichen Horizonts ihren Erscheinungsort. Die Manifestation des Gesagten und die Manifestationsweise der Darstellung fallen in ein Geschehen zusammen. Da im Gespräch Besprochenes (Thema des Gesprächs) und das Wie (Sprache selbst) zusammenfallen, tritt die Sprache als Sprache jedoch in den Hintergrund. Sie entzieht sich auf eine eigentümliche Art, da sie nicht wie ein Ding unter Dingen gegeben ist. Sie ist in der Weise nicht ein Seiendes. Heidegger macht mit Nachdruck auf diesen Umstand aufmerksam: „Jedes ‚Etwas', das im Gespräch besprochen wird, ist ein Seiendes. Gleichwohl aber verbirgt sich im Gespräch noch ein Gesagtes, was nicht ein Besprochenes ist."[28] Eine Reihe von Indizien weisen darauf hin, dass auch Aristoteles der Sprache diese nicht zu vergegenständlichende Seinsweise zubilligt.

Doch widerspricht nicht Aristoteles dieser Auslegungstendenz? Er sagt ja deutlich, dass die stimmlichen Äußerungen für die παθήματα „an erster Stelle" / „erstlich" (πρώτων) Zeichen (σημεῖα) sind. Heißt das, wir haben zuerst ein nacktes oder natürliches Zeichen, das dann in einem symbolischen Akt erst Bedeutung erhält? Oder ist die Sprache in erster Linie ein Zeichen für die seeli-

---

[28] Martin Heidegger: Das Wort. Die Bedeutungen der Wörter, in: Zur philosophischen Aktualität Heideggers. Bd. 3. Im Spiegel der Welt: Sprache, Übersetzung, Auseinandersetzung. Hg. v. Dietrich Papenfuss und Otto Pöggeler. Frankfurt am Main: Klostermann 1992, 13-16; 15.

schen Zustände und erst in einem zweiten Akt Zeichen für die Dinge?[29] Bestätigt diese Textstelle nicht, dass Aristoteles strikt zwischen Bezeichnendem und Bezeichnetem sowie zwischen den Sphären Welt – Mensch – Sprache unterscheidet? Heidegger betont in diesem Zusammenhang, dass das Zeichen (σημεῖον) im Sinne des Zeigens, d. h. des entbergend-verbergenden Erscheinenlassens, verstanden werden muss, in dem sich für uns immer schon Bedeutung manifestiert und nicht nachträglich hergestellt wird. Die aristotelische Verwendung des Terminus σημεῖον versteht Heidegger vom σύμβολον her. „In der hohen Zeit des Griechentums wird das Zeichen aus dem Zeigen erfahren, durch dieses für es geprägt. Seit der Zeit des Hellenismus (Stoa) entsteht das Zeichen durch eine Festsetzung als das Instrument für ein Bezeichnen, wodurch das Vorstellen von einem Gegenstand auf einen anderen eingestellt und gerichtet wird." (GA 12, 234)[30]

d) Κατὰ συνθήκην

Wodurch ist dieser Interpretationsvorschlag bei Heidegger motiviert? Wird denn diese Unterscheidung zwischen einem bedeutungsnackten Zeichen und dem bedeutungshaften σύμβολον nicht dadurch unterstrichen, dass Aristoteles betont, dass das Wort nicht von Natur aus (ὅτι φύσει, De int., 16 a 27) etwas bedeutet? Jeder Logos ist – und darauf weist Aristoteles mit Nachdruck wiederholt hin (De int., 16 a 19, 16 b 27 und 17 a 1-2) – erst bedeutungshaft κατὰ συνθήκην – „nach" Übereinkunft. Es scheint so, dass Aristoteles in seiner Sprachbetrachtung

---

[29] Kretzmann unterscheidet in dieser Hinsicht auch zwischen σημεῖον qua natürliches Zeichen oder Symptom und dem auf Übereinkunft basierenden Symbol (Norman Kretzmann: Aristotle on Spoken Sound Significant by Conversation, in: John Corcoran (Hg.): Ancient Logic and its Modern Interpretation. Reidel: Dordrecht 1975, 3-21; 7 f., 15 f.) Für Weidemann übersieht diese Interpretation das kontextuelle Umfeld des σημεῖον: „Wenn Aristoteles an diesen und zahlreichen anderen Stellen von ‚Peri hermeneias' das Verb ‚σημαίνειν', das Adverb ‚σημαντικός' oder das Substantiv ‚σημεῖον' in der durch den Ausdruck ‚κατὰ συνθήκην' zu spezifizierenden Bedeutung gebraucht, in der ‚σημεῖον' mit ‚σύμβολον' gleichbedeutend ist, so ist es höchst unwahrscheinlich, daß das Wort ‚σημεῖον' in dem anfangs zitierten Text des ersten Kapitels in der durch den Ausdruck ‚φύσει' (‚von Natur aus': 16 a 27) zu spezifizierenden Bedeutung verwendet wird, wie Kretzmann offenbar annimmt." (Hermann Weidemann: Ansätze zu einer semantischen Theorie bei Aristoteles, in: Zeitschrift für Semiotik 4 (1982), 241-257; 245)

[30] Unabhängig von Heidegger vertritt auch der Altphilologe Pohlenz die These, dass die Trennung zwischen Zeichen und Bedeutung, φωνή und λεκτόν, bzw. zwischen dem inneren Wort und dem verlautbarten Wort „erst im zweiten Jahrhundert im Zusammenhang mit den Debatten über die Vernünftigkeit der Tiere aufgestellt worden ist" (Pohlenz, zit. nach Jochem Henningfeld: Geschichte der Sprachphilosophie. Antike und Mittelalter. Berlin; New York: de Gruyter 1994, 105). Die klassische griechische Philosophie bis hin zur alten Stoa kennt folglich die Ausdifferenzierung der Sprache in materielles Zeichen und geistige Bedeutung noch nicht.

auf ein konventionalistisches Sprachverständnis pocht.[31] Doch vielleicht antwortet er gar nicht auf die im platonischen Dialog *Kratylos* eröffnete Alternative von φύσις und θέσις, sondern möchte grundlegender auf die Seinsweise der Sprache hinweisen.[32] Denn neben der Zurückweisung der natürlichen Affinität zwischen Sprache und Natur lehnt Aristoteles auch ein instrumentalistisches Verständnis ab: „Jedes Wortgefüge hat zwar eine Bedeutung – nicht nach Art eines Werkzeugs [ὄργανον] freilich, sondern, wie schon gesagt, gemäß einer Übereinkunft [κατὰ συνθήκην] [...]." (17 a 1 f.)[33] Was heißt κατὰ συνθήκην? Das κατὰ συνθήκην kann dahingehend (miss-)verstanden werden, dass der Sprache erst durch, also infolge oder aufgrund eines Konventionsakts Bedeutung zugesprochen werden kann. Einem bestimmten Ding wird ein bestimmtes sprachliches Zeichen (akustische Verlautbarung oder Schriftzeichen) zugeordnet. Dadurch erhält das Zeichen diese oder jene Bedeutung. Eine Übereinkunft, die erst gestiftet werden muss, würde das Problem aber nur verschieben, da jede Konvention wiederum Sprache voraussetzt und ohne sie keine Übereinkunft zu erzielen ist.[34] Aristoteles geht es in dieser Formulierung nicht um den zeitlichen

---

[31] So scheint dieses für Zekl ausgemacht zu sein: „[E]r [Aristoteles] ergreift eindeutig Partei für die Konventionstheorie, das ist so klar wie trivial." (Aristoteles: Kategorien. Hermeneutik oder vom sprachlichen Ausdruck (De interpretatione). Griechisch – deutsch. Hg., übers., mit Einl. und Anm. versehen von Hans Günther Zekl. Meiner: Hamburg 1998, XLII)

[32] Auch Coseriu distanziert sich in seiner Aristoteles-Deutung von einer konventionalistischen Interpretation des κατὰ συνθήκην aus zwei Gründen: zum einen verwendet Aristoteles „keinen der traditionellen Ausdrücke, die ihm sicherlich wohlbekannt waren, weder ἔθει noch νόμῳ, noch ὁμολογίᾳ oder ξυνθήκη. Daß er einen neuen Ausdruck wählt, nämlich κατὰ συνθήκην, deutet darauf hin, daß er auch etwas bisher nicht Gesagtes sagen wollte"; zum andern gebraucht Aristoteles keinen „Dativ (συνθήκη), was eine kausale Lesart nahe legen würde", sondern in Verbindung mit dem κατὰ einen Akkusativ. „Eine kausale Interpretation wie ‚aufgrund von' ist also auszuschließen." (Eugenio Coseriu: Geschichte der Sprachphilosophie. Von den Anfängen bis Rousseau. Neu bearb. und erw. von Jörn Albrecht. Tübingen; Basel: Francke 2003, 75 f.) Nicht zugestimmt werden kann aber Coserius positiver Interpretation, das κατὰ συνθήκην als geschichtlich-innerzeitliches Datum im Sinne „aufgrund historischer Überlieferung" (ebda., 78) zu deuten; vielmehr muss es in einem ontologischen Sinn als immer schon Übereingekommensein verstanden werden.

[33] Mit Wieland sehe ich eine Distanzierung sowohl gegenüber der *natürlichen* als auch der *konventionellen* Richtigkeit der Sprache. Gegen Wieland würde ich aber festhalten, dass die Ablehnung der instrumentellen Auffassung mit der Zurückweisung einer herkömmlichen Konventionstheorie gleichzusetzen ist, sodass φύσει genau nicht der Bestimmung des ὄργανον entspricht, sondern dass Aristoteles explizit beide platonischen Extrempositionen des *Kratylos* zurückweist (vgl. Wolfgang Wieland: Die aristotelische Physik. Untersuchungen über die Grundlegung der Naturwissenschaft und die sprachlichen Bedingungen der Prinzipienforschung bei Aristoteles. Göttingen: Vandenhoeck und Ruprecht 1962, 164).

[34] Eindrucksvoll hat Wittgenstein in den *Philosophischen Untersuchungen* auf die Grenzen einer vorsprachlichen, ostentativen Definition hingewiesen: „Die Definition der Zahl Zwei ‚Das heißt zwei' – wobei man auf zwei Nüsse zeigt – ist vollkommen exakt. – Aber wie kann man denn die Zwei so definieren? Der, dem man die Definition gibt, weiß ja dann nicht, was man

Ursprung der Sprache im Sinne einer ontischen Rückführung auf den ersten bedeutungsstiftenden Akt. Das κατὰ συνθήκην muss vielmehr als „gemäß einer Übereinkunft" ins Deutsche übertragen werden, um mit aller Deutlichkeit anzuzeigen, dass es sich nicht um einen im Nachhinein festgelegten Bedeutungsgehalt handelt, sondern dass wir in der Bedeutungshaftigkeit der Sprache immer schon übereingekommen sind.[35] Mit anderen Worten: Sprache und ihre Bedeutung sind nicht voneinander ableitbar oder aufeinander rückführbar, sondern gleichursprünglich. Es geht nicht um den historischen Ursprung der Sprache im Sinne eines ersten bedeutungsstiftenden Akts, sondern um ihre immer schon gegebene Sinnhaftigkeit, über die wir uns nicht erst einigen müssen. Das Übereinkommen in der Sprache besteht darin, dass wir überhaupt einander verstehen können, wenn wir im Miteinandersprechen etwas verlautbaren. Die Sprache ist kein menschliches Machwerk der Übereinkunft, sondern die Möglichkeit des Übereinkommenkönnens zwischen Menschen. Auch wenn wir über dies oder jenes inhaltlich nicht übereinstimmen sollten, können wir das nur vor dem Hintergrund des vorgelagerten und nicht hintergehbaren bzw. vergegenständlichbaren Übereingekommenseins; zustimmen oder streiten können wir uns über diesen oder jenen Sachverhalt, doch dies passiert immer schon innerhalb der

---

mit ‚zwei' benennen will; er wird annehmen, daß du diese Gruppe von Nüssen ‚zwei' nennst! Er kann dies annehmen; vielleicht aber auch, umgekehrt, wenn ich dieser Gruppe von Nüssen einen Namen beilegen will, ihn als Zahlennamen mißverstehen. Und ebensogut, wenn ich einen Personennamen hinweisend erkläre, diesen als Farbnamen, als Bezeichnung der Rasse, ja als Namen einer Himmelsrichtung auffassen. Das heißt, die hinweisende Definition kann in jedem Fall so oder anders gedeutet werden." (Ludwig Wittgenstein: Philosophische Untersuchungen. Frankfurt am Main: Suhrkamp [11]1997, § 28)

[35] Festgehalten soll auch werden, dass Heidegger das κατὰ συνθήκην zwar mit „aufgrund einer Vereinbarung" übersetzt (GA 29/30, 447), sich aber inhaltlich von einem erstursächlichen Stiftungsakt distanziert.
Wieland weist darauf hin, dass der Terminus συνθήκη aus dem juristischen Kontext stammt. Die gesuchte Übereinkunft garantiert nach griechischem Verständnis ein schriftlich fixierter Vertrag. Die Schriftlichkeit spielte auch bei der Sprachauffassung der Griechen eine entscheidende Rolle, denn die menschliche Sprache ist im Gegensatz zu den Lauten der Tiere dadurch ausgezeichnet, dass sie prinzipiell verschriftlicht werden kann: „Daß das κατὰ συνθήκην bei Aristoteles auch auf eine mögliche Schriftlichkeit verweist, wird besonders im Kommentar des Ammonius zu *de interpretatione* [...] herausgearbeitet. Was die stimmliche Verlautbarung zur Sprache qualifiziert, ist nach Ammonius die Tatsache, daß sie aufgeschrieben werden kann [...]. Erst hierin zeigt sich also die Struktur der Übereinkunft. Nur auf diese Möglichkeit kommt es an: es ist für jede echte Übereinkunft wesentlich, daß man auf sie immer wieder zurückkommen kann." (Wolfgang Wieland: Die aristotelische Physik. Untersuchungen über die Grundlegung der Naturwissenschaft und die sprachlichen Bedingungen der Prinzipienforschung bei Aristoteles. Göttingen: Vandenhoeck und Ruprecht 1962, 169) Hier lässt sich schon die bei den Griechen angelegte Ambiguität festhalten: Auf der einen Seite wird die Sprache von der schriftlichen Fixierung als sicherer Bestand aufgefasst, was Heidegger immer wieder kritisiert, auf der anderen Seite wird aber das nicht erstursächlich gestiftete Zurückkommen auf eine Übereinkunft betont.

sprachlichen Strukturen, in denen wir uns miteinander verständigen und die somit stets schon vorausgesetzt werden müssen. Von dieser fundamentalen und nicht weiter rückführbaren Übereinkunft spricht Aristoteles, wie Heidegger nachdrücklich hervorhebt: „Die Worte erwachsen aus jener *wesenhaften Übereinkunft* der Menschen miteinander, gemäß deren sie *in ihrem Miteinandersein offen sind für das sie umgebende Seiende*, worüber sie im einzelnen übereinstimmen und d. h. zugleich nicht übereinstimmen können. Nur auf dem Grunde dieses ursprünglichen wesenhaften Übereinkommens ist die Rede in ihrer Wesensfunktion, dem σημαίνειν, dem Zu-verstehen-geben von Verständlichem, möglich." (GA 29/30, 447 f.)

Die Sprache ist so verstanden nicht an die akustische Verlautbarung oder die schriftliche Fixierung gebunden; Sprechen als sinnvolles Artikulieren ist erst von diesem Übereingekommensein her möglich.[36] Die Sprache wird somit nicht als menschliches Produkt interpretiert, sondern in ihrer ganzen Weite verstanden: Im Offensein für Seiendes ist der Mensch in sprachliche Strukturen eingelassen: „Was Aristoteles ganz dunkel und ganz von ungefähr und ohne jede Explikation mit einem genialen Blick unter dem Titel σύμβολον sieht, ist nichts anderes, als was wir heute die *Transzendenz* nennen. Es gibt Sprache nur bei einem Seienden, das seinem Wesen nach *transzendiert*." (GA 29/30, 447)

Transzendenz bedeutet in diesem Zusammenhang nicht einen Rekurs auf eine außerweltliche Jenseitigkeit, sondern weist auf die nicht abschließbare Offenheit der Immanenz hin. Eine Offenheit, die der Mensch nicht bewerkstelligt, sondern die uns vorgegeben ist, sodass der Mensch – und nur er – sie auszustehen und sie zu vollziehen vermag. Aufgrund seines Sprachvermögens *kann* er in der genuin menschlichen Seinsweise diesem Anspruch des Seins qua Offenheit und damit dem Gelichtetsein von Seiendem entsprechen. *Diese Eröffnung des Seins und die Antwort des Menschen ereignet sich als Sprache.*

Schlussbemerkung

Angestoßen durch die mehrfachen Bezugnahmen Heideggers auf den Einleitungspassus in Aristoteles' *Peri Hermeneias*, die nicht nur mit einer Stimme sprechen, sondern unterschiedliche Brechungen aufweisen, wurde eine Relektüre des klassischen Textes für die abendländische Sprachauffassung mit (aber auch ein Stück weit gegen) Heidegger unternommen. Was konnte nun über den Umweg von Heideggers Auslegung der aristotelischen Schrift für die Interpretation des Phänomens Sprache gewonnen werden? Mit Hilfe einer Nachbesichtigung der zentralen aristotelischen Termini wie σύμβολον, ὁμοιώματα, ψυχή, κατὰ συνθήκην musste die in diversen Auslegungen vertretene These eines kausalen Abbildverhältnisses zwischen den getrennten Bereichen Welt –

---

[36] Aus dem je schon Eingelassensein in eine Sprachgemeinschaft wäre auch noch einmal das „Mitsein" zu überdenken.

Bewusstsein – Sprache als unhaltbar zurückgewiesen werden. Es gibt keine für sich seiende „objektive" Realität der Außenwelt, die nachträglich in die Innensphäre eines Subjekts verlagert wird, um dann eventuell diese intelligiblen Produkte in materielle Hülsen – sei es nun die akustische Verlautbarung oder das schriftliche Zeichen – zu verpacken. Vielmehr müssen diese Bereiche aus *einem* Geschehen her verstanden werden, in dem sich das je schon Übereingekommensein zeigt. Dieses Eingelassensein in ein ontologisches Geschehnis manifestiert sich in der Sprache. Die Sprachfähigkeit ist nach Aristoteles auch das, was das Menschsein des Menschen auszeichnet. Er und nur er ist ζῷον λόγον ἔχον (vgl. Pol. 1253 a).

Nihil sub sole novum? Nichts Neues also bei Heidegger? Mit Heidegger können wir nicht nur Aristoteles neu und vielleicht fruchtbarer lesen. Er schenkt darüber hinaus dem, wie Sprache als Sprache waltet, insbesondere in seinem Spätwerk größte Aufmerksamkeit. Der Anspruch des Lichtungsgeschehens, der den Menschen allererst Mensch sein lässt, *ist* Sprache. Damit ergibt sich nicht nur ein neues Verständnis von Sprache, die nie mehr bloß als akustische Verlautbarung oder als sonstiger ontifizierbarer Bereich fassbar ist, sondern es kündigt sich auch ein vollkommen neues Selbstverständnis des Menschen an. Nicht er verfügt als *subiectum* über Sprache, sondern er verdankt sich diesem Zuspruch in seinem Entsprechen.[37] Dieser Zuspruch wird jedoch laut Heidegger zumeist zugunsten dessen, was sich in diesem Geschehnis lichtet, vergessen; er entzieht sich, indem wir immer schon bei der beredeten Sache, nicht mehr jedoch bei der Sprache als die (eröffnende) Zeige sind (vgl. GA 12, 245 ff.). Im Gegensatz zur gesamten abendländischen Tradition möchte er gerade auf diesen Entzug als Entzug, d. h. lichtend-verbergenden Zuspruch, der Sprache weisen, um die Möglichkeit für ein ganz anderes Denken zu eröffnen: *„Die Besinnung auf die Sprache gilt hier als ein entscheidender Weg zum Einsprung in das ganz andere, nämlich seynsgeschichtliche Denken."* (GA 85, 5)

---

[37] Heidegger entwirft hier keine fatalistische Konzeption des Subjekts, sondern versucht das Menschsein von einer nachträglichen Responsivität, deren Antwortenmüssen nicht zu umgehen ist, her zu denken: „Der Satz ‚Die Sprache spricht' [...] ist nur halb gedacht, solange der folgende Sachverhalt übersehen wird: Um auf ihre Weise zu sprechen, braucht, d. h. benötigt die Sprache das menschliche Sprechen, das seinerseits gebraucht, d. h. verwendet ist für die Sprache in der Weise des Entsprechens [...]." (GA 75, 201)

Dasein und Bewegung.
Zu Heideggers Interpretation der aristotelischen *Physik* Γ 1-3

Mark Michalski, Athen

In seinem Bemühen, den Menschen als *Dasein* zu denken, d. h. als ein Seiendes, dessen Sein endlich nicht mehr in einer sei es offensichtlichen, sei es mehr oder weniger versteckten Orientierung an den Begriffen der Substanz oder des Subjekts verstanden wird, bekommt für Heidegger der Begriff der *Bewegung* eine wichtige Bedeutung, dem in der Geschichte der Philosophie seit Heraklit die Rolle zugewiesen wurde, der Erstarrung im beharrlichen Stehen (sub-stantia) und beharrlichen Liegen (sub-jectum) zu entkommen. Dennoch vermeidet es Heidegger, den Begriff der Bewegung in solcher vagen Weite geradehin auf das Dasein anzuwenden, zumal er im natürlichen Sprachgebrauch selbstverständlich auch vom nicht-menschlichen Seienden ausgesagt wird und im wissenschaftlichen Sprachgebrauch der Physik gar als Grundbegriff fungiert, der den Gesamtbereich aller natürlichen Körper kennzeichnet. Heidegger spricht meist vorsichtiger von der *Bewegtheit* des menschlichen Seins im Unterschied zur Bewegung der natürlichen Körper: „Die Bewegtheit der Existenz ist nicht Bewegung eines Vorhandenen." (GA 2, 495) Und die spezifische Bewegtheit des menschlichen Seins im Unterschied etwa zu der wiederum ganz eigenen Bewegtheit des Zeugs und des Werks wird als das *Geschehen* und die *Geschichtlichkeit* des Daseins gefasst (vgl. GA 2, 496 und 514). Diese terminologischen Zuspitzungen zeigen, dass nach Heidegger der Begriff der Bewegung, sofern dieser in der philosophisch-theologischen Tradition bereits seine Wirkung bei der Bestimmung des menschlichen Seins entfaltet hat, eine besondere Aufgabe der phänomenologischen Destruktion darstellt: Es gilt, jene Schichten dieses Begriffs abzutragen, die das in ihm ursprünglich einmal ergriffene Sein des menschlichen Daseins wieder verdeckten. Zum Zeitpunkt des Erscheinens von *Sein und Zeit* (1927) ist diese Aufgabe von Heidegger längst in Angriff genommen, aber noch nicht beendet, wie eine etwas melancholische Bemerkung in der Geschichtlichkeitsanalyse verrät: Die Dunkelheiten der existenzialen Interpretation der Geschichtlichkeit „lassen sich um so weniger abstreifen, als schon die möglichen Dimensionen des angemessenen Fragens nicht entwirrt sind und in allen das *Rätsel* des *Seins* und [...] der *Bewegung* sein Wesen treibt" (GA 2, 517). Eine Schlüsselrolle spielt in Heideggers Versuch einer „Lösung" des Rätsels der Bewegung der Text des Aristoteles über die κίνησις, der die ersten drei Kapitel des dritten Buches seiner *Physik* einnimmt. Dokumentiert ist dies allerdings vor allem durch Texte Heideggers, die erst nach seinem Tod publiziert wurden, insbesondere den sogenannten *Natorp-Bericht* von 1922 und die Marburger Vorlesungen über *Grundbegriffe der aristotelischen Philosophie* (GA 18) vom Sommersemester

1924 und über *Grundbegriffe der antiken Philosophie* (GA 22) vom Sommer-semester 1926. Auch Seminare hat Heidegger dem besagten Aristoteles-Text gewidmet, so an der Universität Marburg im Sommersemester 1928 und an der Universität Freiburg im Wintersemester 1951/52.[1] Im Folgenden soll Heideg-gers Interpretation dieses Textes unter der Leitfrage untersucht werden, wie mit ihr eine phänomenologische Destruktion des Begriffs der Bewegung geschieht und in ihrer Folge die spezifische Bewegtheit des Seins des Daseins deutlicher hervortritt. Wir wenden uns zu diesem Zweck zunächst dem *Natorp-Bericht* zu, der zwar nicht eine Interpretation des Aristoteles-Textes selbst enthält, aber die hermeneutische Situation anzeigt, in der nach Heidegger die Interpretation unter anderem auch dieses Textes stehen sollte, dann den Marburger Vorlesungen von 1924 und 1926, in denen die Interpretation zur Ausführung kommt. Dabei sollen auch manche Hinweise auf die Interpretation in den Seminaren von 1928 und 1951/52 gegeben werden.

1. Die Anzeige der hermeneutischen Situation der Interpretation der aristo-telischen Bewegungsanalyse im *Natorp-Bericht* von 1922

Die 1922 im Zusammenhang einer möglichen Berufung an die Universität Mar-burg oder an die Universität Göttingen den dortigen Philosophischen Fakultäten vorgelegte Ausarbeitung, in der Heidegger unter dem Titel *Phänomenologische Interpretationen zu Aristoteles* von seinen damaligen, bereits in zwei Vorlesun-gen erprobten und auch für eine größere Buchveröffentlichung vorgesehenen Aristoteles-Interpretationen berichtet,[2] gliedert sich entsprechend dem Aufbau des geplanten Buches und offensichtlich auch entsprechend dem Stand der ge-leisteten Vorarbeiten in eine umfangreiche Einleitung mit dem Titel *Anzeige der hermeneutischen Situation* (7-44), drei kürzere Kapitel über die drei im ersten Teil des Buches zur Interpretation vorgesehenen Aristoteles-Texte (45-71) und einen noch kürzeren unbetitelten Ausblick auf den zweiten Teil des Buches (71-75). Die aristotelische *Physik* sollte gemäß diesem Aufriss nach Ausschnitten

---

[1] Die Publikation der Aufzeichnungen und Protokolle zu diesen Seminaren wird im Rahmen des Bandes 83 der Gesamtausgabe erfolgen.

[2] Martin Heidegger: Phänomenologische Interpretationen zu Aristoteles. Ausarbeitung für die Marburger und die Göttinger Philosophische Fakultät (1922). Hg. v. Günther Neumann. Stuttgart: Reclam 2002 (auf diese Ausgabe beziehen sich alle im ersten Kapitel im Haupttext in Klammern genannten Seitenzahlen). Der Text erschien in einer auf schmalerer Editions-grundlage beruhenden Fassung erstmals 1989 im Band 6 des Dilthey-Jahrbuchs. Bei den bei-den genannten Vorlesungen handelt es sich um *Phänomenologische Interpretationen zu Aristoteles. Einführung in die phänomenologische Forschung* (Wintersemester 1921/22) (GA 61) und *Phänomenologische Interpretationen ausgewählter Abhandlungen des Aristoteles zu Ontologie und Logik* (Sommersemester 1922) (GA 62; in Vorbereitung). Das geplante Aris-totelesbuch, das Heidegger noch mit seiner Vorlesung vom Sommersemester 1924 voranzu-treiben gedachte, wurde schließlich nicht vollendet.

aus der *Nikomachischen Ethik* und der *Metaphysik* im dritten und letzten Kapitel des ersten Teiles behandelt werden. In dem entsprechenden Kapitel seines Berichtes (64-71) geht Heidegger zunächst auf die beiden ersten Bücher der *Physik* ein und bemerkt dann zum dritten Buch, in dem Aristoteles zur „eigentlich thematischen Analyse des Bewegungsphänomens" ansetze: „Die Interpretation dieses Buches (vor allem der Kap. 1-3), die mit fast unüberwindlichen textlichen Schwierigkeiten zu kämpfen hat (schon Simplicius [...] klagt darüber), kann nur im konkreten Zusammenhange exponiert werden." (70 f.) Und so folgen auch im Bericht nur zwei weitere Sätze zum Inhalt des Buches. Wir halten aus dieser Bemerkung zweierlei fest: 1. Die Interpretation der eigentlich thematischen Bewegungsanalyse erscheint Heidegger auch aus philologischen Gründen besonders schwierig – und wir erinnern uns in diesem Zusammenhang daran, dass er wenige Jahre später seinem auch klassisch-philologisch ausgebildeten Schüler Gadamer die Aufgabe der Übersetzung und Kommentierung der aristotelischen *Physik* antragen wird;[3] 2. Heidegger zieht bei der Interpretation der Bewegungsanalyse, wohl auch wegen ihres hohen philologischen Anspruchs, offensichtlich den gründlichen Kommentator Simplicius zu Rate, der den sieben Seiten des Aristoteles-Textes nicht weniger als 58 Seiten seines *Physik*-Kommentars widmete – und wir entnehmen dieser Tatsache den Hinweis, dass Heideggers Interpretation grundsätzlich nicht allein auf das aristotelische Original, sondern auch auf den Simplicius-Kommentar bezogen werden müsste.[4] Im Folgenden versuchen wir die Fragen zu beantworten, inwiefern Heidegger durch die in der Einleitung seines Berichts angezeigte hermeneutische Situation gerade auch zur Interpretation der aristotelischen Bewegungsanalyse motiviert wird und welche Stellung diese Interpretation im Ganzen seiner Aristoteles-Interpretationen einnehmen soll.

Zunächst weist Heidegger in der Einleitung ein mögliches historistisches Selbstmissverständnis des Interpreten zurück, wonach es für diesen darum gehen müsste, im Absehen von sich selbst und von seiner Gegenwart ein möglichst „objektives" Bild von einer Vergangenheit zu zeichnen. Historisches Erkennen im echten Sinne, so kehrt Heidegger den möglichen Subjektivitätsvorwurf um, kann Texte der Vergangenheit überhaupt nur dann zum Sprechen bringen, wenn der Interpret bei deren Deutung sich selbst und seine Gegenwart auf eine durchsichtige Weise in sie hineindeutet (8 f.). Sofern der Interpret ein philosophischer

---

[3] Vgl. Hans-Georg Gadamer: Heideggers „theologische" Jugendschrift, in: Martin Heidegger: Phänomenologische Interpretationen zu Aristoteles. Hg. v. Günther Neumann. Stuttgart: Reclam 2002, 76-86; 82; ders.: Sechs Briefe an Martin Heidegger aus der Marburger Zeit. Jahresgabe der Martin-Heidegger-Gesellschaft 1999, 21 ff. Gadamer hat diese Aufgabe schließlich nicht ausführen können.

[4] Vgl. Simplicii in Aristotelis Physicorum libros quattuor priores commentaria. Consilio et auctoritate Academiae Litterarum Regiae Borussicae edidit Hermannus Diels (= Commentaria in Aristotelem Graeca, Vol. IX). Berlin: Reimer 1882, 394-451.

Forscher ist, so fährt Heidegger fort, ist er je durch das Fragen nach dem Seins-charakter des menschlichen Seins bestimmt, und das heißt durch das „explizite Ergeifen einer *Grundbewegtheit* [Herv. M. M.] des faktischen Lebens selbst, das in *der* Weise ist, daß es in der konkreten Zeitigung seines Seins um sein Sein be-sorgt ist" (10). Hier ist zum ersten Mal im Text von der *Bewegtheit* des fakti-schen Lebens die Rede, die gar als *Grund*bewegtheit angesprochen wird, da sie das Sein jedes Menschen durch und durch bestimmt im Sinne der Besorgtheit um sein Sein. Später im Text spricht Heidegger in variierenden Wendungen auch vom Sorgen als der „faktischen Lebensbewegtheit" (14) oder der „ur-sprünglichen Bewegtheitstendenz des faktischen Lebens" (15 f.) sowie kurz von der „Sorgensbewegtheit" (14). Das philosophisch forschende Fragen nach dem Seinscharakter des menschlichen Seins ist nur das explizite Ergreifen dieses von jedem Menschen irgendwie zu übernehmenden, wenn auch nicht immer *aus-drücklich* übernommenen Sorgens um sein Sein. Wenn der philosophische For-scher sich daher als Interpret Texten vergangener philosophischer Forschung zu-wendet, so deutet er insofern sich selbst und seine Gegenwart in diese hinein, als er sie daraufhin ausdeutet und unter eine wohl verstandene Kritik stellt, wie ur-sprünglich im Sinne der für seine Gegenwart erreichbaren Ursprünglichkeit in ihnen das Sorgen des Menschen um sein Sein ergriffen wurde (11 f.).

Im Anschluss an diese grundsätzliche Verständigung über den Sinn philoso-phischer Textinterpretation entfaltet Heidegger, ausgehend vom Sorgen als Grundbewegtheit, die wichtigsten weiteren Strukturen des faktischen Lebens, so die Welt in ihrer Artikulation als Umwelt, Mitwelt und Selbstwelt, den Umgang, die Umsicht und deren Modifikation zum bloßen Hinsehen, das Ansprechen, die Ausgelegtheit, das Besorgen, die Verfallensgeneigtheit, die Bekümmerung, die Zeitlichkeit, das Historische, die Existenz (14-27). Dass all diesen Strukturen von der Grundbewegtheit des Sorgens her ebenfalls der Charakter der Bewegt-heit eignet, wird dabei durch Wortbildungen wie „Umgangsbewegtheit" (16) oder „Besorgensbewegtheit" (18) angedeutet. Bewegtheit heißt in diesem Falle, dass auch im Umgang mit der Welt und im Besorgen der Welt gemäß der Grundbewegtheit des Sorgens der Umgehende und Besorgende zumal um sein eigenes Sein besorgt ist. In einem über diesen Grundsinn der Bewegtheit, d. h. der Sorgensbewegtheit, hinausgehenden Sinn spricht Heidegger von Bewegtheit im Falle der Verfallensgeneigtheit und der Bekümmerung. Die Verfallensge-neigtheit ist nicht nur selbst „Bewegtheit" (20) im Sinne der Sorgensbewegtheit, sie ist darüber hinaus ein besonderer „Bewegtheitscharakter" (19), in dem die Sorgensbewegtheit einen besonderen Charakter erhält, eben den des Verfallens an die Welt, einen Charakter, der als „Urtatsache" die Faktizität des Lebens ausmacht (27) und wiederum als eine „Grundbewegtheit" die Strukturen des Umgangs, der Umsicht und des Hinsehens, des Ansprechens und Auslegens im Sinne des Verfallens modifiziert (21 f.). Die Bekümmerung ist die mögliche „Gegenbewegung" (20) zum verfallenden Sorgen, in der das im Verfallen verstellte Sein des Lebens selbst als Existenz zugänglich wird, eine Gegenbewegung, die entsprechend ihrem Wogegen ein „Wie der Lebensbewegtheit" konstituiert, indem sie die je konkrete Umgangs- und Besorgensbewegtheit im Sinne der Bekümmerung modifiziert (26 f.). Dass Heidegger bezüglich der Bekümmerung nun von „Bewegung" spricht und nicht von „Bewegtheit", zeigt uns, dass die Rede von der „Bewegtheit" vor allem der Faktizität des Lebens geschuldet ist oder, in der Terminologie von *Sein und Zeit*, der Geworfenheit des Daseins, der gegenüber die Bewegung des eigentlichen Entwurfs der Existenz sich gar als „Standnahme" (20) oder „Stehen" ausnimmt.[5]

Der Begriff philosophischer Forschung konkretisiert sich damit zum expliziten Vollzug der Auslegungstendenz derjeniger Grundbewegtheit des Lebens, in der es ihm in der Gegenbewegung zum Verfallen, d. h. im Bewegtheitscharakter der Bekümmerung um sein Sein geht (27 f.). Und entsprechend konkretisiert sich der Sinn philosophischer Textinterpretation zum phänomenologisch destruktiven Abbau derjeniger Bedeutungsschichten der Grundbegriffe, in denen sich eine an die Welt und an die in ihr befindlichen Gegenstände verfallende Auslegung des menschlichen Seins ausspricht, um so vorzudringen zu der von diesen Bedeutungsschichten überlagerten Grundschicht der Bedeutung und der in ihr sich aussprechenden ursprünglichen, um den Zugang zum menschlichen Sein in seiner Sorgensbewegtheit bekümmerten Auslegungstendenz (33 f.). Diese phänomenologische Destruktion ist zwar auf die jeweils gegenwärtige Situation und die in ihr herrschenden Grundbegriffe zu beziehen, eben damit aber auch auf die ganze geschichtliche Tradition, aus der die verschiedenen Bedeutungsschichten dieser Begriffe stammen. Die „heutige Situation", so sagt Heidegger im Blick auf die Situation *seiner* Zeit – und es wäre zu diskutieren, ob und wie sich die Situation *unserer* Zeit von jener unterscheidet –, ist durch ein uneigentliches Sichbewegen in der *griechisch-christlichen* Lebensauslegung bestimmt (33-36). Im Rückgang vom deutschen Idealismus über Kant, Luther, die Scholastik, Augustinus, den Neuplatonismus, das Johannes-Evangelium und Paulus skizziert nun Heidegger ein weitgespanntes Programm der phänomenologisch-destruktiven Freilegung dieser griechisch-christlichen Lebensauslegung (36-38), das er in *Aristoteles* mit der Begründung terminieren lässt, dass dieser einerseits die vorangegangene – will sagen vorsokratische und platonische – Philosophie vollende und andererseits einen „prinzipiellen neuen Grundansatz" gewinne: den nämlich der *Physik*, deren zentral expliziertes Phänomen „das Seiende im Wie seines Bewegtseins" ist (38 f.).

---

[5] „Der Wurf des Geworfenseins in die Welt wird zunächst vom Dasein nicht eigentlich aufgefangen; die in ihm liegende ‚Bewegtheit‘ kommt nicht schon zum ‚Stehen‘ dadurch, daß das Dasein nun ‚da ist‘. Das Dasein wird in der Geworfenheit mitgerissen, das heißt, als in die Welt Geworfenes verliert es sich an die ‚Welt‘ in der faktischen Angewiesenheit auf das zu Besorgende." (GA 2, 461)

Damit schließt sich der Kreis und wir sind in der Lage, die eingangs gestellten Fragen zu beantworten. Heidegger wird durch die von ihm angezeigte hermeneutische Situation gerade auch zur Interpretation der aristotelischen Bewegungsanalyse motiviert, weil philosophische Forschung von ihm als explizites Ergreifen der Grundbewegtheit des menschlichen Seins bestimmt wird, dieses Ergreifen aber sich als phänomenologische Destruktion verfallender Auslegungstendenzen vollziehen muss, die in der Tradition der griechisch-christlichen Lebensauslegung ursprünglichere Auslegungstendenzen überlagern, und weil die Geschichte dieser Tradition von der Ontologie und Logik des Aristoteles durchzogen ist, die aus seinem in der *Physik* gewonnenen neuen Grundansatz erwachsen.[6] Die aristotelische Bewegungsanalyse wird so zum Kulminationspunkt des ganzen ersten Teils der geplanten Aristoteles-Interpretationen, weil sie als volles Phänomen genommen, d. h. als bestimmt bewegtes Wie des erforschenden Umgangs mit dem Bewegtseienden, den Aristoteles leitenden Seinssinn, die eigentliche „Motivquelle" seiner Ontologie, sichtbar zu machen verspricht (42 f.). Die Interpretation des sechsten Buches der *Nikomachischen Ethik* und der beiden ersten Kapitel der *Metaphysik* erhält demgegenüber die Funktion einer bloßen Vorverständigung über den Sinn dessen, was bei Aristoteles überhaupt Forschung besagt (43 f.).[7] Und Heideggers kurzer Vorblick auf den zweiten Teil der geplanten Aristoteles-Interpretationen zeigt, dass der in der Interpretation der Bewegungsanalyse aufzuweisende leitende Seinssinn für die Interpretation weiterer ontologischer und logischer Schriften des Aristoteles fruchtbar gemacht werden sollte, insbesondere der Schrift *Über die Seele*, mit der in Gestalt einer bestimmten Weise der Bewegtheit des Lebens die Struktur der *Intentionalität* in den Blick komme (72). In der Intentionalität aber, die nach Heidegger nichts anderes ist als der „erste *zunächst* abhebbare phänomenale Charakter der Grundbewegtheit des Lebens, das ist des Sorgens" (30), wäre eine bereits sehr ursprüngliche Auslegungstendenz zu sehen, die dafür verantwortlich gewesen sein könnte, dass – wie Heidegger an einer Stelle sagt – die aristotelische Ontologie des Seelischen der christlichen Theologie trotz ihres Sprechens

---

[6] Das Letztere führt Heidegger andeutungsweise am Ende des Kapitels über die *Metaphysik* aus: „Die entscheidende Seins-*Vorhabe*, das Seiende in Bewegung, und die bestimmte ontologische Explikation *dieses* Seienden sind die Motivquellen für die ontologischen Grundstrukturen, die späterhin das göttliche Sein im spezifisch christlichen Sinne (actus purus), das innergöttliche Leben (Trinität) und damit zugleich das Seinsverhältnis Gottes zum Menschen und damit den eigenen Seinssinn des Menschen selbst entscheidend bestimmen." (62)

[7] So wundert sich auch Hans-Georg Gadamer: Heideggers „theologische" Jugendschrift, in: Martin Heidegger: Phänomenologische Interpretationen zu Aristoteles. Hg. v. Günther Neumann. Stuttgart: Reclam 2002, 76-86; 81 f.: „Das 6. Buch der *Nikomachischen Ethik* erscheint in dieser Programmschrift eigentlich mehr als eine Einleitung in die aristotelische *Physik*."

in erborgten Kategorien „eine weitgehende und reiche Auslegung des Seins des Lebens mitzeitigen half" (63).

2. Die Interpretation der aristotelischen Bewegungsanalyse in den Vorlesungen über *Grundbegriffe der aristotelischen Philosophie* (GA 18) von 1924 und über *Grundbegriffe der antiken Philosophie* (GA 22) von 1926

Heidegger führt sein in den frühen Freiburger Privatdozentenjahren entworfenes Programm der phänomenologischen Destruktion in seiner Marburger Zeit weiter aus und betrachtet dabei Aristoteles weiterhin, und zwar mindestens bis 1926, als den Ausgangspunkt, von dem aus die Interpretation ebenso der ihm vorangehenden wie der auf ihn folgenden Philosophie in Angriff zu nehmen ist.[8] An dem Plan eines Aristoteles-Buches hält Heidegger noch bis zum Sommersemster 1924 fest, in dem er eine zunächst angekündigte Vorlesung über Augustinus durch eine solche über *Grundbegriffe der aristotelischen Philosophie* (GA 18) ersetzt, um dieses Buchprojekt voranzutreiben. Freilich ist nicht klar, ob der Aufbau dieser Vorlesung auch die aktuelle Disposition des geplanten Buches widerspiegelt oder einen in didaktischer Absicht freier gestalteten Zugang zu Aristoteles darstellt. Ein Vergleich mit der Disposition von 1922 zeigt allerdings das Gemeinsame, dass die aristotelische Bewegungsanalyse noch immer ein erstes Hauptziel der Interpretation darstellt, zu dem die Interpretation anderer Aristoteles-Texte lediglich vorbereiten soll. Aber diese anderen Aristoteles-Texte decken sich nicht mit den 1922 vorgesehenen – besonders das erste Buch der *Nikomachischen Ethik* und die *Rhetorik* kommen jetzt hinzu – und deren Interpretation dient noch nicht der eigentlichen Interpretation aristotelischer Grundbegriffe, sondern einer Explikation des Daseins als In-der-Welt-seins zum Zwecke der Vorverständigung über die Bodenständigkeit der Begrifflichkeit der aristotelischen Grundbegriffe. Man könnte sagen, dass darin – vielleicht in didaktischer Absicht – die beiden Elemente zusammengefasst werden, die 1922 als Anzeige der hermeneutischen Situation und als Klärung des Sinnes der aristotelisch verstandenen Forschung auf die Einleitung und den ersten Hauptteil verteilt sind. Außerdem ist in der Vorlesung von 1924 die Interpretation der Bewegungsanalyse von den vorbereitenden Interpretationen stärker abgesetzt, da

---

[8] Für die antike Philosophie vgl. die Marburger Vorlesungen *Platon. Sophistes* vom Wintersemester 1924/25 (GA 19) und *Die Grundbegriffe der antiken Philosophie* vom Sommersemester 1926 (GA 22): „Wenn wir in die platonische Philosophie eindringen wollen, so werden wir dies am Leitfaden der aristotelischen Philosophie tun." (GA 19, 11) „Der wissenschaftlich idealste Weg für die Einführung in die antike Philosophie wäre eine Einführung in *Aristoteles* und dann rückwärts und vorwärts [...] *Aristoteles* soll uns die Anweisungen geben." (GA 22, 205) Für die neuzeitliche Philosophie vgl. die Aristoteles-Kapitel in den Marburger Vorlesungen *Einführung in die phänomenologische Forschung* vom Wintersemester 1923/24 (GA 17, 6 ff.), *Logik. Die Frage nach der Wahrheit* vom Wintersemester 1925/26 (GA 21, 127 ff.) und *Die Grundprobleme der Phänomenologie* vom Sommersemester 1927 (GA 24, 327 ff.)

sie nun nicht mehr den ersten Teil abschließt, sondern das erste – und einzig ausgeführte – Hauptstück des zweiten Teils bildet, der sich als die eigentliche Interpretation aristotelischer Grundbegriffe auf dem Grunde des gewonnenen Verständnisses der Bodenständigkeit der Begrifflichkeit versteht. Diese besondere Stellung erhält der Begriff der κίνησις allerdings aus zwei Gründen, die schon 1922 entwickelt wurden: 1. Er ist eine Bestimmung des Seienden, *„von der aus alle weitere Seinsbetrachtung anzusetzen* ist" (GA 18, 273) – also, wie es 1922 hieß, der Aristoteles leitende Seinssinn, die eigentliche Motivquelle seiner Ontologie;[9] 2. in seiner Ausbildung vollzieht sich das *„radikale Ergreifen der Ausgelegtheit des Daseins"* (GA 18, 281), sodass er geradezu als *„Leitfaden für die Explikation des Seins des Daseins des Menschen"* (GA 18, 273) dienen kann – damit wird nur direkt ausformuliert, was 1922 als hermeneutischer Ertrag der Interpretation der Bewegungsanalyse für die Abhebung der Intentionalität als des ersten phänomenalen Charakters der Grundbewegtheit des Sorgens indirekt angedeutet wurde. Dass durch die Ausbildung eines Begriffs die Ausgelegtheit des Daseins radikal ergriffen wird, heißt im Kontext der Vorlesung von 1924, dass im Gegenzug gegen Begriffe, die durch Mitteilung und Gerede zur Herrschaft über die Ausgelegtheit der Welt und des In-der-Welt-seins gelangt sind, aber eben dadurch das ursprünglich in der *Vorhabe* stehende Seiende und dessen ursprünglich in der *Vorsicht* stehenden Sinn von Sein verstellt haben, in echter philosophischer Forschung eben jene ursprüngliche Vorhabe und Vorsicht erneut angeeignet und der *Vorgriff*, d. h. die begriffliche Artikulation in der Anmessung an das erneut Angeeignete ausgearbeitet wird (GA 18, 273 ff.).

Bevor wir uns nun der Interpretation der Bewegungsanalyse selbst zuwenden, um zu sehen, inwiefern Heidegger ein solches radikales Ergreifen der Ausgelegtheit des Daseins durch den aristotelischen Begriff der Bewegung tatsächlich geleistet sieht, muss auf einen Umstand hingewiesen werden, der die volle Würdigung der in der Vorlesung von 1924 durchgeführten Interpretation etwas erschwert und deshalb von vornherein bedacht sein will: Die ausdrücklich formulierte Absicht, den Begriff der Bewegung als möglichen Leitfaden für die Explikation des Seins des Daseins auszulegen, wird hier insofern nicht vollständig eingelöst, als eine offenbar geplante Interpretation der Schrift *Über die Seele* aufgrund des wieder einmal zu schnell eingetroffenen Semesterendes nicht mehr ausgeführt ist. Spuren davon finden sich in kurzen Ausführungen über den νοῦς unmittelbar vor dem Beginn der Interpretation der Bewegungsanalyse (GA 18, 279-281) sowie in einem Teil der handschriftlichen Aufzeichnungen zur Vorlesung (GA 18, 362-364). Deutlicher wird der strukturelle Zusammenhang der

---

[9] Jetzt weitet Heidegger die Bedeutung des Begriffs der κίνησις mehrmals ausdrücklich über die aristotelische auf die ganze griechische Ontologie aus: „alles Verständnis dessen, wie die Griechen das Sein aufgefaßt haben, [hängt] daran [...], wie man die κίνησις versteht." (GA 18, 326) „In der κίνησις und deren Interpretation gründet die Möglichkeit, das, was die Griechen an Forschung geleistet haben, von Grund aus zu verstehen. " (GA 18, 327)

Interpretation der *Physik* mit der Interpretation der Schrift *Über die Seele* in der Vorlesung von 1926, die mit zwei entsprechenden Kapiteln abschließt. Der Text dieser beiden Kapitel soll deshalb im Folgenden ständig mit herangezogen werden.[10]

Es ist bekannt, dass Aristoteles mit dem Begriff der κίνησις nicht nur das Phänomen der Ortsbewegung im Auge hat, die in der neuzeitlichen Physik unter dem Titel „Bewegung" einzig thematisiert wird, und auch dies eigentlich nur im Hinblick auf das Bezugssystem, aus dem die Geschwindigkeit der Ortsbewegung berechnet werden kann (Weg und Zeit). Aristoteles denkt ebenso an die Phänomene des Entstehens und Vergehens, der Veränderung und des Wachstums und Abnehmens, an eine Phänomen-Mannigfaltigkeit also, die schon von Arisoteles selbst oft angemessener unter der allgemeineren Bezeichnung με–ταβολή, „Umschlag von etwas zu etwas" (GA 22, 318), zusammengefasst wird. Heideggers Interpretation zielt nun darauf ab zu zeigen, dass Aristoteles sich nicht nur nicht primär am physikalischen Phänomen der Ortsbewegung orientiert, sondern dass auch sein alle verschiedene Weisen des Umschlags umfassender Begriff der Bewegung nicht primär in der Orientierung an Phänomenen der unbelebten Natur, d. h. der im modernen Sinne physikalischen Natur schlechthin gewonnen wird. Vielmehr ist es nach Heidegger das *Leben*, und zwar im weiten Sinne des tierischen und menschlichen Lebens als zweier verschiedener Weisen des Umgehens in der Welt, sowie die *Welt* im primären Sinne, d. h. die Welt nicht als Natur-Welt, sondern eben als Worin des Umgangs, als Umwelt,[11] die eine „exemplarische Bedeutung" für die aristotelische Bestimmung der Bewegung erhalten, ja, „es ist gerade die erstmalige phänomenologische Erfassung von Leben, was zur Bewegungsinterpretation führte und die Radikalisierung der Ontologie ermöglicht" (GA 22, 182). Es ist also nach Heidegger nicht so, dass Aristoteles einen anhand der unbelebten Natur gewonnenen Bewegungsbegriff dann auch auf das Leben übertragen würde – diese Interpretationsrichtung wäre nur ein Ausdruck der an das innerweltlich Vorhandene verfallenden Ausgelegtheit des Lebens –, sondern umgekehrt ist Aristoteles in seiner Analyse der auch auf die unbelebte Natur übertragbaren Bewegung im vorhinein schon geführt durch den Blick auf die Bewegtheit des Lebens. Entsprechend ist Heideggers Interpretation der Bewegungsanalyse, die in verhältnismäßig „philologischer" Manier den Text der ersten drei Kapitel des dritten Buches der *Physik* Abschnitt für Abschnitt und in engem Bezug auf den originalen griechischen Wortlaut durchgeht, dadurch gekennzeichnet, dass sie alle von Aristoteles zur Bestimmung der Bewegung herangezogenen Begriffe als solche

---

[10] Vgl. GA 22, 170-188, die den großenteils stichwortartigen Manuskripttext wiedergeben, außerdem GA 22, 307-314, die den Text der Nachschrift von Hermann Mörchen, und GA 22, 317-331, die den Text der Nachschrift von Walter Bröcker wiedergeben.

[11] „κίνησις [...] aus ποίησις, Umgang, und das heißt *primär* die Welt – zu Natur-Kategorie erst später geworden." (GA 18, 381)

auszulegen bemüht ist, die in der Orientierung am *herstellenden Umgang in der Welt* gewonnen sind. Und so ist auch das in Heideggers Interpretation allgegenwärtige Beispiel, an dem jene Begriffe immer wieder veranschaulicht werden, die „Ursituation" der Bewegung sozusagen, die dann ähnlich auch in der Zeuganalyse von *Sein und Zeit* variierte Situation der Werkstatt, in der ein Tischler ein Stück Holz zu einem Möbelstück verarbeitet[12] – Aristoteles selbst bevorzugt bekanntlich in seinem Text die Beispiele des Bildhauers und des Hausbaus. Wir wollen diese Interpretationsrichtung anhand der für die aristotelischen Bewegungsdefinitionen unmittelbar konstitutiven Grundbegriffe der δύναμις, der ἐντελέχεια und der ἐνέργεια belegen.

Heidegger betont, dass es sich bei diesen drei Begriffen um von Aristoteles auf dem Boden des Phänomens der Bewegung neu ausgebildete Begriffe handelt, die allerdings für uns heute – nicht zuletzt aufgrund der gängigen Übersetzungen als „Möglichkeit" und „Wirklichkeit" – derart abgegriffen sind, dass ein Sehen ihrer fundamentalen Bedeutung eine besondere Anstrengung verlangt (GA 18, 293). Dieser Anstrengung unterzieht sich Heidegger dadurch, dass er, anstatt jene gängigen Übersetzungen zu übernehmen oder sich auch nur auf bestimmte andere Standardübersetzungen festzulegen, im Zuge der Interpretation seine Übersetzungen ständig variiert. Während er so für δύναμις die Übersetzung als „Möglichkeit" vermeidet, da sie im Sinne des bloß formalen und negativen Begriffes der Nicht-Wirklichkeit, der zur Verwirklichung nichts entgegensteht, in die Irre führt (GA 18, 379), spricht er stattdessen von „Seinkönnen", „Dienlichsein zu ...", „Verfügbarkeit für ...", „Eignung zu ...", „Bereitsein zu ..." usw., um den positiven Sinn des Begriffs augenfällig zu machen. Was δυνάμει ist, ist zwar auch in gewisser Weise durch ein Nicht bestimmt, indem etwa das zu etwas Bereite das, wozu es bereit ist, noch nicht ist, aber es handelt sich nicht um ein Überhaupt-nicht-Sein, sondern um ein Nichtsein im Sinne einer bestimmten Seinsweise, zu der Platon im *Sophistes* durch seinen Begriff des μὴ ὄν vorgestoßen ist (GA 18, 320) – wir erinnern uns an dieser Stelle, dass Heidegger schon in der Vorlesung des folgenden Semesters eben diesen platonischen Dialog ausführlich behandeln wird. Die δύναμις ist eine, wenn auch durch στέρησις, „Privation", bestimmte, Grundweise der οὐσία, des Seins im Sinne der „Anwesenheit" bzw. „Hergestelltheit". Ein Stück Holz ist δυνάμει, sofern es sich zur Herstellung etwa eines Tisches eignet und durch Herstellung ein solcher werden kann. Heidegger weist einmal ausdrücklich darauf hin, dass es sich bei der δύναμις um eben jenen Seinscharakter handle, den er selbst „seit langem" als *Bedeutsamkeit* zu bezeichnen pflege (GA 18, 300). Tatsächlich spricht er in seinen Vorlesungen seit 1919 von Bedeutsamkeit und meint damit den primären Begegnischarakter der Welt, in dem diese nicht als Gegenstand eines theoreti-

---

[12] Vgl. besonders GA 18, 313 f. und GA 22, 320 f. – In *Sein und Zeit* handelt es sich eher um die Werkstatt eines Schusters, vgl. GA 2, 91 ff.

schen Betrachtens, sondern als Worin des besorgenden Umgangs, als Beiträglichkeit zum Ende des Besorgens begegnet.

Hinsichtlich des Grundbegriffs der ἐντελέχεια folgt Heidegger der von Hermann Diels vorgeschlagenen Etymologie, aber nicht seiner Übersetzung durch „Besitz der Vollkommenheit", die nicht den ontologischen Grundsinn wiedergebe (GA 18, 368). Stattdessen übersetzt Heidegger den Begriff durch Bindestrich-Neologismen wie „Sich-im-Fertigsein-Halten" oder „Sich-in-seinem-Ende-Halten" und erläutert ihn im Sinne der eigentlichen Weise der Anwesenheit bzw. Hergestelltheit eines Seienden, in der dieses als τέλος, als „Ende" eines herstellenden Besorgens da ist (GA 18, 296). Im engeren Sinne in seinem Ende da ist ein Seiendes dann, wenn die es herstellende Arbeit beendet ist und es als ἔργον, als „Werk" fertig vorliegt, z. B. als fertiggestellter Tisch. Allerdings gebraucht Aristoteles, so Heidegger, den Begriff der ἐντελέχεια auch in einem weiteren, gewissermaßen formalisierten Sinne, wenn er sie auch auf diejenige Anwesenheitsweise eines Seienden überträgt, in der dieses gerade noch nicht als Werk fertig vorliegt, sondern noch „in Arbeit ist", sodass dieses „In-Arbeit-Sein" – und das ist eine der Übersetzungen Heideggers für den weiteren Grundbegriff der ἐνέργεια – für das noch nicht beendete Werk als vorläufiges Ende des herstellenden Besorgens eintritt (GA 18, 321). Wenn daher Aristoteles die Bewegung in einer Zusammennahme der beiden Grundbegriffe der δύναμις und der ἐντελέχεια definiert als τοῦ δυνάμει ὄντος ἐντελέχεια, ἧ τοιοῦτον (Physik 201 a 10 f.), als „Sich-in-seinem-Ende-Halten des Seinkönnenden als eines solchen", so ist darin das „Sich-in-seinem-Ende-Halten" im weiten Sinne als ausgezeichnete Weise der Gegenwart zu verstehen: Das Seinkönnende kommt als solches, d. h. in seiner Seinsweise des Seinkönnens, der Dienlichkeit, Verfügbarkeit, Eignung, Bereitheit, Bedeutsamkeit gerade dadurch zu einer ausgezeichneten Gegenwart, „kommt [...] mir in gewisser Weise näher", „drängt sich [...] auf" (GA 22, 322), dass es noch nicht als Werk fertig da ist, sondern nur erst *im Fertigwerden begriffen* ist. Das Stück Holz wird in seiner Eignung zur Herstellung eines Tisches dadurch besonders gegenwärtig, dass der Tischler es nicht mehr nur irgendwo ungebraucht herumliegen lässt, sondern es in seiner Werkstatt „zur Hand" nimmt und „unter der Hand" hat, um aus ihm einen Tisch zu fertigen. Deshalb meint ἐντελέχεια in der Definition der Bewegung eigentlich ἐνέργεια (GA 18, 313, 321),[13] die Heidegger außer als „In-Arbeit-Sein" auch als „Im-Werke-Sein", „Unterhandenheit" oder „Zuhandenheit" übersetzt, nachdem das im Grunde ideale Wort „Wirklichkeit", das auf das Wirken und Werken verweist, durch die philosophische Tradition dieser möglichen Bedeutung entfremdet wurde (GA 22, 322). Im (noch nicht veröffentlichten) Seminar

---

[13] Dies ist auch der Grund dafür, dass Heidegger in der Vorlesung vom Sommersemester 1926 an dieser Stelle des Aristoteles-Textes, einer anderen Lesart folgend, ἐνέργεια statt ἐντελέχεια liest. Vgl. GA 22, 172.

von 1928 übersetzt Heidegger ἐνέργεια auch als „Ereignis", sofern diese die der „Eignung" korrespondierende Bewegung ist, in der „ein Geeignetes von sich aus diese seine Eignung als solche bekundet".

Inwiefern ist nun diese Bestimmung der Bewegung des in der Herstellung befindlichen Werkes von vornherein orientiert an der Bewegung des herstellenden Handwerkers? In welchem Verständnis der Bewegung des Lebens bzw. des menschlichen Daseins gründet das Verständnis der Bewegung des Hergestelltwerdens? Denn darin, dass überhaupt das menschliche Dasein „primär bewegt" und nicht etwa ein zeitloses Ich ist, so Heidegger wiederum im Seminar von 1928, hat das Verstehen von Bewegung seine „innere Möglichkeit": Das Verstehen ist selbst eine Bewegung, und zwar die „ursprüngliche Bewegung", die „Urbewegung", die „absolute Bewegung". Damit ein herstellendes Besorgen überhaupt ein zu einem bestimmten Werk Dienliches entdecken und zur Herstellung dieses Werkes in Arbeit nehmen kann, muss es zuvor schon auf dieses Werk „aus sein", nach ihm „streben". Dieses „Aussein" oder „Streben", ὄρεξις (GA 22, 309 f.), ist eine „Vorwegnahme", προαίρησις, des Werkes, kraft derer das herstellende Besorgen sich bereits vor der Beendigung des Herstellens in ihrem Ende hält (GA 22, 311). Die Bewegung des Hergestelltwerdens, für die es als ἐνέργεια gerade konstitutiv ist, dass ihr Ende, die Fertigstellung des Werkes, noch außer ihr liegt, ist also nur verständlich, wenn die Bewegung des herstellenden Besorgens sich als solche immer schon vorwegnehmend in ihrem Ende hält und so in eigentlicherem Sinne ἐντελέχεια ist. Dass aber das Leben immer wieder auf Werke aus ist und sein herstellendes Besorgen nie völlig abbricht, ist nur dann verständlich, wenn es mit der Beendigung des Herstellens einzelner Werke nicht wirklich zu seinem Ende kommt, wenn sein Ende nicht in seinen Werken, sondern *in ihm selbst* liegt. Diese Struktur, dass das Leben sein Ende in ihm selbst hat, ist seine eigentliche ἐντελέχεια, seine eigentliche Bewegung, die es im Unterschied zur Bewegung des Hergestelltwerdens als ein *Sich-Bewegen* kennzeichnet und es zu einem noch höheren Modus der „Aufdränglichkeit" der Anwesenheit macht: „ζωή hat die ontologische Grundbestimmung, daß sie von ihm selbst her sich Aufdrängendes ist, nicht zufällig, sondern notwendig. Weil zu seinem Wesen die Bewegung selbst gehört, weil das τέλος [...] das, wobei die Bewegung zu ihrem Ende kommt, für das Lebende in ihm selbst liegt" (GA 22, 323).

Das Ende des Lebens liegt für das Lebende in ihm selbst: Das ist der Leitfaden für die phänomenologische Hebung der Grundbewegtheit des Sorgens, in der es dem menschlichen Dasein in seinem Sein um dieses Sein selbst geht. Nicht nur Kierkegaard, sondern auch Aristoteles war ein Geburtshelfer der von Heidegger formulierten Struktur der Existenz.

Die hermeneutische Situation einer heutigen Deutung des griechischen Wahrheitsverständnisses

Claudius Strube, Wuppertal

In der Diskussion über Heideggers Deutung der ἀλήθεια als Unverborgenheit wird zumeist die Übersetzungsfrage an den Anfang gestellt. In der Entscheidung über das Recht oder Unrecht dieser Übersetzung sehen Apologeten wie auch Kritiker eine Art Basisargument, und sie erwarten davon eine ‚sachliche' Unterstützung für ihre jeweilige Beurteilung des philosophischen Gehalts dieser Übersetzung. Das ist verkehrt. Hermeneutisch gesehen muss die philosophische ‚Übersetzung' vorangehen. Die Klärung des Interpretationsansatzes erhellt erst den Horizont, in dem eine wörtliche Übersetzung sinnvoll ist. Tatsächlich ist Heideggers Gedankengang schon im Anfang komplexer. Meistens übersieht man, dass Heidegger gar nicht direkt darauf zusteuert, ἀλήθεια mit ‚Unverborgenheit' zu übersetzen. Vielmehr äußert er zunächst – und eröffnet damit einen hermeneutischen Zirkel – seinen Zweifel, ob es überhaupt sinnvoll sei, ἀλήθεια traditionell, d. h. lexikalisch, durch das Wort ‚Wahrheit' zu übersetzen, zumal er weiß, dass er dann auch „die theoretischen Begriffsbestimmungen dieses Ausdrucks" (GA 2, 291) – Wahrheit als das, was „im Urteil vorkommt", Wahrheit als „Übereinstimmung" des Denkens mit dem Gegenstand – mit transponieren würde. Wenn er also schließlich ἀλήθεια mit ‚Unverborgenheit' übersetzt, dann nimmt er eine Vorbestimmung vor, als was Wahrheit, wenn man denn doch an diesem Begriff festhält, ausgelegt werden muss. Was Heidegger dann aber fasziniert, ist die Tatsache, dass das, was für uns heute eine Neubestimmung des Sinnes von Wahrheit ist, im griechischen Wort ἀλήθεια gewissermaßen bereits vorliegt. Als Wort gibt es zu ἀλήθεια im Deutschen einen vergleichbaren Ausdruck: ‚Unvollkommenheit'. „Dieser Ausdruck ist nicht schlechthin negativ, sondern negativ in einer besonderen Weise. Das, was wir als unvollkommen aussprechen, hat nicht überhaupt nichts mit Vollkommenheit zu tun, sondern es ist gerade auf diese hin orientiert: Es ist in Bezug auf Vollkommenheit nicht so, wie es sein könnte. [...] Mit Bezug auf Vollkommenheit fehlt ihm etwas, es ist *ihm genommen, geraubt* – privare, wie dies das α-privativum sagt" (GA 19, 15 f.).[1] Die eigentliche Interpretationsthese lautet also: ἀλήθεια, Wahrheit als Un-verborgenheit.

---

[1] Später nennt Heidegger noch einen anderen Vergleich: „Die Struktur der Bedeutung und die Wortprägung von ἀλήθεια deckt sich nicht, aber entspricht der des deutschen Wortes ‚Unschuld' im Unterschied von ‚Schuld', wo das negative Wort das Positive darstellt (von Schuld frei) und das positive Wort das Negative (Schuld als einen Mangel. So ist, für den Griechen,

In diesen hermeneutischen Zirkel muss gelangen, wer die bedeutsame Tatsache, dass bei den Griechen ‚Wahrheit‘ wörtlich Unverborgenheit bedeutet, wiederentdecken will. Die bloße Suche nach semantischen Belegen bzw. nach Gegenbeispielen glaubt, diesen hermeneutischen Zirkel ausschalten zu können, mit der Folge, dass ‚Unverborgenheit‘ zu einem bloßen ‚Wortbegriff‘ wird. Derartige Begriffe schneiden uns von den philosophischen Motiven einer Übersetzung ab; ihre typische Ubiquität lässt dazu die geschichtlichen Bedingungen eines Interpretationsansatzes übersehen. „Die Tradition [insofern sie das Überkommene der Selbstverständlichkeit überantwortet; Erg. v. Vf.] entwurzelt die Geschichtlichkeit des Daseins [...]. Die Folge wird, daß das Dasein bei allem historischen Interesse und allem Eifer für eine philologisch ‚sachliche‘ Interpretation die elementarsten Bedingungen nicht mehr versteht, die einen positiven Rückgang zur Vergangenheit im Sinne einer produktiven Aneignung ihrer allein ermöglichen." (GA 2, 29) Heidegger selber hat vor der Anwendung eines philologischen Verfahrens bei Grundbegriffen der Philosophie gewarnt, es sei denn, ein solches Verfahren ließe sich – wie in diesem Fall – einbinden in die hermeneutische Aufgabe der Aufklärung, wie ἀλήθεια zu einem emphatischen Begriff werden konnte. „Die Beiziehung solcher Belege muß sich vor hemmungsloser Wortmystik hüten; gleichwohl ist es am Ende das Geschäft der Philosophie, die *Kraft der elementarsten Worte*, in denen sich das Dasein ausspricht, davor zu bewahren, daß sie durch den gemeinen Verstand zur Unverständlichkeit nivelliert werden, die ihrerseits als Quelle für Scheinprobleme fungiert." (GA 2, 291)

Eine nähere Bestimmung des spezifischen Interpretationsansatzes Heideggers ist schon deshalb nötig, weil er in der philosophischen Rezeption der nicht unbestritten gebliebenen Etymologie von ἀλήθεια als ἀ–λήθεια keineswegs originell war. Seit ihrer Entwicklung im 19. Jahrhundert war sie schon öfters philosophisch ausgemünzt worden.[2] Die bemerkenswerteste Verwendung vor Heidegger war die von Nicolai Hartmann in seinem Buch *Platos Logik des Seins*. Die berühmte Passage in Platons *Phaidon* (99e 4 ff.), die Schleiermacher übersetzt hat mit „mich dünkte, ich müsse zu den Gedanken meine Zuflucht nehmen und in diesen das wahre Wesen der Dinge anschauen", lautete bei Nicolai Hartmann: „Es schien mir aber erforderlich, *mich in die* λόγοι *zurückziehend, in ihnen zu betrachten die Unverborgenheit der Seienden.*"[3] Dazu machte Hartmann wiederum die Anmerkung: „Bei Plato hat ἀλήθεια noch vielfach den ursprünglichen, wörtlichen Sinn, der einfache Negation des λανθάνειν ist: ἀ–ληθής – ‚unverborgen‘. Es ist einer von jenen bedeutsamen Begriffen,

---

auch Wahrheit ein Privativum." (GA 34, 11) Dieser Vergleich trifft aber nur im Grammatischen eine Übereinstimmung.

[2] Vgl. Holger Helting: ἀ–λήθεια-Etymologien vor Heidegger im Vergleich mit einigen Phasen der ἀλήθεια-Auslegung bei Heidegger, Heidegger-Studies 13 (1997), 93-107.

[3] Nicolai Hartmann: Platos Logik des Seins. Gießen: Töpelmann 1909, 239.

die gleichsam handgreifliche Beispiele der in der Begriffsbildung sich bestätigenden Methode des Nichtseins sind, indem ihr Gebrauch sie als durchaus positiv zeigt, während ihre Etymologie noch den negativen Ursprung erkennen läßt. [...] Für diese Auffassung der ἀλήθεια spricht auch folgendes. λήθη bedeutet (nach Phäd. 75 D) ἐπιστήμης ἀποβολή das ‚Verlorengehen‘ eines Wissens. Folglich muß die ἐπιστήμη in ihrer Nichtverlorenheit auch notwendig Unvergessenheit oder Unverborgenheit sein [...]."[4]

Heidegger macht zum ersten Mal Gebrauch von der bekannten Etymologie[5] in dem so genannten *Natorp-Bericht*[6], einem im September / Oktober 1922 für die Marburger und die Göttinger Philosophische Fakultät angefertigten Auszug aus seiner Aristoteles-Vorlesung vom Sommersemester 1922. „Das ‚Wahrsein‘ des λόγος des Ansprechens konstitutiert sich seinem Sinne nach erst auf dem Umwege über das ψεῦδος. [...] Das λέγειν gibt das Seiende an ihm selbst, das heißt jetzt, *es* in seinem unverhüllten ‚Als-Was‘, sofern sich nicht ein täuschendes, nur sich *als so* ausgebendes »Was« vorschiebt. Das ψεῦδος als Sichverhüllen hat nur Sinn auf Grund der ursprünglich *nicht* λόγος-bezogenen Bedeutung des ἀληθές: [δόξα] ψευδὴς ἐγίνετο, λάθοι μεταπεσὸν τὸ πρᾶγμα (De an. Γ

---

[4] Nicolai Hartmann: Platos Logik des Seins. Gießen: Töpelmann 1909, 239.

[5] Nach den von Bernhard Welte überlieferten Erinnerungen Heinrich Ochsners an die Zeit, als Heidegger mit ihm Emil Lasks Buch *Über das Urteil* gelesen hatte (etwa 1915), habe Heidegger bereits damals erklärt, „die Wahrheit sei, viel ursprünglicher als bei E. Lask und E. Husserl, als ἀ-λήθεια, d. h. als Un-verborgenheit zu verstehen, als das Geschehen oder das Ereignis des Hervorgangs ins Offene aus der Verborgenheit" (Bernhard Welte: Der stille große Partner. Erinnerungen an Heinrich Ochner, in: Curd Ochwadt / Erwin Tecklenborg (Hg.): Das Maß des Verborgenen. Heinrich Ochsner (1891-1970) zum Gedächtnis. Hannover: Charis 1981, 215). Dass Lasks geltungsphilosophische Lehre, wonach Gegenständlichkeit (Sein) nicht durch neutrale Gegensatzlosigkeit, sondern durch eine wertartige Übergegensätzlichkeit bestimmt ist, den Begriff einer ontologischen Wahrheit (Wahr-sein jenseitig von der in sich gegensätzlichen Urteilswahrheit) denkbar gemacht hat und dabei Heideggers Rezeption der ἀ-λήθεια provoziert hat, lässt sich plausibel machen. Vgl. v. Vf.: Zur Vorgeschichte der hermeneutischen Phänomenologie. Würzburg: Königshausen & Neumann 1993, 113 ff., bes. 120 f.

[6] In seinem Brief an Karl Jaspers vom 19. November 1922 berichtete Heidegger, nachdem er sich nochmals herzlich bedankt hatte für die Tage in Heidelberg (die Einladung war am 6. September ausgesprochen worden), über die Zeit nach seiner Rückkehr: „Als ich hierher zurückkam, erwartete mich Husserl mit der Nachricht, man habe in Marburg von meinen Aristotelesvorlesungen und so fort Kunde; Natorp wünsche eine konkrete Orientierung über meine geplanten Arbeiten. Darauf setzte ich mich drei Wochen hin und exzerpierte mich selbst und schrieb dabei eine ‚Einleitung‘; das Ganze diktierte ich dann (60 Seiten) und schickte durch Husserl je ein Exemplar nach Marburg und Göttingen. Den ‚Erfolg‘ in Göttingen ersehen Sie aus dem beiliegenden Brief von Misch. [...] In Marburg hat nun die Arbeit auch eingeschlagen; Natorp schreibt, dass ich auf jeden Fall außer 3 anderen ‚an hervorragender Stelle‘ auf die Liste komme." (Martin Heidegger / Karl Jaspers: Briefwechsel 1920-1963. Hg. v. Walter Biemel und Hans Saner. Frankfurt am Main. Klostermann 1990, 33 f.). Tatsächlich wurde Heidegger auf der Berufungsliste (12. Dezember 1922) auf Platz 1 gesetzt.

3, 428b 8 sq.). Hier ist das *Verborgenbleiben, Verhülltsein* ausdrücklich als den Sinn von ψεῦδος und damit den von ‚Wahrheit' bestimmend fixiert. Aristoteles sieht das Verborgensein an ihm selbst positiv, und es ist kein Zufall, daß der Sinn von ‚Wahrheit' für den Griechen sinnmäßig – nicht nur grammatisch – *privativ* charakterisiert ist. Das Seiende im Wie seiner möglichen ‚Als-Was-Bestimmtheiten' ist nicht einfach da, es ist ‚Aufgabe'. Und das Seiende im Wie seines Unverhülltseins, ὂν ὡς ἀληθές ist das, was in Verwahrung genommen werden muß gegen möglichen Verlust."[7]

Wenn Heidegger hier erklärt, dass ‚Wahrheit' für die Griechen sogar sinnmäßig privativ charakterisiert ist, dann heißt das, dass ἀλήθεια eine faktische, d. h. noch nicht theoretisierte Lebenserfahrung der Griechen ist. Wenn sich aber in diesem Wort das griechische Dasein selbst ausspricht, dann kann seine grammatische Eigenschaft nicht mehr ohne weiteres als Zufall angesehen werden. Das reicht aber nicht aus, um die Etymologie, die diese grammatische Eigenschaft behauptet, als Indiz für den eigentlichen Sinn von ἀλήθεια zu nehmen. Die grammatische Eigenschaft von ἀ–λήθεια gibt lediglich zu einer Vermutung Anlass.[8] Die von Heidegger hergestellte Sinngenese macht daher darauf

---

[7] Martin Heidegger: Phänomenologische Interpretationen zu Aristoteles. Hg. v. Günther Neumann. Stuttgart: Reclam 2003, 49 f., vgl. 47 [Sigle PhI]. Eine weitere bemerkenswerte Stelle zur ἀλήθεια findet sich gegen Ende des von Natorp (1854-1924) hinterlassenen Buches *Philosophische Systematik* (1922-23): „Heraklit spricht von verborgener Harmonie des Alls. Verborgen sei sie in der Tat aller auseinanderlegenden Theorie wie auch der zur Einheit bloß zurückstrebenden, aber nie endgültig sie wiedergewinnenden Praxis. In sich selbst aber, in der Gegenwärtigkeit der schlechthin sich gebenden Tat-sache, ist sie offenbar dem, der sich naiv trauend ihr hingibt und selbst ganz in sie eingeht. Diese Un-verborgenheit (A-letheia), diese unmittelbare zweifelsfreie Wahrheit also des Seins besteht ohne weiteres für den, der nur ihr aufgetan und unverschlossen ist. Das ist das Wahrheitsmoment der Poiesis, das Analogon des Theoretischen an ihr, ihr reines ‚Es ist', ihr Sinn einer reinen Bejahung, der überhaupt kein Verdacht des Widerspruchs mehr etwas anhaben kann" (Paul Natorp: Philosophische Systematik. Aus dem Nachlaß hg. von Hans Natorp. Sowie mit Einl. und textkritischen Anmerkungen von Hinrich Knittermeyer. Hamburg: Meiner 1958, 376). Auch hier taucht die A-letheia für die Wahrheit des Seins auf. Obwohl Natorp zu denen gehört, die schon frühzeitig die Etymologie von ἀλήθεια benutzt haben (vgl. Paul Natorp: Forschungen zur Geschichte des Erkenntnisproblems im Altertum: Protagoras, Demokrit, Epikur und die Skepsis. Hildesheim: Olms 1965 (Nachdr. der Ausg. Berlin 1884), 297 f.), möchte man im Hinblick auf die Art der Formulierung bereits einen Rückfluss von Heidegger annehmen, nicht nur durch dessen Bericht, den Natorp in der zweiten Oktoberhälfte 1922 erhalten hatte, sondern auch durch den Gedankenaustausch bei den gemeinsamen Spaziergänge in Marburg.

[8] „Wir müssen uns doch hüten, aus der Zergliederung eines Wortes und einer Wortbedeutung allzu viel herauszulesen, statt auf die *Sache* einzugehen, um die es sich handelt. Zu welchen unfruchtbaren Erörterungen, ja verhängnisvollen Irrtümern führen nicht die gewagten Kunststücke der Etymologie! Zumal wenn wir (für unseren Fall) bedenken, dass doch eben das sachliche Wesen der Wahrheit auch schon bei den Griechen im Sinne einer ὁμοίωσις (Angleichung, Übereinstimmung) gefaßt wurde. So dürfen wir der Erläuterung der bloßen Wortbedeutung nicht allzu viel, ja gar nichts zumuten." (GA 34, 11 f.) Daher bringt Heidegger

aufmerksam, dass die Interpretation sich in erster Linie auf den Nachweis eines Zusammenhangs zwischen Grunderfahrungen und ihrem sprachlichen Ausdruck stützen muss. Diese Sinngenese hat für Heideggers Gedankenführung eine erhebliche Folge. Sie macht ihn unabhängig von der Etymologie. Das ist auch richtig. Denn im Falle von ἀλήθεια stellt die Etymologie ja keinen empirischen Befund dar. Vielmehr ist sie nur eine Hypothese, die die Beobachtungen zusammenfassend zu erklären versucht, dass ἀλήθεια vielfach im Gegensatz zu allen Formen der Verborgenheit (Verdeckung, Verstellung, Verschleierung, Unkenntnis, Täuschung, Vergessen u. a.) auftritt, und dass das entsprechende Adjektiv attributiv bei äquivalenten Begriffen (πίστις u. a.) verwendet wird, deren ohnehin positiven Sinn bekräftigend. Es sind diese Beobachtungen, die die Silbe ‚ληθ' hervortreten lassen. Die Etymologie stellt sich dann von selbst ein.

Tatsächlich hat sich Heidegger kaum auf die Etymologie bezogen, sondern direkt auf derartige sprachliche Stilbeobachtungen. Ein für Heidegger wichtiges Beispiel ist die Beobachtung, die man in der Einleitung zu Heraklits philosophischem Werk machen kann: „Dem λόγος und dem, der ihn sagt und versteht, werden die Unverständigen entgegengestellt. Der λόγος ist φράζων ὀκως ἔχει, er sagt, wie das Seiende sich verhält. Den Unverständigen dagegen λανθάνει, bleibt in Verborgenheit, was sie tun; ἐπιλανθάνονται, sie vergessen, das heißt, es sinkt ihnen wieder in die Verborgenheit zurück. Also gehört zum λόγος die Unverborgenheit, ἀ–λήθεια." (GA 2, 290 f.)

Damit ist für Heidegger das Interpretationsziel bestimmt. Der ganze Sinn dieser Interpretation aber enthüllt sich erst, wenn man die hermeneutische Situation dieser historischen Interpretation klärt. Unabhängig davon, ob es sich um eine systematische oder historische Interpretation handelt, ist die hermeneutische Situation, insofern sie die der eigenen Zeit und Generation ist, stets eine geschichtliche. Für die Ausbildung einer solchen Situation gilt der Leitsatz: „*Die Zugangsmöglichkeit zur Geschichte gründet in der Möglichkeit, nach der es eine Gegenwart jeweils versteht, zukünftig zu sein. Das ist der erste Satz aller Hermeneutik.*" (GA 64, 123) Diesem Satz folgen, heißt, die Tendenzen seiner Zeit aufzuspüren.

Unsere Zeit ist durch die Vorherrschaft des theoretischen Erkennens bestimmt. In der öffentlich anerkannten Forderung nach Wissenschaftlichkeit in allen Lebensbereichen und entsprechend in der fortschreitenden Entwicklung

---

seine Ungläubigkeit gegenüber der Kontingenz dieser Wortprägung zumeist nicht durch einen abweisenden Behauptungssatz, sondern durch eine rhetorische Frage zum Ausdruck. „So wenig wir uns an eine bloße Wortbedeutung klammern dürfen und wollen, so sehr müssen wir doch bedenken, dass das Wort für Wahrheit, ἀλήθεια, kein Wort für irgendein beliebiges und gleichgültiges Ding ist, sondern ein Wort für das, was der Mensch im Grunde seines Wesens will und sucht, ein Wort demnach für etwas Erstes und Letztes. Und das Wort hierfür sollte gleichgültig, seine Prägung zufällig gewesen sein [...]?" (GA 34, 12; vgl. GA 2, 294)

von wissenschaftlichen Disziplinen ist es weitgehend zur Ausbildung gekommen. Die *„Sorge um Sicherung der Erkenntnis"* vollzieht sich seit Descartes „auf dem Wege des Erkennens der Erkenntnis" (GA 17, 72), der *Begründung einer absoluten Wissenschaftlichkeit.* Die Sorge des Erkennens artikuliert sich heute nach drei Tendenzen, die alle dafür sorgen, dass die Herrschaft des theoretischen Erkennens nicht mehr kontrollierbar wird (vgl. GA 17, 116).

1. Die Sorge um unbeschränkte Neugier: In dieser Form genügt es dem Dasein nicht, diesen oder jenen Ausschnitt des Seienden, der im Leben da ist, erkannt zu haben. Die Sorge sorgt sich, immer weiter im Erkennen vordringen zu können. So aber verfängt sich die Sorge des Erkennens in sich selbst. Ihr „kommt es nicht mehr darauf an, *was* sie erkennt, und noch weniger auf die *Art des Seins* dessen, was sie erkennt. Ihr liegt einzig daran, *daß* immer neue Möglichkeiten des Erkennens da sind" (GA 17, 126). 2. Die Sorge um eine absolute Sicherung der Erkenntnis: „In dieser Sorgensart kommt es dem Erkennen darauf an, sich so zu vollziehen, daß das *Erkennen* und das *Erkannte* in diesem Erkanntsein *erkannt* sind. Das Erkennen selbst wird in ein bestimmtes Erkanntsein gebracht. Sorge um erkannte Erkenntnis: Der eigentümliche Charakter dieser Sorge ist, sofern es der Sorge darauf ankommt, das Erkennen selbst zu haben, es einsichtig zu geben; sofern es der Sorge allein und primär auf die *Einsichtigkeit* ankommt, kommt sie dazu, für methodologische Betrachtungen ein besonderes Interesse zu bezeigen. Der spezifische *Vorrang der methodologischen Betrachtungen* charakterisiert die heutige Art zu erkennen." (GA 17, 127) Auch hier verfängt sich die Sorge in dem, was sie besorgt. Indem es ihr zuallererst darum geht, jede mögliche Erkenntnis zu sichern, letztlich die größtmögliche Evidenz, ja absolute Gewissheit zu erreichen, wird sie blind für das Seiende, d. h. für das, was erkannt werden soll. 3. Die Sorge um allgemeine Verbindlichkeit bzw. um absolute Objektivität: Es ist für diese Sorge kennzeichnend, dass sie sich nie die Zeit genommen hat, vor einer Bestimmung des Maßstabes für Verbindlichkeit danach zu fragen, worin das ursprüngliche Phänomen des theoretischen Erkennens eigentlich besteht. Vielmehr hat sie sich unmittelbar von einem schlagenden Beispiel für Verbindlichkeit einnehmen lassen, von der Idee der mathematischen Naturerkenntnis. „Der Grundcharakter dieser Wissenschaft ist, abgesehen von ihrer Strenge, dadurch ausgezeichnet, daß ihre Ergebnisse in Gesetze formulierbar sind. Eine Gesetzmäßigkeit, die in eminentem Sinne wissenschaftlich ist, heißt ,allgemein bindend'. Die *Verbindlichkeit* dieser Sätze ist so vorwaltend und zugleich im menschlichen Dasein so imponierend, daß es das eigentliche Motiv darstellt, das dazu führt, die Idee dieser Wissenschaft zu verabsolutieren." (GA 17, 65; vgl. 101) Damit bewirkt die Sorge der Verbindlichkeit, „daß das Erkennen als das sich durchsetzt, was vor allen Möglichkeiten des Daseins geht und sie bestimmt" (GA 17, 127 f.).

Gemäß diesen Tendenzen wird Wissenschaft aufgefasst als „System objektiver Sätze" (GA 17, 75) bzw. als „das Ganze eines Begründungszusammenhangs wahrer Sätze" (GA 2, 15). Die Trivialität, dass alle theoretische Forschung sich in Aussagesätzen niederschlägt, wird durch das übersteigerte Begründungsinteresse gewissermaßen ‚gehoben'. Das macht es, dass Wahrheit als Allgemeingültigkeit ausgelegt werden kann. „Gültigkeit ist ein Charakter des ausgesprochenen Satzes, der fertigen Erkenntnis, sofern sie *öffentlich* geworden, d. h. auf Mitteilbarkeit, Weitergabe und Aneignung orientiert ist." (GA 17, 98; vgl. 120 f.) Doch Gültigkeit kann nicht der eigentliche Sinn der Erkenntniswahrheit (theoretische Wahrheit) sein, wenn doch die Sorge um erkannte Erkenntnis letztlich das Erkennen von seinem eigentlichen Ziel, das Seiende selbst erfasst zu haben, abschneidet.

Es gibt aber noch eine ganz andere Tendenz. Diese enthüllt sich, wenn man den Sinn der Wissenschaftskrisen richtig deutet. Zumeist werden sie zum Anlass genommen, die Sorge um letztgültige Erkenntnis zu steigern; insbesondere die ‚Grundlagenkrisis' in der Mathematik hat so gewirkt, was aber nicht verwundern kann, da sie ja das Vorbild für das wissenschaftliche Wahrheitsverständnis hergegeben hatte. Tatsächlich ging es in dieser wie in allen anderen Wissenschaftskrisen nicht um eine Auseinandersetzung über die Möglichkeiten der systematischen Begründung, sondern um eine Auseinandersetzung über die Gewinnung der rechten Zugangsart zu dem, was Gegenstand dieser Wissenschaft sein soll. „Die eigentliche Krisis ist die in den Wissenschaften selbst, die darin besteht, daß das Grundverhältnis der einzelnen Wissenschaften zu den von ihnen befragten Sachen fraglich geworden ist. Das Grundverhältnis zu den Sachen wird unsicher und die Tendenz lebendig, eine Vorbesinnung auf die Grundstruktur der befragten Sachen durchzuführen, d. h. die Unsicherheit der Grundbegriffe der jeweiligen Wissenschaft zu beseitigen oder diese Grundbegriffe aus ursprünglicher Sachkenntnis zu festigen. Echte Fortschritte der Wissenschaften spielen nur in diesem Felde. [...] Die heutige Krisis in allen Wissenschaften hat demnach ihre Wurzeln in der Tendenz, das jeweilige Gegenstandsgebiet ursprünglich zurückzugewinnen, d. h. zu dem Sachfeld vorzudringen, das in das Thema der Forschung gestellt werden können soll (GA 20, 3 f., vgl. GA 2, 13). Der wissenschaftliche Fortschritt kommt also nicht evolutionär zustande durch methodologische Verbesserungen einerseits und Kumulation von Tatsachen andererseits, sondern durch die Revolutionierung des Systems der geltenden ‚Wahrheiten', der bisherigen ‚Gültigkeiten'. „Eine Wissenschaft entwickelt sich nicht dadurch, daß irgendein Gelehrter in einem bestimmten Fall etwas Neues findet, sondern der Ruck, in dem eine Wissenschaft vorwärts kommt, liegt jeweils in der Revision der Grundbegriffe, d. h. in der von da einsetzenden Umlegung der bisher vorhandenen Sätze und Begriffsbestände auf neue Fundamente" (GA 21, 16 f., vgl. GA 2, 9).

Die Revision der Grundbegriffe wird erzwungen durch die Entdeckung eines neuen, ursprünglicheren Zugangs zu dem, was Gegenstand einer Wissenschaft ist; die ‚Revision' bringt zum Ausdruck, dass die Gewinnung eines Zugangs zur

Sache selbst zugleich die Aufhebung ihrer traditionellen Verstellung ist.[9] Ein herausragendes Beispiel hierfür stellt die Entstehung der modernen Physik dar. „In der *Physik* kam die Revolution durch die *Relativitätstheorie*, die keinen anderen Sinn hat als die Tendenz, den ursprünglichen Zusammenhang der Natur, so wie er unabhängig von jeder Bestimmung und Befragung besteht, herauszustellen. Die Theorie, die sich als Relativitätstheorie bezeichnet, ist eine Theorie der Relativitäten, d. h. eine Theorie der Zugangsbedingungen und Auffassungsweisen, die so gestaltet werden sollen, daß in diesem Zugang zur Natur, in bestimmter räumlich-zeitlicher Messungsart, die Unveränderlichkeit der Bewegungsgesetze gewahrt bleibt. Sie will keinen Relativismus, sondern umgekehrt: Ihre eigentliche Absicht ist gerade, das An-sich der Natur zu finden." (GA 20, 5) Nicht die Allgemeingültigkeit der Grundsätze einer Wissenschaft, sondern die Zugänglichkeit der Sachen selbst ermöglicht eine allgemeine Erkenntnis (‚Wahrheit'). An die Stelle der Gültigkeit als Sinn von Wahrheit muss also die Zugänglichkeit treten. Die bekannte, Wissenschaftlichkeit fordernde Maxime ‚Zu den Sachen selbst' kann als das Drängen verstanden werden, zugangsschaffende Erfahrungen beizubringen. Doch meistens wird sie im Sinne der wissenschaftstheoretischen Tradition der Neuzeit als Ermahnung verstanden, dass man sich bei der Untersuchung vermutlich relevanter Gegebenheiten von methodologisch gesicherten Fragestellungen leiten lassen soll, d. h. von Fragestellungen, die sich zuvor von den Grundsätzen der Disziplin haben bestimmen lassen, was überhaupt als wissenschaftliche Tatsache gelten kann. „Dieser Ruf ist nichts anderes als die Aufforderung, sich an die Sorge um *Allverbindlichkeit* in entscheidender Weise zu verlieren, nur die *darin vorgezeichneten Sachen* sich zu vergegenwärtigen, so daß dieser scheinbar ganz selbstverständliche Ruf ‚zu den Sachen selbst' die viel *fundamentalere Möglichkeit* außerhalb des Gesichtskreises liegen läßt, *das Seiende so frei zu geben*, dass lediglich die entsprechende Würdigkeit des Seienden, befragt zu werden, darüber entscheidet, was primär Gegenstand [...] ist." (GA 17, 102) Zugänglichkeit bedeutet also, dass das freigelegte Seiende sich so zeigen kann, wie es an ihm selbst ist. Das Entdecktsein ist das, was wir ursprünglich meinen, wenn wir sagen, dass etwas wahr ist. Entdecktheit ist ursprünglicher als die Satzwahrheit (Gültigkeit).

Die Beispiele für eine Revolutionierung einzelner Wissenschaften zeigen freilich auch, dass der Zugang zu den Sachen selbst nicht irgendwo gegeben ist

---

[9] Die Krise macht der wissenschaftlichen Welt eindringlich klar, dass es für die Forschung vor allem darauf ankommt, „die Sachen selbst, nach denen gefragt wird, zu einer ursprünglichen Erfahrung – vor ihrer Verdeckung durch eine bestimmte wissenschaftliche Befragung – zu bringen" (GA 20, 6). Hier wird zum ersten Mal sichtbar, dass das Wahrsein ein ‚negativer' Sachverhalt ist. „Weil für die Griechen anfänglich die Verborgenheit als ein Sichverbergen das Wesen des Seins durchwaltet und somit auch das Seiende in seiner Anwesenheit und Zugänglichkeit (‚Wahrheit') bestimmt, deshalb ist das Wort der Griechen [...] durch das α-privativum (ἀ–λήθεια) ausgezeichnet." (GA 9, 223)

und irgendwann gefunden werden kann; der Zugang muss erst jeweils vom wissenschaftlichen Dasein erschlossen und offen gehalten werden.[10] Wäre dann Wahrheit aber nicht abhängig von den Tätigkeiten eines zugrundeliegenden Erkenntnisvermögens, wäre Wahrheit dann nicht subjektrelativ? Ja, wenn Wahrheit ausschließlich ein Charakter des theoretischen Erkennens wäre. Wahrheit ist aber „eine *Grundverfassung des Lebens* selbst" (GA 17, 120), Wahrheit ist ein Charakter des faktischen, nichttheoretischen Lebens und damit auch der theoretisch noch nicht angetasteten Lebenswelt.

Diese Behauptung liefert jedenfalls bereits formal das Argument, mit dem Heidegger sich aus dem Voraussetzungsproblem der Erkenntnistheorie herausdreht, das diese als Theorie des theoretischen Erkennens von Haus aus hat. Die Gefahr der Zirkelhaftigkeit in der Begründung droht dann, wenn man dem ‚Vor' lediglich eine Bedeutung gibt, die der Sphäre des theoretischen Erkennens angehört, statt zu sehen, dass das ‚Vor' auch anzeigen kann, dass diese ganze Sphäre bereits etwas sinngenealogisch Abgeleitetes ist. „Ich mache eine Voraussetzung, besagt: Ich setze einen Satz als gültig. Diese Geltung kann bewiesen oder unbewiesen sein; wie immer, setze ich den Satz als gültig, so gilt ein anderer. Das ‚voraus' meint also eine Ordnungsbeziehung im Logischen, eine *Beziehung*, die besteht zwischen theoretischen Sätzen, Beziehung der Begründung, der logischen Grundlegung: Wenn das gilt, *gilt* jenes. Statt dieser hypothetischen Grundlegung ist auch eine *kategorische* möglich: ein ‚so *ist es*'. – Ist nun im Umwelterleben die Realität [d. h. die Zugänglichkeit der Sache selbst; Erläuterung. v. Vf.] vorausgesetzt, wenn auch ‚unbewußt'? Wir sahen, im Umwelterleben liegt überhaupt keine ‚theoretische Setzung'. Das ‚es weltet' wird nicht theoretisch festgestellt, sondern ‚als weltend' erlebt." (GA 56/57, 93 f.)[11]

‚Leben' heißt immer, in die Welt hineinleben. Leben ist das Da-sein von Welt, Leben ist als ein Sein in der Welt das Aufgeschlossensein von Welt und damit gleichursprünglich die vorgängige Entdecktheit des Seienden im Ganzen. Diese immanente Erschlossenheit des faktischen Lebens (des menschlichen Daseins) ist der ursprüngliche Sinn von Wahrheit.[12]

---

[10] Es darf nicht übersehen werden, dass „zur Wahrheit eine *spezifische Zugangsbereitschaft* zu demjenigen Seienden gehört, das die ‚Wahrheit' aufdeckt. Zur Wahrheit gehört nicht nur die Zugangsbereitschaft, sondern auch die Möglichkeit, das *Begegnen des Seienden in seiner Ursprünglichkeit zu erhalten*; die Umgangsursprünglichkeit, sofern nämlich das Seiende, das wir uns angeeignet haben, eben auf Grund des sich abschleifenden Besitzes immer wieder verloren geht" (GA 17, 98).

[11] Heideggers Argumentation zeigt zugleich, dass der erkenntnistheoretische Rückgang auf ein präreflexives *Cogito* von dem Voraussetzungsproblem nicht befreit, es verschiebt die Frage nach der Voraussetzung des theoretischen Erkennens lediglich in eine konstruierte, keinesfalls sicher ausgewiesene Sphäre des Vorbewussten.

[12] Von dem Wahrsein – τὸ ὂν ὡς ἀληθές – sagt Heidegger, es „trifft ein Grundphänomen des Daseins, das für die Griechen nicht weiter charakterisiert ist. Trotzdem sind sie gerade in diesem Punkt viel weiter gewesen als die heutige Erkenntnistheorie. Es ist entsprungen im

Von diesem Phänomen her wird eine traditionelle Lehre, wonach zum menschlichen Dasein ein *lumen naturale* gehört, neu deutbar. „Die ontisch bildliche Rede vom lumen naturale im Menschen meint nichts anderes als die existenzial-ontologische Struktur dieses Seienden, daß es *ist* in der Weise, sein Da zu sein. Es ist ‚erleuchtet', besagt: an ihm selbst *als* In-der-Welt-sein gelichtet, nicht durch ein anderes Seiendes, sondern so, daß es selbst die Lichtung *ist*. Nur einem existenzial so gelichteten Seienden wird Vorhandenes im Licht zugänglich, im Dunkel verborgen." (GA 2, 177)[13] Diese immanente Gelichtetheit – Offenheit wie auch Helle – ermöglicht erst die Zugänglichkeit des Seienden, das Haben von Welt. Das bloße Ding ist dagegen, da es nicht in sich gelichtet ist, weltlos.[14]

Die Welthabe ist aber existenziell nicht indifferent. Zunächst und zumeist erfolgt die Erschlossenheit nicht aus dem eigenen Selbstsein, sondern aus dem der „Anderen", dem Man-selbst der Öffentlichkeit. „Der Gehalt der faktischen Lebenserfahrung *fällt ab* aus dem *Existenzbezug* gegen andere Gehalte." (GA 59, 37) In solchem Abfall von sich selbst gründet die dem faktischen Leben eigentümliche Tendenz zur Verblassung des lebensweltlich ‚Bedeutsamen', d. h. des Seienden, das als so und so bedeutendes zugänglich ist. „Das Verblassen besagt den Übergang der Erfahrung [...] in den Modus der Nichtursprünglichkeit, wo die Echtheit des Vollzugs und der Vollzugserneuerung ausfallen, die Bezüge ihrerseits sich abschleifen zu einem nicht besonders ausgezeichneten undurchformten [?] Charakter der Zugänglichkeit und der Hinnahme, des Beschäftigseins mit. Der so der Ursprünglichkeit seines Bezugs und Vollzugs entblößte Gehalt steht in einem durchschnittlichen ‚Interesse' und ist so im Erfahrungsumkreis verfügbar. Mit der Entfernung vom Ursprung nähert sich die Verfügbarkeit immer mehr der Verwendbarkeit. Das Verblassen besagt nicht, das Erfahrene entschwinde aus dem Gedächtnis, werde vergessen oder finde keine Beachtung mehr. Im Gegenteil, das Verblasste absorbiert das ganze Interesse und zieht dieses mit in die Veräußerung und Nichtursprünglichkeit." (GA 59,

---

Blick auf das Eigentümliche, daß die Welt ‚da' ist, – daß ein Seiendes in einer Welt ist, welche Welt ‚da', aufgeschlossen ist." (GA 17, 52)

[13] Zu den entwicklungsgeschichtlichen Quellen dieser Deutung vgl. v. Verf.: Die existenzialontologische Bestimmung des lumen naturale, in: Heidegger Studies 12 (1996), 109-119.

[14] „Das Dasein hat von sich aus, von seiner Natur her, in dem, was es ist, ein Licht; es ist in sich selbst durch ein Licht bestimmt. Das heißt, wenn wir explizieren, ein bloßes Ding, ein Stein, hat kein Licht in sich, d. h. das, was er ist und wie er zu seiner Umgebung ist, sofern man überhaupt von einer Umgebung für den Stein sprechen kann, ist ohne Sicht. Wir können nicht einmal sagen, es ist dunkel, sofern Dunkelheit ja das Negativum des Lichtes ist. Dunkelheit gibt es nur, wo Licht sein kann. Die Seinsart eines bloßen Dinges steht jenseits oder diesseits von Licht und Dunkel. Dagegen besagt diese Idee, daß zum Dasein des Menschen das lumen naturale gehört, daß *es in sich selbst gelichtet ist*, daß es bei etwas ist, dieses Wobei hat und sieht und ineins damit dieses sein Wobei-sein selbst ist." (GA 20, 411 f.)

182 f.)[15] Zunächst und zumeist ist das Seiende nicht frei zugänglich, sondern durch die Selbstverständlichkeit der öffentlichen Ausgelegtheit verstellt. Und so kann es sich nicht als das zeigen, was es an ihm selbst ist. Letztlich ist es – entgegen dem, wie es in der Öffentlichkeit erscheint – verdeckt. Das Ausmaß des Interesses ist kein Kriterium für das Dasein von „zugangschaffenden und primär aneignenden Erfahrungen" (GA 64, 39); im Gegenteil, es kann geradezu ein Hinweis für die Bedürfnislosigkeit an solchen Erfahrungen sein.

Eigentliche Entdeckung – solche, die verwahrt werden kann – wird es nur geben auf dem Umweg einer Gegenbewegung zur Verfallenstendenz des faktischen Lebens. Diese muss ihren Ausgang nehmen bei der Existenz, denn diese ist das „im faktischen Leben für es selbst zugängliche Sein seiner selbst" (PhI 25). Diese Zugänglichkeit des Seins (des Lebens, des Daseins), die zum Ursprung der Zugänglichkeit alles Seienden wird, ist nur eine Möglichkeit, was zunächst nur besagt, dass sie keine Erkenntnis ist, nichts, was irgendwie thematisch erfasst werden kann.[16] Die Existenz ist vielmehr nur, wenn sie sich zeitigt. „Diese Gegenbewegung als Bekümmerung um das Nichtinverlustgeraten des Lebens ist die Weise, in der sich das mögliche ergriffene eigentliche Sein des Lebens zeitigt." (PhI 25) Die Zeitigung geschieht als Wieder-holung des ursprünglichen Vollzugs der Erschließung der Lebenswelt. „Die Bekümmerung des faktischen Lebens um seine Existenz ist ihrerseits nicht ein Sichzergrübeln in egozentrischer Reflexion, sie ist, was sie ist, nur als Gegenbewegung des Lebens, das heißt, sie ist gerade in der je konkreten Umgangs- und Besorgensbewegtheit. Das ‚Gegen' als das ‚Nicht' bekundet dabei eine ursprüngliche seinskonstitutive Leistung. Hinsichtlich ihres konstitutiven Sinnes hat die Negation den ursprünglichen Primat vor der Position. Und das deshalb, weil der Seinscharakter des Menschen faktisch in einem Fallen, in dem welthaften Hang bestimmt ist" (PhI 27). Wird Wahrheit also als etwas Daseinsmäßiges, als ein Wie-Sein (Verfassung) des vor-theoretischen Lebens verstanden, dann ist sie die existenzielle Möglichkeit einer Gegenwendung zur faktischen Verdeckungstendenz des

---

[15] Diese Tendenz des faktischen Lebens beschreibt Heidegger in der Frühzeit seiner phänomenologischen Hermeneutik der Faktizität stets als eine Trias, so z. B. in dem Natorp-Bericht: „In der Sorgensbewegtheit ist lebendig eine *Geneigtheit* des Sorgens zur Welt als der *Hang* zum Aufgehen in ihr, zu einem Sichmitnehmenlassen *von* ihr. Dieser Hang der Besorgnis ist der Ausdruck einer faktischen Grundtendenz des Lebens zum *Abfallen* von sich selbst und darin zum *Verfallen* an die Welt und hierin zum *Zerfall* seiner selbst. Dieser Grundcharakter der Sorgensbewegtheit sei terminologisch fixiert als die *Verfallensgeneigtheit* des faktischen Lebens (oder kurz das *Verfallen* an –) [...] Dieser Hang ist das innerste *Verhängnis*, an dem das Leben faktisch trägt." (PhI 19; vgl. GA 64, 41)

[16] Damit wird noch einmal klar, dass „Ansätze für die Einbettung der Wahrheit in das Dasein", die sich „in der griechischen Philosophie schon am Terminus ἀλήθεια zeigen" (GA 17, 120), solange nicht verstanden werden können, wie Wahrheit vorrangig als Erkenntniswahrheit genommen wird.

Lebens.[17] Die ausdrückliche Entdeckung (Wahr-sein) entreißt sozusagen der Verborgenheit jeweilig das Seiende selbst. Das ursprünglich Wahre ist vor aller Aussage das, was durch diese existenzielle Bekümmerung unverborgen ist.[18] „Der Sinn des ἀληθές als unverborgen da-sein, bzw. an ihm selbst vermeintsein ist in keiner Weise aus dem ‚Urteil‘ explikativ geschöpft und daher auch nicht ursprünglich da beheimatet und darauf bezogen. ἀληθεύειν besagt nicht: ‚sich der Wahrheit bemächtigen‘, sondern das je vermeinte und als solches vermeinte *Seiende* als unverhülltes in Verwahrung nehmen." (Phi 47)

Hier ist also der Punkt erreicht, wo die Rezeption der Etymologie ‚ἀλήθεια‘ für Heidegger sinnvoll ist. Die Negation ‚Un-verborgenheit‘ muss aber richtig gedeutet werden, nicht als logische Negation, sondern als seinsmäßiger Vollzug einer Umwendung. Das Wahrsein konstituiert sich nur auf einem Umweg. Diesen Umweg erzwingt die Verborgenheit, insofern sie ein Positives ist, ein Verborgensein bzw. Verborgenbleiben, also nichts, was logisch oder erkenntnismäßig negiert werden kann.[19] Die Verborgenheit ist nichts Negatives, das in der Idee einer endgültigen Überwindung ausgelöscht werden könnte. Die Verborgenheit ist nicht etwas Kontingentes, das auch nicht sein könnte, kein Schein, der endgültig aufgehoben werden könnte. Entsprechend ist auch ‚Un-verborgenheit‘ nicht als doppelte Verneinung zu denken, also nicht als ausdrückliche Bestätigung einer eigentlich immer schon bestehenden Offenbarkeit des Seienden. So wird aber ἀλήθεια aufgefasst, wenn sie – wie bei Nicolai Hartmann – auch mit ‚Unvergessenheit‘ übersetzt werden kann. Diese Deutung der Unverborgenheit, bei der die Verborgenheit als etwas gilt, was eigentlich nicht sein sollte, entsteht immer dann, wenn man der Deutung eine verselbständigte

---

[17] Kann die phänomenologische Hermeneutik der Faktizität „Wahrheit" derartig auf ein ursprünglicheres Fundament umlegen, dann „zeigt sich auch die *absolute Verstehbarkeit* des Lebens an sich". [...] „Das Leben ist *nicht* irrational." (Martin Heidegger: Die Idee der Philosophie und das Weltanschauungsproblem (Auszug aus der Nachschrift Brecht). Hg. v. Verf. Heidegger Studies 12 (1996), 12).

[18] „Die Wahrheit ist also zwar ein Charakter des Seienden, sofern es begegnet, aber im eigentlichen Sinne doch eine *Seinsbestimmung des menschlichen Daseins selbst*. Denn jede Bemühung des Daseins um Erkenntnis muß sich durchsetzen gegen die Verdecktheit des Seienden." (GA 19, 23)

[19] Später gilt ihm Heraklits Wort (DK 22 B 123) [ἡ] φύσις .[...] κρύπτεσθαι φιλεῖ als Zeugnis für eine positive Deutung der Verborgenheit. „Das Walten des Seienden, d. h. das Seiende in seinem Sein, liebt es, sich zu verbergen. In diesem Ausspruch liegt ein Mehrfaches. ἡ φύσις, die ‚Natur‘: das meint nicht den *Bezirk* des Seienden, der für uns heute Gegenstand der Naturforschung ist, sondern das Walten des Seienden, *alles* Seienden: der Menschengeschichte, des Naturgeschehens, des göttlichen Wirkens. Das Seiende als solches, d. h. in dem, wie es als Seiendes ist, *waltet*. κρύπτεσθαι φιλεῖ: Heraklit sagt nicht, das Seiende als solches verbirgt sich dann und wann tatsächlich, sondern φιλεῖ: *liebt* es, sich zu verbergen. Es ist sein eigentlicher, innerer Drang, verborgen zu bleiben und, wenn einmal unverborgen geworden, wieder in die Verborgenheit zurückzugehen" (GA 34, 13 f.).

Erkenntniswahrheit zugrundelegt. Eine von der daseinsmäßigen Wahrheit losgelöste Erkenntniswahrheit mit ‚Unverborgenheit' übersetzen, heißt vom ursprünglichen Sinn der Unverborgenheit wieder wegführen. Die bloße Etymologie der ἀλήθεια bleibt unterbestimmt. Ihre Rezeption sagt gar nicht, wie der Sinn der ἀλήθεια zu bestimmen ist. Heideggers spezifische Deutung des griechischen Wahrheitsverständnisses wird erst sicher gefasst, wenn ihre hermeneutische Situation aufgeklärt wird. Die damit aufgezeigte Zweideutigkeit der ‚Unverborgenheit' – ihre erkenntnistheoretische oder existenziale Deutung – muss schon im Anfang bestanden haben, sonst hätte sich die Vorherrschaft des theoretischen Erkennens nicht in dem Maße entwickeln können. „Die *Sorge um* eine bestimmte *absolute Erkenntnis*, rein als Idee genommen, bekommt die Vorherrschaft vor jeder Frage nach Sachen, die entscheidend sind, d. h. *die ganze Entwicklung der Philosophie kehrt sich um.* Ansätze sind schon bei *Aristoteles* und den Griechen da, die nicht zufällig sind, z. B. daß das Dasein der Welt so, wie es sich zeigt, als die spezifische Welt des Scheins genommen wird, so daß künftig alle entscheidenden Fragen der Philosophie rein aus der Idee der Gewinnung einer absoluten Gewissheit gewonnen werden, mit der Tendenz, das Dasein der Welt als einer zufälligen zu überwinden. Wir machen die Beobachtung, daß dieses nicht aus den Versuchen zur Gewinnung einer eigentümlichen Zugangsweise einer Wissenschaft entsteht, sondern aus der Idee, gewissermaßen aus der verrückt gewordenen Intelligenz, die sich ein Dasein erfindet." (GA 17, 43)

Augustinus im Denken Heideggers

Friedrich-Wilhelm von Herrmann, Freiburg / Br.

Hinführung

Drei unterschiedliche Textgestalten sind es, in denen Heidegger Augustinus interpretiert hat. Der früheste und ausführlichste Text ist seine Freiburger Vorlesung vom Sommersemester 1921 *Augustinus und der Neuplatonismus* (GA 60, 157-299). Der zweite Text ist ein Vortrag, den Heidegger am 26. Oktober 1930 unter dem Titel *Des hl. Augustinus Betrachtung über die Zeit (Conf. Lib. XI)*[1] im Kloster Beuron vor den Mönchen, Klerikern und Novizen gehalten hat als Dank für die freundschaftliche Aufnahme im Kloster. Der dritte Text sind die umfangreichen Aufzeichnungen zu dem Freiburger Seminar vom Wintersemester 1930/31 *Augustinus, Confessiones XI (de tempore)*[2]. Die genannten drei Texte haben somit das X. und XI. Buch der augustinischen *Confessiones* zur Grundlage. Ohne Zweifel sind die *Confessiones* und innerhalb dieser die Bücher X und XI für Heidegger die bedeutsamsten Schriften Augustins, auch wenn er sowohl in seiner *Augustinus-Vorlesung* wie in anderen Schriften, z. B. in *Sein und Zeit* (GA 2), aus anderen Texten Augustins zitiert oder auf solche verweist. Heidegger war – vermutlich schon seit seinem theologischen Studium – ein großer Kenner des theologischen und philosophischen Werkes Augustins. In der ersten Marburger Vorlesung vom Wintersemester 1923/24 *Einführung in die phänomenologische Forschung* (GA 17), in der Heidegger auf Augustins Wahrheitsbegriff (vgl. GA 17, 125 f.) und Freiheitsbegriff (vgl. GA 17, 150-158) verweist, kündigt er eine weitere *Augustinus-Vorlesung* an, in der er eine Analyse „der Augustinischen Begriffe summum bonum, fides, timor castus, gaudium, peccatum, delectatio" (GA 17, 276) geben werde. Ob diese Vorlesung für den Sommer 1924 statt der tatsächlich gehaltenen großen *Aristoteles-Vorlesung* vorgesehen war, wissen wir nicht. Diese zweite *Augustinus-Vorlesung* wäre jedoch für uns mindestens ebenso lehrreich wie die *Aristoteles-Vorlesung*, weil die augustinische theologisch-philosophische Grundstellung für Heideggers eigene Grundstellung von herausragender Bedeutung ist.

Die frühe *Augustinus-Vorlesung* fällt in die Zeit, in der Heidegger seit 1919 seine eigene philosophische Grundstellung gründet, indem er Idee und Wesen der Philosophie als hermeneutisch-phänomenologische Urwissenschaft bzw. Ursprungswissenschaft vom faktischen Leben neu grundlegt. Im Horizont der in den vorausgegangenen fünf Vorlesungen bereits entfalteten Ursprungswissenschaft vom faktischen Leben führt Heidegger in seiner *Augustinus-Vorlesung*

---

[1] Zur Veröffentlichung vorgesehen in GA 80.
[2] Zur Veröffentlichung vorgesehen in GA 83.

eine Interpretation der drei Stufen der augustinischen Selbstauslegung der Gott suchenden *anima* des X. Buches der *Confessiones* durch. Hier ist es Heideggers hermeneutische Entdeckung, dass das, was Augustinus als *anima* und *vita* zur Selbstauslegung bringt, eine sachliche Nähe zu dem hat, was Heidegger selbst als das faktische Leben zum Aufweis bringt.

Der Beuroner *Augustinus-Vortrag* und das gleichzeitige *Augustinus-Seminar* gehören in die Zeit nach vollzogener Ausarbeitung der existenzialen Zeitlichkeit des Daseins. Beide Textgestalten widmen sich daher dem XI. Buch der *Confessiones*, um in Augustins Wesensbestimmung der Zeit, in der *distentio animi*, ein In-die-Nähekommen zur Zeitlichkeit des Daseins herauszuarbeiten. Was aber Heidegger in *Sein und Zeit* das Dasein nennt, ist der Sache nach das in den frühen Vorlesungen gesichtete faktische Leben, in dessen Wesensnähe sich Augustinus im X. Buch der *Confessiones* bewegt. Das Wesen der Zeit in der *distentio animi* sehen heißt dann, auf die Selbstauslegung der *vita* in deren Seinsweise die Selbstauslegung der Seinsweise der *vita* hinsichtlich ihres eigenen Zeitlichseins folgen lassen. So kann Heidegger in der Aufeinanderfolge der Analysen des X. und des XI. Buches der *Confessiones* eine Vorgestalt dessen sehen, was er selbst als Analytik des faktischen Lebens bzw. Daseins in den beiden Hauptschritten der vorbereitenden Fundamentalanalyse und der Zeitlichkeitsanalytik zur Ausführung gebracht hat.

Die augustinische Zeitanalyse durchläuft aber zwei Etappen und führt deshalb auch zu zwei zusammengehörenden Ergebnissen, von denen die *distentio animi* das zweite ist. Das erste Ergebnis ist der Einblick in die eigentümliche Seinsweise des in der Wahrnehmung Gegenwärtigen, in der Wiedererinnerung Nichtmehr-gegenwärtigen und in der Erwartung Noch-nicht-gegenwärtigen. Es sind die drei Weisen von Sein als drei Weisen des *praesens*, der Gegenwart, in der Bedeutung von Anwesenheit. Auch wenn es keinen schriftlichen Beleg aus Heideggers Feder gibt, wagen wir aus dem Sachverständnis heraus die These, dass Heidegger für die späte, seins- bzw. ereignisgeschichtliche Bestimmung der Temporalität des Seins in seinem Freiburger Vortrag von 1962 *Zeit und Sein*[3] im Gespräch mit dem ersten Teil der augustinischen Zeitanalyse gestanden hat. Unsere folgenden Ausführungen gliedern sich daher in drei Abschnitte.

1. Die drei analytischen Stufen in der Selbstauslegung der Gott suchenden *anima* des X. Buches der *Confessiones* und die Analytik des faktischen Lebens

Die *Augustinus-Vorlesung* setzt ein mit der Gegenüberstellung der „objektgeschichtlichen Einstellung" (GA 60, 167) und der „vollzugsgeschichtlichen Einstellung" (GA 60, 173). Während alle bisherige Augustinus-Interpretation aus

---

[3] Martin Heidegger: Zeit und Sein, in: Zur Sache des Denkens. Tübingen: Niemeyer [4]2000, 1-25 [Sigle ZSD].

der erstgenannten Einstellung erfolgte, möchte Heidegger seine Augustinus-Auslegung in der vollzugsgeschichtlichen Einstellung und Zugangsweise durchführen. In der objektgeschichtlichen Zugangsweise ist das zeitlich-geschichtliche Leben als objektiver Vorgang im Nacheinander der Zeit angesetzt. Für die vollzugsgeschichtliche Zugangsweise ist das auszulegende Leben von vornherein in seinem eigensten Vollzugsgeschehen in den Blick genommen, als ein „bestimmtes *Wie* des Seins des Lebens" (GA 60, 242), dem es „in seinem vollen Eigenvollzug um es selbst, um sein Sein geht" (GA 60, 243). Dieses Vollzugsgeschehen des Lebens fasst Heidegger als die „Bekümmerung um das Sein seiner selbst" (GA 60, 245), mit der er den augustinischen Begriff der *cura* (GA 60, § 12, 205-210) in der Bedeutung des Sorgetragens-für erläutert. Das in dieser eigensten Seinsbewegung lebende Leben erhält durch Heidegger die terminologische Kennzeichnung als „faktisches Leben" (GA 60, 172). Dieses ist wesenhaft Welt-verstehendes Leben, die Welt aber ist die Lebenswelt und als solche das, „worin ich so oder so überhaupt lebe" (GA 60, 242), je ein Ganzes von sinnhafter Bedeutsamkeit, aus dem und auf das hin ich lebe. Die Lebenswelt gliedert sich in die umweltliche, mitweltliche, und selbstweltliche Bedeutsamkeit (GA 60, 242)[4]. Zur eigensten Seinsweise des vollzugsgeschichtlichen Lebens gehört das unterschiedliche Wie der Bekümmerung oder *cura*, gehören die beiden Grundmöglichkeiten des „Abfalls" an die lebensweltlichen Bedeutsamkeiten und des „zum Sein des eigensten Lebens" Kommens (GA 60, 244). Der Titel *Augustinus und der Neuplatonismus* besagt, dass in der Interpretation der augustinischen Selbstauslegung seines Gott-suchenden Lebens unterschieden werden solle zwischen dem, was den Charakter vollzugsgeschichtlicher Selbstauslegung hat, und dem, was aus der objektgeschichtlichen Einstellung der neuplatonischen Tradition stammt.

Die einleitenden Kapitel (1.-7.) des X. Buches[5] zeigen, dass es die Gottsuche ist, die Augustinus auf den Weg der Selbstauslegung der eigenen *anima* und *vita* bringt (vgl. GA 60, § 8, 177-181). Weil sich der erfragte Gott in seinem Inneren als die *vis* seiner *anima* bekundet, muss Augustinus durch diese seine *anima* selbst hinaufsteigen zu ihm. Wie Heidegger betont, vollzieht sich dieser suchende Aufstieg als Bekümmerung des Lebens um Gott, indem der Gottesbezug der Seele überhaupt von Augustinus als Bekümmerungsbezug in seinen beiden Vollzugsmöglichkeiten der Abwendung-von und Hinwendung-zu gesehen wird.

Die erste der drei Stufen der Selbstauslegung betrifft die *anima* als *memoria qua conscientia humana* (vgl. GA 60, § 9, 182-192). Hier durchläuft die Analyse die sensuelle, sodann die intellektuelle und anschließend die affektive *memoria*, um abschließend in eine Analyse der *oblivio* einzumünden. Heidegger würdigt

---

[4] Zu Umwelt, Mitwelt, Selbstwelt vgl.: GA 58, § 10, 43-46.

[5] Aurelius Augustinus: Confessiones – Bekenntnisse. Lateinisch – Deutsch. Eingeleitet, übersetzt und erläutert von Joseph Bernhart. München: Kösel ²1960.

diese Analyse mit Blick auf ihren außerordentlichen Gewinn an analytischen Einsichten und bewundert das immer neue Aufschließen von Gehalten und Vollzugsrätseln. „Was Augustin an konkreten Phänomenen beibringt, rein inhaltlich, und vor allem *wie* er die Phänomene expliziert, [...] sprengt den Rahmen und die Struktur des üblichen Begriffes." (GA 60, 182). Zugleich aber unterzieht Heidegger die *memoria*-Analyse einer sachlichen Kritik: „Memoria nicht radikal existenziell vollzugshaft, sondern griechisch, gehaltlich abfallend." (GA 60, 247 f.) Diese Kritik will sagen: Die Selbstauslegung der *anima* qua *memoria* und *oblivio* ist nicht vollzugsgeschichtlich aus der Selbstbekümmerung des Lebens, sondern objektgeschichtlich durchgeführt. Die Einzelphänomene der *memoria* werden nicht aus dem Bekümmerungsvollzug des Lebens, sondern als vorhandene Gehalte thematisiert. Zwar haben die analytischen Schritte phänomenologischen Charakter, gehören aber nicht zu einer vollzugsgeschichtlich hermeneutischen, sondern zu einer objektgeschichtlichen Phänomenologie, wie sie Husserl vertreten hat. Weil die phänomenologische *memoria*-Analyse außerhalb eines Erfassens des faktischen Lebens und dessen Bekümmerungsvollzuges in seinem unterschiedlichen Wie verbleibt, findet sie nicht das gleiche Interesse Heideggers wie die beiden nun folgenden großen Analysen: die Selbstauslegung des Gott-suchenden Lebens in dessen Bekümmerung um die *vita beata* und daran anschließend die Selbstauslegung des Lebens in seinem Grundcharakter der *tentatio*. Denn diese beiden Stufen der Selbstauslegung der *anima* haben vollzugsgeschichtlichen Charakter.

In der Einsicht, dass der Gesuchte seines Suchens kein ausgezeichneter Gehalt seiner *memoria* ist, sondern seinen Wesensort über der *anima* hat, überschreitet die Selbstauslegung der *anima* die *memoria* (vgl. GA 60, §§ 10-11, 192-204). Dennoch bleibt die zweite Stufe der Selbstauslegung auf die *memoria* insoweit rückbezogen, als die Gottsuche nur möglich ist als ein gedächtnismäßiges Behalten dessen, was gesucht wird. Entscheidend ist nun aber für Heidegger, dass Augustinus, nachdem er bisher nach einem Was gefragt hat, das er als Gott liebt, nunmehr zu Beginn der zweiten Selbstauslegungsstufe das Was in ein Wie verwandelt: „Wie soll ich, Herr, Dich suchen?" (*Confessiones* 20, 29) und als das Gesuchte die *vita beata*, das selige Leben in und aus Gott nennt. Was hier bei Augustinus geschieht, ist für Heidegger bedeutsam, weil es zeigt, dass Augustinus nun nicht mehr objektgeschichtlich nach einem objektiven, gegenständlichen Gehalt Ausschau hält, sondern fragt, *wie* er das selige Leben suchen solle. Damit blickt Augustinus auf die zwei Vollzugsweisen seines Lebens, in denen es so oder so Sorge trägt für Nähe oder Ferne zum Gesuchten. Heidegger betont, dass Augustinus das Wie des Suchens der *vita beata* als ein Wie der Selbstbekümmerung des faktischen Lebens versteht. Das eine Wie, in dem die Menschen gemeinhin das selige Leben suchen, nennt Augustinus das *cadere*, das Fallen an die lebensweltlichen Bedeutsamkeiten, um in diesen das selige Leben zu erstreben. Die andere Vollzugsweise des selbstbekümmerten Lebens ist für Augustinus die Sorge für das wahre selige Leben, in der sich das Leben in seinem eigensten Sein gewinnt. Doch auch das in der Bekümmerung um das wahre selige Leben in Gott sich vollziehende Leben bleibt ein Leben in lebensweltlichen Bedeutsamkeiten, die jetzt aber aus der primären Sorge um das wahre selige Leben bestimmt sind. Beide Weisen des Suchens nach dem seligen Leben sind Weisen, wie es dem Leben um das Leben geht, dergestalt, dass sich das vollzugsgeschichtliche Leben wesenhaft als das Ergreifen dieses oder jenes Wie vollzieht.

Nachdem die zweite Stufe der Selbstauslegung der *anima* die *vita* im unterschiedlichen Wie ihres Vollzugs aufgezeigt hat, schließt sich als dritte Auslegungsstufe die Freilegung der *tentatio* als Wesenscharakter der *anima* an (vgl. GA 60, §§ 12-16, 205-241). Versuchung ist das menschliche Leben auf der Erde, so leitet Augustinus die dritte Analyse ein. Es ist die Versuchung, die daraus erwächst, dass das Leben verfasst ist als ein Sichhalten zwischen zwei unterschiedlichen Vollzugsweisen, in deren einer das Leben von seinem eigentlichen Sein abfällt an die verselbständigten weltlichen Bedeutsamkeiten, in deren anderer Vollzugsweise das Weltleben sich in seinem Eigentlichsein in und aus Gott gewinnt. Für das Widerstehen den mannigfaltigen Versuchungen nennt Augustinus die *continentia*, die Heidegger bewusst nicht als Enthaltsamkeit, sondern wörtlich als das Sichzusammenhalten übersetzt. Denn *continentia* ist die existenziell vollzugshafte Gegenbewegung im faktischen Leben gegen das *cadere* und das *defluere in multis*.

Die von Augustinus freigelegten drei Grundformen der *tentatio* sind, wie Heidegger sagt, drei Richtungen der „Defluxionsmöglichkeit und der Gefahr" (GA 60, 211). Es sind die *concupiscentia carnis*, die Begierlichkeit des Fleisches, die *concupiscentia oculorum*, die Begierlichkeit des Sichumsehens im Sinne der Neugier, und die *ambitio saeculi*, die Eitelkeit der Welt.

Die *tentatio* der *concupiscentia carnis* (vgl. GA 60, § 13, 210-222) umfasst ein Fünffaches, die fünf Weisen der Begierlichkeit auf den fünf Wegen des sinnlich gestützten Umgangs mit dem Fühlbaren, Ess- und Trinkbaren, Riechbaren, Hörbaren und Sichtbaren. Heidegger unterstreicht in seinen Interpretationen dieser augustinischen Analysen, dass diese von Augustinus nicht objektgeschichtlich-erkenntnistheoretisch, sondern vollzugsgeschichtlich im Achten auf das jeweilige Wie des Umgangs ausgeführt werden. Umgang ist für Heidegger die vollzugsgeschichtliche Zugangsweise zu den lebensweltlichen Bedeutsamkeiten im Unterschied zum objektgeschichtlichen Erkenntniszugang. Nicht sind Essen und Trinken als solche, das Riechen angenehmer Düfte als solches, das Hören wohlklingender Melodien als solches und das Sehen der glänzenden Farben und der schönen Formen als solches *concupiscentia carnis*, sondern jeweils nur eine bestimmte Weise des Umgangs, in der das Leben aus der primären Bekümmerung um Gott abfällt und an die sich verselbständigenden lebensweltlichen Bedeutsamkeiten verfällt.

Die zweite Form der *tentatio* (vgl. GA 60, § 14, 222-227) ist die Versuchung der Neugier, die Augustinus eine leere und neugierige Begierde nennt. Während Heidegger die *concupiscentia carnis* als ein abfallendes Umgehen mit den sinnlichen Bedeutsamkeitserfahrungen kennzeichnet, charakterisiert er die *concupiscentia oculorum* als ein abfallendes bloßes Sichumsehen im Sinne der *curiositas*, der Neugier, der es lediglich darum geht, immer wieder Neues zu erfahren. Gibt das Leben dieser Versuchung nach, dann verschließt es sich gegen die Lebensmöglichkeit einer primären Bekümmerung um Gott. Die *curiositas* ist daher eine abfallende Vollzugsweise des Lebens, abfallend aus dem eigentlichen Gottesbezug und verfallend an die Nichtigkeit bloßer Neugier.

Als dritte Gestalt der *tentatio* nennt Augustinus die *ambitio saeculi* (vgl. GA 60, §§ 15-16, 227-241), die Eitelkeit der Welt. Er kennzeichnet sie als das Verlangen, von den Menschen gefürchtet und geliebt zu werden, aber nur wegen der Freude daran, die doch keine wahre Freude ist. Ein Leben, das sich primär um die Eitelkeit der Welt bekümmert, verschließt sich gegen die wählbare Möglichkeit, sich aus der Liebe zu Gott und der frommen Furcht vor ihm zu vollziehen. Denn die *ambitio saeculi* versucht uns dazu, nicht mehr Gottes wegen, sondern unseretwegen geliebt und gefürchtet zu werden. Zur *ambitio saeculi* gehört auch die Versuchung durch das Lob der anderen. Solches Gelobtwerden steht in der Versuchung der Eitelkeit, wenn wir die Gabe, deretwegen wir gelobt werden, uns selbst zurechnen, statt sie als Gabe Gottes hinzunehmen. Während die dritte Form der *tentatio* für Heidegger ein bekümmertes Abfallen des Lebens an das verselbständigte Selbstweltliche ist, interpretiert er die erste und zweite Gestalt der *tentatio* als ein Abfallen des Lebens in die Einseitigkeiten des Um- und Mitweltlichen.

Die dreifache *tentatio* als Grundzug des in der Seinsweise der *cura* sich vollziehenden Lebens hält das Leben im Zwischen der beiden Seinsmöglichkeiten des Sichverlierens und des Sichgewinnens. Im Sichverlieren gibt das Leben der einen oder anderen *tentatio* nach und verfällt an die umweltlichen, mitweltlichen und selbstweltlichen Bedeutsamkeiten, indem es primär von diesen gelebt wird. Im Sichselbstgewinnen holt sich das Leben aus seinem Verfallensein an die lebensweltlichen Bedeutsamkeiten zurück, um als weltbezügliches Selbst primär aus dem Gottes-Bezug zu leben, der dem Weltleben eine gewandelte Orientierung gibt.

2. Die *distentio animi* aus dem XI. Buch der *Confessiones* und die Analytik der Zeitlichkeit des Daseins

Die dreigestufte Selbstauslegung der Gott suchenden *anima* des X. Buches geht im XI. Buch der *Confessiones* über zur Selbstauslegung des Zeitverständnisses der *anima* bzw. des *animus*. Zu Beginn seines Beuroner *Augustinus-Vortrags* nennt Heidegger Augustins Zeit-Betrachtung des XI. Buches eine der drei bahnbrechenden Besinnungen auf das Wesen der Zeit, zu denen er die Zeit-Untersuchungen des Aristoteles und Kants zählt. Bahnbrechend ist Augustins Zeit-Analyse über die des Aristoteles hinaus, weil sie erstmals auf das Zeitverstehen der Seele achtet und den Wesenszusammenhang zwischen Seele und Zeit freilegt. Wie auch Heidegger betont, bewegt sich die augustinische Zeitbetrachtung auf zwei Wegen, die sich für ihn auf die Kapitel 14 bis 22 und 23 bis 31 erstrecken. Auf dem ersten Weg wird das Sein der Zeit, auf dem zweiten die Wesensverfassung der Zeit erfragt, dergestalt, dass die Aufhellung von Sein und Wesensverfassung der Zeit aus dem Bezug der Zeit zur Seele bzw. der Seele zur Zeit erfolgt. Ebenso betont Heidegger, dass sich beide Fragen an die Zeit aus der natürlich-alltäglichen Zeiterfahrung und dem natürlichen Umgang mit der Zeit erhoben. Er bewundert Augustins unvergleichliche Kraft der analytischen Durchdringung des natürlich vollzugshaften Zeitverstehens. Das natürliche Verhalten zur Zeit spricht sich aus im Wahrnehmen, Messen und Vergleichen von Zeitspannen. Dieses alltägliche Rechnen mit der Zeit, die wir für unser Tun und Lassen einteilen, weist den Fragenden darauf hin, dass die Zeit in ihren drei Dimensionen nicht seinslos und dass sie wesenhaft gedehnt ist. Daher fragt Augustinus: Wo und wie *ist* die natürliche erfahrene Zeit, wo und wie *dehnt sich* die alltäglich verstandene Zeit?

Heidegger folgt den einzelnen Frageschritten des ersten Weges sehr genau. Dabei zeigt sich: Solange nach dem *esse* von Gegenwärtigem, Vergangenem und Künftigem ohne Mitthematisierung des Bezuges dieser drei Zeiten zur zeitverstehenden Seele, also ohne Thematisierung der Verhaltungen der Seele zu den drei Zeiten (*tria tempora*) gefragt wird, erweisen sich die drei Zeiten als seinslos. Erst wenn der Fragende den analytischen Blick auf die Zeitverhaltungen der Seele, auf das Wahrnehmen von Gegenwärtigem, auf das Erinnern von Vergangenem und auf das Erwarten von Künftigem lenkt, gelangt er zu der gesuchten Einsicht, wie den drei Zeiten aus ihrem Bezug zu den Zeitverhaltungen der Seele eine Weise von Sein in der Bedeutung von Gegenwart (*praesens*) zukommt. Das im Kapitel 20 von Augustinus formulierte Ergebnis des ersten Frageweges wird von Heidegger auf die Bedeutung des *praesens de* in dessen dreifacher Gestalt hin interpretiert. Ihm zufolge besagt *praesens de praeteritis* das Sein als Anwesenheit des Vergangenseins des Vergangenen in der rückblickenden *memoria*, bedeutet *praesens de futuris* das Sein als Anwesenheit des Künftigseins von Künftigem für den Vorblick der Erwartung, meint schließlich *praesens de praesentibus* das Sein als Anwesenheit des Gegenwärtigen für den Anblick der Wahrnehmung. Im erinnernden Rückblick-auf sowie im erwartenden Vorblick-zu verhält sich die Seele vergegenwärtigend, indem sie das Vergangene und Künftige in die Gegenwart hereinhält. Das dreifache *praesens de* als ein dreifaches Anwesendsein-von fasst Heidegger als ein dreifaches Da-haben von Vergangenem, Künftigem und Gegenwärtigem, wobei das Da-haben aus dem Da-sein gesprochen ist, das Da-sein aber in den Wesensursprung der in *memoria, expectatio* und *contuitus* verstandenen Zeit, in die ursprüngliche Zeit, hineinweist.

Der zweite Frageweg Augustins sucht nach der Einsicht, wie die Zeit an ihr selbst gedehnt sein kann, damit Zeitlängen gemessen werden können. Auch hier entzieht sich die Dehnung der Zeit solange, wie der Fragende seinen analytischen Blick nicht auf den Bezug der zu messenden Zeit zur zeitmessenden Seele richtet. Auch auf diesem zweiten Frageweg durchläuft Heidegger die Frageschritte im einzelnen. Im Kapitel 23 gewinnt Augustin die Einsicht, dass die Zeit selbst eine Art Ausdehnung (*distentio*) sein muss, wenn sie gemessen wird. Das Kapitel 26 stößt zu der tieferen Einsicht vor, dass die Zeit aus dem Zeitverstehen und der *distentio*, dem Sicherstrecken der zeitverstehenden Seele gedehnt ist (*distentio animi*), während Augustin in den Kapiteln 27 und 28 jene drei Zeitverhaltungen erblickt, in denen sich das Zeitverstehen erstreckt und aus denen die verstandene Zeit ihre Dehnung empfängt.

Die von Augustinus analytisch enthüllten Zeitverhaltungen, in denen die Zeit als verstandene sich dehnt: das *expectare, adtendere* und *meminisse*, interpretiert Heidegger als das Gewärtigen des Sogleich, das Gegenwärtigen des Jetzt und das Behalten des Soeben. Mit Augustinus unterscheidet also Heidegger zwischen dem Erwarten und dem Gewärtigen, dem Erinnern und dem Behalten, dem Wahrnehmen (*contuitus*) und dem Gegenwärtigen. In der dreifachen *distentio animi* öffnen sich die Zukunft als das Sogleich, die Vergangenheit als das Soeben und die Gegenwart als das Jetzt, in die hinein sich das Wahrnehmen, Erinnern und Erwarten erstrecken.

Daraus folgt für Heidegger die bedeutsame Feststellung: Wenn Augustinus die Zeit als *distentio*, als dreifach gestreutes Sicherstrecken der Seele in ihrem gewärtigend-behaltenden Gegenwärtigen bestimmt, dann ist diese von Augustinus in den Blick genommene Zeit *noch nicht* das eindimensionale Nacheinander der abfolgenden Jetztpunkte. Als *distentio*, als dreifaches Sicherstrecken in die drei Zeitdimensionen, ist die Zeit der Grundcharakter des Seins des menschlichen Lebens. In der *distentio animi* als dem Wesen der Zeit zeigt sich das Wesen der Existenz des Menschen. Die Existenz ist dreifach erstreckt in das Gewärtigen, Behalten und Gegenwärtigen.

Dafür, dass das Kernstück der augustinischen Zeit-Betrachtung, die Einsicht in die zeitigende *distentio animi*, Heidegger auf seinem Weg der hermeneutischen Phänomenologie des Daseins unablässig begleitet hat, gibt es zahlreiche textliche Belege. Noch im Jahre 1941 bekennt er, dass er „von Augustinus (Confess. lib. XI, c. 1-31) […] in bezug auf die *eine* Frage: ‚Sein und Zeit'" (GA 49, 48) gelernt habe. In seinem Marburger Vortrag *Der Begriff der Zeit*[6] von 1924 betont Heidegger, dass Augustinus im XI. Buch der *Confessiones* die Frage nach

---

[6] Martin Heidegger: Der Begriff der Zeit. Vortrag vor der Marburger Theologenschaft. Juli 1924. Hg. v. Hartmut Tietjen. Tübingen: Niemeyer 1989, 10.

dem Wesen der Zeit bis zu der Einsicht getrieben habe, dass der Geist selbst die Zeit ist, welche Einsicht in die *Richtung* der weiterfragenden Frage weist, ob nicht mein Dasein die Zeit selbst sei. In der Marburger Vorlesung vom Wintersemester 1926/27 *Geschichte der Philosophie von Thomas v. Aquin bis Kant*[7] gibt Heidegger seiner Verwunderung darüber Ausdruck, dass die Hochscholastik die bis zu ihrer Zeit radikalste Zeitanalyse, die des Augustinus, nicht aufgegriffen und fruchtbar gemacht habe. In der Marburger Vorlesung vom Sommersemester 1927 *Die Grundprobleme der Phänomenologie* (GA 24) unterstreicht Heidegger, dass die fortan maßgebenden antiken Interpretationen der Zeit, die des Aristoteles und des Augustinus, bereits das Wesentliche herausgestellt haben, was den Gehalt des traditionellen Zeitbegriffs ausmacht. Von der Zeit-Analyse Augustins aber hebt er hervor, dass sie einige Dimensionen des Zeitphänomens ursprünglicher sehe als Aristoteles, womit allem voran die *distentio animi* gemeint ist. In *Sein und Zeit* (vgl. GA 2, 564) schließlich nennt Heidegger neben Aristoteles vor allem Augustinus, der den ausgezeichneten Bezug der Zeit zum Geist freigelegt habe. Dennoch unterlässt es Heidegger in den genannten Texten nicht, zugleich auch auf die Grenzen der augustinischen Besinnung auf die Zeit hinzuweisen.

In seinem Beuroner *Augustinus-Vortrag* hingegen vermeidet Heidegger es, auf die Grenzen Augustins aufmerksam zu machen. Hier geht es ihm nur darum, die radikaleren und ursprünglicheren Tendenzen im augustinischen Fragen nach der Zeit ungeschmälert sichtbar zu machen. Es sind diejenigen Tendenzen, die in den ekstatischen Charakter des Seins des Menschen und somit in die ekstatisch-horizontale Zeitlichkeit der Seele in deren Daseinsverfasstheit hineinzeigen, ohne freilich diese selbst freizulegen. Wenn auch die in der distentionalen Erstrecktheit der zeitverstehenden Seele verstandene Zeit nicht das ursprünglichste Zeitphänomen ist, so zeigt sie sich doch als die *besorgte Zeit,* in die sich die existenziale Zeitlichkeit des besorgenden Umgangs mit dem innerweltlichen Seienden wesenhaft auslegt (vgl. GA 2, §§ 79-80, 537-555). Das existenziale Gewärtigen des Besorgens hat sich je schon in das Dann, Sogleich und Späterhin, das existenziale Behalten in das Damals, Soeben und Früher, das existenziale Gegenwärtigen in das Jetzt und Heute ausgelegt. Die distentional verstandene Zeit ist nicht die reine Mannigfaltigkeit der abfolgenden Jetzt, nicht die vulgär verstandene Zeit, sondern als besorgte Zeit die durch Bedeutsamkeit bestimmte Zeit für die umweltlichen Verhaltungen, die Heidegger die *Weltzeit* (vgl. GA 2, 548) nennt. Indem die augustinische Zeit-Betrachtung zur Freilegung der daseinsbezüglichen Weltzeit gelangt, in die sich der Zeit-verstehende *animus distentional* erstreckt, zeigt sie eine Tendenz zur ekstatischen Zeitlichkeit des Daseins als dem Wesensursprung der distentionalen Weltzeit.

---

[7] Zur Veröffentlichung vorgesehen als GA 23.

3. Das dreifache *esse* als dreifaches *praesens* des Gegenwärtigen, Nicht-mehr-gegenwärtigen, Noch-nicht-gegenwärtigen aus dem XI. Buch der *Confessiones* und die Frage nach *Zeit und Sein*

Das Ergebnis des zweiten Frageweges aus der augustinischen Zeit-Untersuchung, die Gewinnung der *distentio animi*, tendiert für Heidegger in die ekstatische Zeitlichkeit des Daseins. Das auf dem ersten Frageweg gewonnene Ergebnis, die Einsicht in das dreifache Sein als Anwesen (*praesens*) des wahrgenommenen Gegenwärtigen, erinnerten Nicht-mehr-gegenwärtigen und erwarteten Noch-nicht-gegenwärtigen, zeigt in eine Nähe zu jener Grundfrage Heideggers, die er bereits in *Sein und Zeit* unter den Titel „Zeit und Sein" stellt. Aus dem Titel „*Zeit und Sein*" spricht die Antwort auf die leitende Grundfrage nach dem Sinn von Sein überhaupt, d. h. nicht nur vom Sein des Daseins, der Existenz, sondern darüber hinaus vom Sein alles nicht-daseinsmäßigen Seienden. In *Die Grundprobleme der Phänomenologie* (1927) entfaltet Heidegger die Frage nach „Zeit und Sein" auf dem transzendental-horizontalen Weg von *Sein und Zeit* (vgl. GA 24, §§ 20-21, 389-452). Demgegenüber fragt er dieselbe Frage auf dem ereignisgeschichtlichen Weg in seinem Freiburger Vortrag von 1962 *Zeit und Sein* (ZSD 1-25). Ohne dass wir uns auf eine schriftliche oder mündliche Mitteilung Heideggers berufen könnten, sehen wir von der Sache her zwischen dem 20. Kapitel des XI. Buches der *Confessiones* und den Gedankengängen in diesem späten Vortrag Heideggers eine auffallende Nähe, die davon zeugen könnte, dass Heidegger während der Ausarbeitung dieses Textes im Gespräch mit dem ersten Teil der augustinischen Zeit-Untersuchung gestanden hat. Denn auch er spricht hier vom Anwesen des Anwesenden im Sinne des Gegenwärtigen und vom Anwesen des Abwesenden in dessen Abwesen, des Abwesenden aber in der zweifachen Gestalt des Nicht-mehr-gegenwärtigen und des Noch-nicht-gegenwärtigen.

Der entscheidende Textauszug aus dem Vortrag lautet: „Zwar bleibt der Mensch immer vom Anwesen eines jeweils Anwesenden (Gegenwärtigen) angegangen, ohne daß er dabei auf das Anwesen selbst eigens achtet. Aber ebenso oft, d. h. stets geht uns auch das Abwesen an. Einmal so, daß mancherlei nicht mehr in der Weise anwest, wie wir es vom Anwesen im Sinne der Gegenwart kennen. Und dennoch, auch dieses nicht-mehr-Gegenwärtige west in seinem Abwesen unmittelbar an, nämlich nach der Art des uns angehenden Gewesenen. Dieses fällt nicht wie das bloß Vergangene aus dem vormaligen Jetzt weg. Das Gewesen west vielmehr an, jedoch auf seine eigne Weise. Im Gewesen wird Anwesen gereicht. Das Abwesen geht uns aber auch an im Sinne des noch nicht Gegenwärtigen nach der Art des Anwesens im Sinne des Auf-uns Zukommens. [...] In der Zu-kunft, im Auf-uns-Zukommen wird Anwesen gereicht." (ZSD 13). Zuvor hieß es „Im Gewesen wird Anwesen gereicht" und wir ergänzen: Auch in der Gegenwart wird Anwesen gereicht. Das Anwesen des Gegenwärtigen, das eigene Anwesen des Nicht-mehr-gegenwärtigen und das eigene Anwesen des Noch-nicht-gegenwärtigen werden dem Da-Sein, d. h. dem Sein des Da, gereicht aus dem ereignenden Zuwurf, der ein dreifaches Reichen ist (vgl. ZSD 14). Im ereignenden Zuwurf werden dem Da-sein mit dem dreifachen Anwesen die Zu-kunft, das Gewesen und die Gegenwart gereicht, indem das Sein des Da in diese drei Dimensionen der ursprünglichen Zeit entrückt wird.

Die im ereignenden Zuwurf gereichte Zu-kunft wird von Heidegger gekennzeichnet als *vorenthaltend* im Sinne des Noch-nicht. Die im ereignenden Zuwurf gereichte Gewesenheit ist *verweigernd* im Sinne des Nicht-mehr. Die im ereignenden Zuwurf gereichte Gegen-wart ist *gewährend*, denn sie gewährt das Anwesen für das Anwesende (vgl. ZSD 16). Demgegenüber ist die Zukunft vorenthaltend, weil das Anwesen, das sie reicht, nicht das Anwesen von Anwesendem, sondern eines noch Abwesenden ist. Die Gewesenheit aber ist verweigernd, weil das Anwesen, das sie reicht, auch nicht das Anwesen von Anwesendem, sondern das Anwesen eines anderen Abwesenden, des Nicht-mehr-Anwesenden ist. Die Einheit dieser drei ursprünglichen Zeitdimensionen ist die ereignend gereichte Einheit von Vorenthalt, Verweigerung und Gewährung. In der vorenthaltenden Zu-kunft lichtet sich Sein als Anwesen von Noch-nicht-Anwesendem. Dieses Anwesen bestimmt sich aus dem Vorenthalt, insofern es das Anwesen eines Noch-Abwesenden ist. In der verweigernden Gewesenheit lichtet sich Sein als Anwesen von Nicht-mehr-Anwesendem. Dieses Anwesen bestimmt sich aus der Verweigerung, sofern es das Anwesen eines Schon-Abwesenden ist. In der gewährenden Gegenwart aber lichtet sich Sein als Anwesen von Anwesendem. Dieses Anwesen bestimmt sich aus der Gewährung der Gegenwart, indem es das Anwesen weder eines Noch-nicht-Anwesenden noch eines Nicht-mehr-Anwesendem, sondern eines Anwesenden ist.[8]

Augustinus – so hatten wir gesehen – bestimmt das Sein des Anwesenden (Gegenwärtigen), des Nicht-mehr-Anwesenden (Vergangenen) und des Noch-nicht-Anwesenden (Zukünftigen) als *praesens*, als Gegenwart in der Bedeutung des Anwesens für den Wahrnehmenden, Erinnernden und Erwartenden. Augustinus erfährt das esse als das dreifach unterschiedliche *praesens* im Bereich der abkünftigen Zeit, die Heidegger in *Sein und Zeit* die besorgte Weltzeit nennt. Diese ist aber als abkünftige die *ausgelegte* ekstatische Zeitlichkeit des Seins des Da. Es gehört zum Wesen der sich zeitigenden ekstatischen Zeitlichkeit, dass sie sich auslegt und *ausspricht* in das Jetzt, Damals und Dann. Die als Jetzt, Damals und Dann verstandene Zeit ist die Zeit, die wir uns für unsere Verhaltungen zum innerweltlichen Seienden nehmen. Es ist die Zeit, die wir im

---

[8] Zu Heideggers Interpretation des X. und XI. Buches der *Confessiones* siehe auch v. Verf.: Die „Confessiones" des Heiligen Augustinus im Denken Heideggers, in: Costantino Esposito und Pasquale Porro (Hg.): Heidegger e i medievali. Atti del Colloquio Internazionale Cassino 10-13 maggio 2000. Turnhout: Brepols; Bari: Pagina 2001 (Quaestio – Annuario di storia della metafisica 1), 113-146

Existenzvollzug ausdrücklich, wenn auch nicht thematisch erfassend, sondern vollzugshaft verstehen. Es ist die in Heideggers Beuroner *Augustinus-Vortrag* genannte natürliche Zeiterfahrung, innerhalb deren sich Augustins Fragen nach Sein und Wesensverfassung der Zeit bewegt. Die von ihm gesehenen Phänomene des natürlichen Zeitverstehens, die *distentio animi* und das *esse* der drei Zeiten als das dreifache *praesens*, sind solche Phänomene, die für Heidegger in die ursprüngliche Zeit hineinzeigen, der die Phänomene der natürlichen Zeit, der besorgten Weltzeit, entspringen.

Geburtsbriefe und Ursprungsklärungen.

Ein Versuch zu Kants und Husserls unterschiedlichen Wegen in die Transzendentalphilosophie am Leitfaden der Begriffspaare von Spontaneität / Rezeptivität und Aktivität / Passivität[1]

Sophie Loidolt, Wien

Kant und Husserl nehmen unterschiedliche Wege in die Transzendentalphilosophie – und dementsprechend unterschiedliche Hindernisse tauchen auf diesen bewusst gewählten Wegen auch auf. Beide verbindet aber eine gemeinsame Frage, nämlich die nach der verborgenen subjektiven Leistung als Bedingung der Möglichkeit von Erfahrung, und eine gemeinsame Problemlage: wie gelangt man zur Enthüllung dieser Leistung bzw. wie und wo verortet man ihren Ursprung? Statt gleich auf die Antworten der beiden Denker einzugehen, möchte ich in diesem Aufsatz lieber ein Stück ihrer Wege beleuchten und dabei gegeneinander ausspielen, was ein Ansatz dem anderen möglicherweise voraushat. Dazu müssen wir natürlich die jeweiligen Voraussetzungen auf beiden Seiten herausarbeiten und vor allem die *guten Gründe*, mit denen diese Voraussetzungen gemacht wurden. Weder Husserl noch Kant sind Philosophen, denen ein Schritt auf diesem Gebiet zufällig unterlaufen wäre, weshalb wir besonders genau den Sinn ihrer Vorgehensweise verstehen und danach die unterschiedlichen Ausformungen und Ausformulierungen des Transzendentalen beurteilen müssen.

Ein Leitfaden für unsere Untersuchung soll die Rolle von Aktivität und Passivität bzw. Spontaneität und Rezeptivität sein. Dabei muss hier noch offen gelassen werden, ob man diese beiden Begriffspaare ohne weiteres in einem Atemzug nennen kann. Die rigorose Trennung von intuitiven und konzeptiven Kräften auf der einen Seite und der Entwurf einer genealogischen Verbundenheit dieser Vermögen auf der anderen Seite stellen die beiden Angelpunkte einer kantschen und husserlschen Perspektive dar und stehen sich, wenn man so will, diametral gegenüber. Was für Kant klar voneinander geschieden werden muss, um sich in der Sphäre des Transzendentalen orientieren zu können, nämlich Begriffe und Anschauungen, verbürgt für Husserl nur in verbundener Form, als ,kategoriale Anschauung', eine Ausweisbarkeit als Apriori. Das führt uns auf die weitere

[1] Ich möchte mich an dieser Stelle ganz herzlich bei Prof. James Dodd bedanken: anlässlich seines Seminars ,Husserl and Kant' im WS 2004 an der New School University ist dieser Aufsatz entstanden, um die vielen anregenden Gedanken festzuhalten, die sich in der Diskussion ergeben haben. Ich bedanke mich auch für seine kritischen Kommentare, die zum Teil in den Text eingeflossen sind.
Die Verfasserin bezieht ein DOC-Stipendium der *Österreichischen Akademie der Wissenschaften*.

Problematik, dass Kant Erfahrung von der Bedingung ihrer Möglichkeit her in gewisser Weise statisch *konstruieren*, während Husserl das Apriori genetisch aus der Erfahrung *entwickeln* muss. Einige dieser interessanten und für die Transzendentalphilosophie entscheidenden Differenzen sollen in diesem kurzen Aufsatz an Hand des Leitmotivs der Gewichtung von Aktivität und Passivität angerissen werden. Uns interessiert, wie Kant und Husserl verhältnismäßig ähnliche Probleme (die sich sowohl aus ihrer verwandten Fragestellung als auch aus der Sachlage ergeben) aus verhältnismäßig unterschiedlichen Ausgangslagen bewältigen – oder weniger gut bewältigen. In diesem Sinn beginnen wir unsere Überlegungen mit der transzendentalen Deduktion der *Kritik der reinen Vernunft*[2], wo uns der problematische Status der ‚Formen der Anschauung' und korrelativ der ‚Erscheinung' zu den Überlegungen Husserls führen wird, der mit seiner Genealogie des prädikativen Urteils in *Erfahrung und Urteil*[3] eine Möglichkeit aufzeigt, wie prädikative Urteile in der passiven Sphäre vorstrukturiert werden können. Hierauf sei aber wieder Kant das Wort erteilt, der in der Herausarbeitung der unobjektivierbaren Spontaneität des ‚Ich denke' das genetische Projekt Husserls als Ganzes in Frage stellt, da ja dieses letztlich genau jene Aktivität sichtbar und beschreibbar machen will. Schließlich blicken wir dann noch einmal in der Kant-Kritik Husserls auf die unterschiedlichen Konzeptionen des Transzendentalen: was für Husserl „Motiv des Rückfragens nach der letzten Quelle aller Erkenntnisbildungen" (Hua VI, 100) ist, ist für Kant *„unsere[] Erkenntnisart* von Gegenständen, *so fern diese* a priori *möglich sein soll"* (KrV A13/B26). Schon hier zeigt sich der fundamentale Unterschied zwischen einem ‚konstruktiven' (oder wie Husserl sagt: regressiven) und einem ‚genetischen' Ansatz: Während Kant darauf besteht, dass der „Geburtsbrief" (KrV A87/B119) der transzendentalen Vermögen ein ganz anderer als der der Abstammung von Erfahrungen sein muss, geht Husserl in seiner ‚Ursprungsklärung' gerade auf Erfahrung als letzten apodiktischen Boden zurück.[4]

In gewisser Weise wird die Struktur der Arbeit dem husserlschen ‚Zick-Zack-Kurs' in einem übertragenen Sinn entsprechen, d. h. wir versuchen, im beständigen Hin- und Herblicken zwischen Kant und Husserl die beiden Denker im Ge-

---

[2] Immanuel Kant: Kritik der reinen Vernunft. Nach der 1. und 2. Orig.-Ausgabe. Hg. von Jens Timmermann. Hamburg : Meiner 1998 [Sigle KrV].

[3] Edmund Husserl: Erfahrung und Urteil. Untersuchungen zu einer Genealogie der Logik. Redigiert und herausgegeben von Ludwig Landgrebe. Hamburg: Meiner [7]1999 [Sigle EU]. Alle anderen im Beitrag angeführten Zitate Husserls richten sich nach der seit 1950 bei Nijhoff (Den Haag) bzw. Kluwer (Dordrecht u.a.) erscheinenden Ausgabe der *Husserliana* [Sigle Hua].

[4] Natürlich ist Erfahrung bei Husserl nicht naiv-empirische Erfahrung, sondern ‚gereinigte', in transzendentaler Hinsicht betrachtete Erfahrung. Im Blickpunkt des phänomenologischen Denkens stehen die Phänomenalität des Erfahrens selbst und damit das Konstitutionsgeschehen im Korrelationsapriori.

gen- und Zusammenspiel in einen Dialog treten zu lassen. Die Dialektik oder Hermeneutik, die sich dadurch hoffentlich ergibt, soll uns einen deutlicheren Blick auf die Möglichkeiten und Probleme von Transzendentalphilosophie überhaupt ermöglichen.[5]

1. Der problematische Status der ‚Formen der Anschauung' und korrelativ der ‚Erscheinung' in Kants transzendentaler Deduktion

Die Rolle, die Kant den Formen der Anschauung im Prozess der Herstellung von Erfahrungserkenntnis zuweist, wird umso geringer, je tiefer er in die letztliche Grundbedingung des Transzendentalen, die transzendentale Apperzeption, eindringt. So lesen wir in der *Transzendentalen Ästhetik* noch, dass durch die reine Form sinnlicher Anschauungen „alles Mannigfaltige der Erscheinungen in gewissen Verhältnissen angeschauet wird." (KrV A21/B35) Das bedeutet, dass Raum und Zeit die sinnlichen Daten in gewisser Weise *ordnen*, in die Verhältnisse des Neben- und Nacheinander bringen, und damit eine vorbereitende Leistung für den Zugriff des Verstandes erbringen. Denn immerhin sind es ja *Formen*, die im Subjekt liegen und die puren Empfindungen strukturieren. Diese Lesart, obwohl in der *Transzendentalen Ästhetik* noch durchaus plausibel, erweist sich im Fortgang der Kritik als zunehmend unhaltbarer. Die reine Anschauung, „in der alle Gegenstände bestimmt werden müssen" (KrV A26/B42), enthält in der *Transzendentalen Ästhetik* noch die „Prinzipien der Verhältnisse derselben vor aller Erfahrung" (KrV A26/B42). Auch noch zu Beginn der A-Deduktion wird den reinen Formen der Anschauung eine „*Synopsis* des Mannigfaltigen a priori durch den Sinn" (KrV A95, Fußnote 2) zugebilligt, was auf eine bestimmte Eigenständigkeit des Ordnungsvermögens von Raum und Zeit schließen lässt. Wenig später aber schon wird die Bedeutung einer Synopsis (die als ‚Zusammen*schau*' den sinnlichen Charakter der Synthesis betont) merklich reduziert, indem dieser eine ‚Synthesis' korrelativ gegenüber gestellt wird, welche letztlich die Möglichkeitsbedingung alles Zusammennehmens und Ordnens überhaupt darstellt: „Wenn ich also dem Sinne deswegen, weil er in seiner Anschauung Mannigfaltigkeit enthält, eine Synopsis beilege, so korrespondiert dieser jederzeit eine Synthesis und die Rezeptivität kann nur mit Spontaneität verbunden Erkenntnisse möglich machen." (KrV A98) So wird aus der anfangs an-

---

[5] In diesem Zusammenhang darf die Erwähnung von Iso Kerns und Thomas Seebohms grundlegenden Werken über Husserl und Kant nicht fehlen. Dieser Aufsatz hat es sich jedoch zum Ziel gemacht, sich in Form einer Übung *direkt* an den Primärtexten abzuarbeiten, weshalb wir hier nur zur weitergehenden Vertiefung und stellvertretend für viele erhellende Werke der Sekundärliteratur auf die beiden Arbeiten verweisen: Iso Kern: Husserl und Kant. Eine Untersuchung über Husserls Verhältnis zu Kant und zum Neukantianismus. Den Haag: Nijhoff 1964. Thomas Seebohm: Die Bedingungen der Möglichkeit der Transzendental-Philosophie. Edmund Husserls transzendental-phänomenologischer Ansatz, dargestellt im Anschluss an seine Kant-Kritik. Bonn: Bouvier 1962.

gekündigten ‚Synopsis des Mannigfaltigen durch den Sinn'[6] im Laufe der A-Deduktion die ‚Synthesis der Apprehension in der Anschauung'. Der Begriff der ‚Synthesis' ist aber eindeutig der Spontaneität des Verstandes zuzuordnen, denn er beschreibt eine „Handlung, verschiedene Vorstellungen zu einander hinzuzutun, und ihre Mannigfaltigkeit in einer Erkenntnis zu begreifen." (KrV A77/B103). Es ist also eine Synthesis, die nicht in oder durch die Anschauung stattfindet, sondern „auf die Anschauung gerichtet ist, die zwar ein Mannigfaltiges darbietet, dieses aber als ein solches, und zwar *in einer Vorstellung enthalten,* niemals ohne eine dabei vorkommende Synthesis bewirken kann." (KrV A100) Man muss sich also fragen: Wie konnten die reinen Formen der Anschauung noch in der *Transzendentalen Ästhetik* Prinzipien der Verhältnisse des Neben- und Nacheinander von sich selbst her bereitstellen, wenn sie nun nicht einmal ein simples Durchlaufen zustande bringen? Ja, noch mehr: in der *transzendentalen* Synthesis der Apprehension stellt sich sogar heraus, dass nur dank der Synthesis a priori die Formen der Anschauung als solche überhaupt hervorgebracht werden: „Denn ohne sie [die Synthesis der Apprehension a priori] würden wir weder die Vorstellungen des Raumes noch der Zeit a priori haben können: da diese nur durch die Synthesis des Mannigfaltigen, welches die Sinnlichkeit in ihrer ursprünglichen Rezeptivität darbietet, erzeugt werden können." (KrV A100) Werden die Vorstellungen des Raumes und der Zeit also durch die transzendentale Synthesis, d. h. durch den Verstand *erzeugt*? Verwischt Kant hier nicht selbst die von ihm so streng gezogene Trennlinie zwischen Anschauung und Begriff? Oder sind diese äußersten, ersten Ursprungssynthesen noch jenseits von Anschauung und Begriff? Es drängt sich die Frage auf, welchen Status die Formen der Anschauung im Gemüt schließlich noch haben, wenn sich Kants Argumentation immer mehr zwischen den Begriffen von Mannigfaltigkeit und Einheit aufbaut. Obwohl sie das Mannigfaltige, also die Empfindungen, aufnehmen, sind sie doch selbst kein Mannigfaltiges, das den sinnlichen Daten gleichzusetzen wäre. In der B-Deduktion schließlich, wo die Rolle der transzendentalen Ästhetik (die doch eine „Wissenschaft von allen Prinzipien der Sinnlichkeit a priori" (KrV A21/B35) sein soll) ganz zurückgedrängt wird, präzisiert Kant schließlich folgendes: „Das Mannigfaltige der Vorstellungen kann in einer Anschauung gegeben werden, die bloß sinnlich, d. i. nichts als Empfänglichkeit ist, und die Form dieser Anschauung kann a priori in unserem Vorstellungsvermögen liegen, ohne doch etwas anderes, als die Art zu sein, wie das Subjekt affiziert wird. Allein die *Verbindung* (coniunctio), eines Mannigfaltigen überhaupt, kann niemals durch Sinne in uns kommen, und kann also auch nicht in der reinen Form der sinnlichen Anschauung zugleich mit enthalten sein; denn sie ist ein Actus der Spontaneität der Vorstellungskraft, und da man diese, zum

---

[6] Eine Einteilung, die auch noch den drei ursprünglichen Erkenntnisquellen Sinn, Einbildungskraft und Apperzeption entspricht. Vgl. KrV A95, Fußnote 2.

Unterschied von der Sinnlichkeit, Verstand nennen muss, so ist alle Verbindung [...] eine Verstandeshandlung, die wir mit der allgemeinen Benennung *Synthesis* belegen würden [...]." (KrV B129)

Was aber bedeutet aber die bloße ‚*Art*, wie das Subjekt affiziert wird'?[7] In welcher Weise spielt die Gegebenheit des Gegebenen, die ja immerhin eine transzendentale Relevanz haben muss, eine Rolle für dessen Erfassung? Kant reduziert das vorstrukturierende Vermögen der Formen der Anschauung auf ein Minimales zu Gunsten eines Ansatzes, der nur mehr mit den Polen von ungeordneten Empfindungsdaten und einigender Spontaneität operiert. Sogar die Vorstellungen von Zeit und Raum selbst sind durch die Spontaneität ermöglicht, in der A-Deduktion in der transzendentalen Apprehension der Anschauung (genetivus objectivus!) und in der B-Deduktion weniger explizit aber umso zwingender, durch die Einheit der transzendentalen Apperzeption. Die transzendentale Deduktion bringt uns also eine wesentliche Verschiebung zu dem Begriffspaar von Einheit und Mannigfaltigkeit, wodurch eine Dynamik entsteht, die die Frage ausschließlich daraufhin ausrichtet, wie das spontane Verstandesprinzip der Einheit das „Gewühle von Erscheinungen" (KrV A111) „durchspäh[t]" (KrV A126) und ordnet. Die Erkenntnis, dass diese Daten schon in gewisser Weise aufgenommen wurden *zu* Erscheinungen und durch das *wie* dieses Aufnehmens in den Formen der Anschauung nicht mehr bloßes Gewühl sind, sondern eben in die Verhältnisse des Neben- und Nacheinander gebracht sind, bleibt bei diesem Vorgehen auf der Strecke. Aber Kant hat natürlich insofern Recht, als genau diese Verhältnisse des Neben- und Nacheinander ohne das Prinzip der Einheit, des Auf-Eines-hin-Durchlaufen, nicht denkbar ist. Dann stellt sich allerdings die Frage: wie kann man die Formen der Anschauung noch zur Sinnlichkeit rechnen, wenn in ihnen die transzendentale Apperzeption schon zu voller Wirkung kommt? Die Formen der Anschauung erscheinen also plötzlich auch in dem zweideutigen Licht von Rezeptivität und Spontaneität, wie es natürlich die *Einbildungskraft* tut, die in der transzendentalen Deduktion die führende Rolle übernimmt und damit sämtliche andere Probleme zudeckt bzw. in sich kulminieren lässt.

Die zwei Grundquellen des Gemüts scheinen sich im Fortgang von Kants Argumentation zu *einem* Vermögen hin zu entwickeln, obwohl Kant selbst die Trennung durchaus aufrecht erhalten wissen will. Diese Spannung zwischen der faktischen Vorgehensweise Kants und seinen Intentionen[8] drückt sich vor allem auch in dem fraglichen und fragilen Status der ‚Erscheinung' in der transzendentalen Deduktion aus, die ja, phänomenologisch und übertragen gesprochen, als das noematische Korrelat der Formen der Anschauung betrachtet werden

---

[7] Kant formuliert dies ähnlich in den Anmerkungen zur *Transzendentalen Ästhetik*, allerdings auch erst in der B-Version. Vgl. KrV B67f.

[8] Heidegger weist ebenfalls auf dieses Spannungsverhältnis hin. Vgl. GA 25, 313.

kann. Kants rätselhafte Bemerkung, dass uns „allerdings Gegenstände erscheinen, ohne daß sie sich notwendig auf Funktionen des Verstandes beziehen müssen" (KrV A90/B122) bzw. dass „ohne Funktionen des Verstandes [...] allerdings Erscheinungen in der Anschauung gegeben werden [können]" (KrV A90/B122) lässt einige Verwirrung aufkommen: soll das heißen, dass uns Gegenstände erscheinen können, die nichts mit den Bedingungen der Möglichkeit von Gegenständlichkeit zu tun haben, die ja in der transzendentalen Deduktion bewiesen werden sollen? Kant versucht so, den besonders schwierigen Sonderstatus einer transzendentalen Deduktion der Verstandesbegriffe hervorzuheben, widerspricht sich im Endeffekt aber selbst, indem er behaupten muss, dass etwas erscheint, was gar nicht erscheinen kann: „Denn es könnten wohl allenfalls Erscheinungen so beschaffen sein, daß der Verstand sie den Bedingungen seiner Einheit gar nicht gemäß fände, und alles so in Verwirrung läge, daß z. B. in der Reihenfolge der Erscheinungen sich gar nichts darböte, was eine Regel der Synthesis an die Hand gäbe [...]. Erscheinungen würden nichts destoweniger unserer Anschauung Gegenstände darbieten, denn die Anschauung bedarf der Funktionen des Denkens auf keine Weise." (KrV A90f./B123) Hier drängt sich natürlich die Frage auf: welche Gegenstände wären dies, die ohne die Funktionen des Verstandes erscheinen sollten? Gegenstände ohne Gegenständlichkeit?[9] Kant wählt als Beispiel für eine mögliche Erscheinung ohne die Anwendung der Verstandesfunktion die Kausalität und kann daher behaupten, dass die Erscheinungen selbst überhaupt nichts in sich tragen, was eine Regel der Synthesis in dieser Weise an die Hand gäbe. Diese Argumentation fällt schon wesentlich schwerer, wenn wir sie anhand von anderen Kategorien durchspielen wollen: was wäre eine bloße ‚Erscheinung' ohne die Kategorien von Einheit, Inhärenz und Subsistenz und Dasein? Was würde in diesem Fall noch ‚erscheinen'? Welche Gegenstände als Erscheinungen könnte die Anschauung noch geben außer einem bloßen Gewühl von Daten – und nicht einmal das?

Zuerst ist hier einmal zu bemerken, dass wieder eine Verschiebung in der Gewichtung der Argumentation stattfindet: Während in der *Transzendentalen Ästhetik* der Gegenbegriff zu ‚Erscheinung' stets ‚Ding an sich' ist, weil es Kant hier darum geht, die transzendentale Idealität von Raum und Zeit aufzuweisen, ist der Gegenbegriff zu ‚Erscheinung' in der transzendentalen Deduktion plötzlich ‚Gegenstand' oder ‚gedachter Gegenstand'. Natürlich wird hier ein ganz anderes Projekt verfolgt: Kant will uns die Eigenart der Verstandesbegriffe und ihrer Deduktion klar machen und muss sie deshalb wohlweislich von der Anschauung und dem Produkt der Anschauung, der Erscheinung, trennen: „Es sind aber zwei Bedingungen, unter denen allein die Erkenntnis eines Gegenstandes möglich ist, erstlich *Anschauung*, dadurch derselbe, aber nur als Erscheinung

---

[9] Schließlich sollen ja die Kategorien als Bedingungen der Möglichkeit von Gegenständlichkeit überhaupt erschlossen und ihr rechtmäßiger Gebrauch bewiesen werden.

gegeben wird; zweitens *Begriff*, dadurch ein Gegenstand gedacht wird, der dieser Anschauung entspricht." (KrV A92f./B125) Was dieses ‚nur als Erscheinung' heißen und darstellen soll, ist die große Frage, die wir zu klären haben, wenn wir zu den Leistungen der Formen der Anschauung vordringen wollen. Es scheint mehr als klar, dass diese als reine Leistungen der Rezeptivität für Kant in der transzendentalen Deduktion verschwinden bzw. dass sie schlicht und einfach gar nichts leisten, um einen Gegenstand zu denken. Dann müssen wir uns aber im Gegenzug fragen: Was heißt es, einen Gegenstand *nicht* zu denken, ihn ‚bloß' anzuschauen? Besteht diese Möglichkeit überhaupt?

Bei Kant ist ‚denken' mit ‚urteilen' gleichzusetzen und urteilen heißt: etwas als etwas bestimmen.[10] Insofern ließe einen Gegenstand *nicht* zu denken, dass er nicht als Gegenstand bestimmt, erkannt wäre, dass kein Urteil über ihn gefällt wäre, das ihm das Prädikat Gegenstand zukommen lassen könnte.[11] Die bloße Gegebenheit des Gegenstands als Erscheinung wäre natürlich blind, aber man fragt sich, warum Kant dies nicht als einen abstrakten Zustand stehen lässt, der immer schon ein Konstrukt der transzendentalen Analyse ist. Denn so, wie Kant das bloße Erscheinen fasst, hat es nicht den Status einer vorbereitenden vorprädikativen Sphäre wie bei Husserl, sondern Kant besteht geradezu darauf, dass uns Gegenstände völlig unabhängig von den Funktionen des Verstandes erscheinen können und diese Erscheinungen auch nichts dazu beitragen, einen Gegenstand zu denken, da dies allein Hoheitsgebiet der Kategorien ist. Ich habe versucht zu zeigen, dass Kant diese strenge Trennung selbst nicht durchhält, nicht zuletzt, weil er stets auf mehreren Fronten zugleich argumentiert: da muss zuerst auf einer ‚äußeren' Front eine transzendentale Ebene überhaupt etabliert werden, die einerseits die ontologische Unterscheidung von ‚Erscheinung' und ‚Ding an sich' und andererseits die methodische Unterscheidung von ‚reiner' und ‚empirischer' Analyse tragen soll. Auf einer zweiten, ‚inneren' Front muss das Kräfteverhältnis der Erkenntnisvermögen *innerhalb* der transzendentalen Sphäre geklärt und müssen die Leistungen der Vermögen selbst auseinander gehalten werden. Und schließlich lädt sich Kant auf einer dritten Front noch das Problem der Rechtfertigung, also der transzendentalen Deduktion auf, das er fatalerweise als Problem der objektiven Gültigkeit von subjektiven Erkenntnisbedingungen formuliert.[12] In diesen Schwierigkeiten geht die Rolle der Formen der Anschauung vollkommen unter. So erhalten wir am Ende der transzendentalen

---

[10] „Wir können aber alle Handlungen des Verstandes auf Urteile zurückführen, so daß der *Verstand* überhaupt als *ein Vermögen zu urteilen* vorgestellt werden kann. Denn er ist nach dem obigen ein Vermögen zu denken. Denken ist Erkenntnis durch Begriffe. Begriffe aber beziehen sich, als Prädikate möglicher Urteile, auf irgendeine Vorstellung von einem unbestimmten Gegenstande." (KrV A69/B94)

[11] Diese Möglichkeit eröffnet sich mit der husserlschen Konzeption der vorprädikativen Sphäre, auf die wir weiter unten eingehen werden.

[12] Zur besonderen Kritik der ‚quaestio iuris' vgl. Heidegger, GA 25, 306 ff.

Deduktion zwei unterschiedliche, merklich geschwächte Versionen der Formen der Anschauung, die in der *Transzendentalen Ästhetik* noch die Prinzipien der Verhältnisse der Anschauung enthielten: die erste Version ist die *einer vom Verstand durchwirkten Anschauung,* die einem *Gewühl von Daten* begegnet. Die Synthesis der Apprehension, die im Durchlaufen und Zusammenhalten der Anschauungen das Werk der Zeit selbst vollbringt, aber dies nur durch ein zugrunde gelegtes Prinzip der Einheit (der transzendentalen Apperzeption), ist im Grunde genommen ein Hybrid zwischen Spontaneität und Rezeptivität. Sie lässt die Formen der Anschauung als ,*wie*' des Affiziert-Seins selbst vollkommen bedeutungslos erscheinen. Die zweite Version ist die einer Anschauung, die zwar etwas *gibt,* dessen Status aber höchst rätselhaft ist, nämlich die blinde, bloße Erscheinung. Dieser Gegenstand ohne Gegenständlichkeit, der gerade im kantschen Sinne unhaltbar sein muss, weil er eben keine vorprädikative Sphäre kennt, ist das eigenartige Ergebnis einer auf der Strecke gelassenen Anschauung.

2. Husserls genetisches Projekt als Lösungsvorschlag?

Vielleicht kann Husserl einen Lösungsvorschlag für dieses Problem bieten, speziell mit seinem genetischen Ansatz in *Erfahrung und Urteil,* einer ,Untersuchung zur Genealogie der Logik'. Selbstverständlich befinden wir uns hier in einer ganz anderen Ausgangslage: Husserl hebt mit der Erfahrung an, die für Kant das Endprodukt des Zusammenwirkens der transzendentalen Vermögens ist. Mit Husserl hingegen tritt eine ganz neue Größe in der Transzendentalphilosophie auf: Es ist die Logik des Phänomens, die sowohl eine Logik der Sinnlichkeit als auch des Verstandes in sich beschließt. So gibt es für Husserl nicht *zwei* Grundquellen der Erkenntnis, sondern *ein* Leisten des Bewusstseins als Konstitutionsleistung, das durch die Reduktion sichtbar gemacht und gesichert werden soll. Der *Ursprung* der Bewusstseinsakte, die kategoriales Denken ermöglichen, steht im Mittelpunkt von *Erfahrung und Urteil.*

Dabei gibt Husserl gute Gründe an, warum er mit der Erfahrung zu einer Genealogie der Logik anhebt: was auf den ersten Blick, vor allem mit Kant, wie ein roher Rückfall in die Empirie aussieht, ist letztlich ein Ansatz, der das Problem der *Evidenz* ernst nimmt, sowie das (Erkenntnis-)Streben, zu dieser Evidenz zu gelangen. Schließlich ist es auch für Kant so, dass Erkenntnis immer nur Erfahrungserkenntnis sein kann und die *Kritik der reinen Vernunft* ist ja nichts anderes als die Beschränkung der Vernunft auf Erfahrung, d. h. auf das in der Anschauung Gegebene und durch den Verstand Strukturierte. Aber für Kant ist gleichsam ,*hinter*' den Boden der Erfahrung zurückzugehen, um zu den reinen apriorischen Bedingungen der Möglichkeit von Erfahrung zu gelangen, während für Husserl dieser Weg zu einer transzendentalen Logik nur über die Erfahrung selbst erfolgen kann, da nur in ihr eine Evidenz gegeben ist, die sachhaltig ist und eine begründende Funktion für die Ebene des Transzendentalen übernehmen kann: „Es wird zu zeigen sein, daß auch sie [die Urteile des Logikers mit ihren apodiktischen Evidenzen] keine freischwebenden ‚Wahrheiten an sich‘ zum Inhalt haben, sondern daß sie in ihrem Anwendungsbereich bezogen sind auf eine ‚Welt‘ von Substraten, und daß sie damit selber letztlich zurückverweisen auf die Bedingungen möglicher gegenständlicher Evidenz, in der diese Substrate gegeben sind.“ (EU 13) Die Frage ist nun nicht mehr ‚nur‘ die Frage nach den Bedingungen der Möglichkeit von Erkenntnis, sondern nach der „Bedingung der Möglichkeit für gelingende Erkenntnisleistung“ (EU 13), das heißt das Kriterium liegt nun nicht mehr unhinterfragt in der transzendentalen Logik als Wahrheitslogik selbst, sondern in der ursprünglicheren Evidenz der Selbstgegebenheit als transzendentalphänomenologischem Maßstab schlechthin. Für Kant ist es in keiner Weise problematisch, direkt von den Urteilstafeln der formalen Logik zur Tafel der Kategorien und damit zur transzendentalen Logik überzugehen. Zudem hält er es auch nicht für notwendig, eine Deduktion für jede einzelne Kategorie durchzuführen, sondern nur für ihre Anwendung und Gültigkeit im Allgemeinen. Für Husserl ist hingegen die formale Logik eine Stufe der kategorialen Leistung des Bewusstseins, die nicht ohne weiteres hingenommen werden kann, sondern die eine eidetische Entwicklungsgeschichte hat, welche expliziert werden muss. Das Einleuchten der Logik ist selbst noch etwas, das auf ein ursprünglicheres Einleuchten zurückgeführt werden muss.

Schon in den *Logischen Untersuchungen* unterscheidet Husserl zwischen schlichten und fundierten Akten, was bedeutet, dass es Akte gibt, denen eine andere Konstitutionsleistung zu Grunde liegt. In seiner genetischen Phänomenologie versucht er nicht nur, die Geltungsfundierungen von komplexeren Akten auszuweisen, sondern auch ihre Genesis nachzuzeichnen, indem er den Stufen ihrer Entstehung und ihrer Fundierung in der vorprädikativen Sphäre nachgeht. Husserls Methode bzw. seine Beweisführung kann sich dabei insofern nicht in den Wahrheiten der Logik erschöpfen, da er ja gerade diese als Leistungen des Bewusstseins enthüllen will und daher einen noch grundlegenderen Boden der Evidenz finden muss. Dieser ist bekanntermaßen der der Selbstgebung, d. h. der zur vollen Erfüllung gekommenen, originären Anschauung eines Gegenstandes. Husserls Denken ist bestimmt durch das Vertrauen in diese ursprünglichste Form des Erkennens, das Sich-zur-Klarheit-Bringen in der Anschauung. Hier ist natürlich gleich zu bemerken, dass Husserls Begriff der Anschauung nicht mit dem kantischen gleichgesetzt werden kann, da sie sich mindestens in drei wesentlichen Punkten unterscheiden: Erstens umgreift die husserlsche ‚Intuition‘ ein kaum absteckbares Gebiet – alles kann angeschaut werden, es gibt keine Grenzen für die Anschauung, insofern sie sogar im Begriff der Vernunftidee anschauen kann, *dass* sie niemals vollständig anschauen kann. Zweitens ist die Anschauung bei Husserl nicht auf die Sinnlichkeit beschränkt, sondern in ihr und durch sie selbst ist kategoriales Erkennen möglich; der Begriff entsteht sozusagen in der Anschauung bzw. ist in ihr fundiert. Drittens bildet die originär gebende Anschauung bei Husserl die letzte *Rechtsquelle* aller Erkenntnis: die

Deduktion, die Husserl also verlangt und ständig von jedem einzelnen Schritt und Begriff verlangt, ist ein handfestes Sich-vor-Augen-Führen jeder noch so scheinbar klaren und selbstverständlichen Annahme. Husserls letzter Beweisgrund ist ein ‚sinnlicher‘, ein unhintergehbarer, insofern er davon überzeugt ist, dass der letzte Boden aller Erkenntnis der der vollen anschaulichen Präsenz des Gegenstandes sein muss, dem ein erfülltes Schauen korreliert.

Es ist also gewiss die Rolle der Anschauung, sowohl in methodischer als auch in konkret transzendental-leistender Hinsicht, die Husserl und Kant am tiefsten voneinander trennt. Denn damit wird festgelegt, *wie* erkannt wird bzw. welche Instanz das Vermögen hat, uns auf sicherem Wege in die Sphäre des Transzendentalen zu führen. Während dieses Privileg bei Kant sicherlich die formale Logik hat, ist es bei Husserl die in seinem Sinne erweiterte Anschauung. Wenn wir nun einen kurzen Blick auf die Bedeutung der Anschauung in der Genealogie der Logik werfen, dann können wir daraus vielleicht wichtige Schlüsse auf unsere Anschauungsproblematik bei Kant ziehen.

Husserl trennt hier vor allem zwischen einer vorprädikativen und einer prädikativen Sphäre, wobei es sein Ziel ist, nachzuweisen, dass die Strukturen der rezeptiven, vorprädikativen Sphäre die der prädikativen passiv vorzeichnen. „[D]a Urteilen eines ‚Zugrundeliegenden‘ bedarf, worüber es urteilt, eines *Gegenstandes-worüber*, so muß Seiendes so vorgegeben sein, daß es Gegenstand eines Urteilens werden kann.“ (EU 11) Diese Vorgegebenheit und ihre Strukturiertheit in einer passiven, rein rezeptiven Sphäre ist das Hauptthema des Unterfangens. Gleichzeitig sollen aber die logischen Urteile, die höchsten und allgemeinen kategorialen Leistungen, auf ihren passiven Ursprung zurückverfolgt werden. Dabei geht Husserl – seinen methodischen Vorraussetzungen nach zufolge – von einem Stufenbau der Evidenz aus und muss daraus schließen, dass der Evidenz eines Urteils eine gegenständliche Evidenz zugrunde liegt, d. h. die Bedingung der Möglichkeit von evidentem Urteilen ist evidente Vorgegebenheit. Diese ist auf unterster Stufe die gegenständliche Evidenz eines Individuums: „Und *Evidenz von individuellen Gegenständen macht im weitesten Sinne den Begriff der Erfahrung* aus. Erfahrung im ersten und prägnantesten Sinne ist somit als direkte Beziehung auf Individuelles definiert. Daher sind die *an sich ersten Urteile* als Urteile mit individuellen Substraten, Urteile über Individuelles, die Erfahrungsurteile. Die evidente Gegebenheit von individuellen Gegenständen der Erfahrung geht ihnen voran, d. i. ihre vorprädikative Gegebenheit. Die Evidenz der Erfahrung wäre sonach die von uns gesuchte letzturprüngliche Evidenz und damit der Ausgangspunkt der Ursprungsklärung des prädikativen Urteils.“ (EU 21) Husserl geht also zu den ‚primitivsten‘ Leistungen zurück, um die ursprünglichen Bedingungen der Möglichkeit von evidenten, prädikativen Urteilen zu lokalisieren – und landet damit in der rezeptiven, anschaulichen Vor-Gegebenheit eines individuellen Gegenstandes in der Erfahrung.

In dieser passiven Sphäre ‚vor‘[13] dem eigentlichen Urteil geschieht aber schon allerhand, das im kantischen Sinne unter die Spontaneität des ‚Ich denke‘ fallen würde. Der Bereich des Vorprädikativen liegt bei Husserl genau zwischen einer rein rezeptiven Sinnlichkeit und dem, was es bei Kant heißt, einen Gegenstand zu denken, d. h. zu urteilen. Da Husserl hier eine sehr plausible Genesis des Urteils vorstellt, ist zu überlegen, ob seine Variante des ‚organischen‘ Übergangs von Rezeptivität zum Begriff nicht einer rigorosen Trennung der Erkenntnisvermögen vorzuziehen ist, deren Zusammenwirken unerklärbar bleibt. Husserls großer Pluspunkt ist es, erstens eine schlüssige Motivationskette von der rezeptiven Anschauung bis zum prädikativen Urteil aufzeigen zu können, aus der Kategorien wie ‚Substanz‘ und ‚Akzidenz‘ oder Kopulae wie ‚und‘ und ‚oder‘ gleichsam ‚natürlich‘ hervorgehen. Zweitens zieht sich die strukturierende Leistung durch alle zusammenwirkenden Vermögen und lässt der rezeptiven Anschauung ihre eigene Dignität: die passivste aller passivsten Vorgegebenheiten ist die, in der das Ich noch keinen Zugriff geübt hat: das Sinnesfeld. „Nehmen wir es so, wie es ist, bevor ichliche Aktivität daran noch irgendwelche sinngebenden Leistungen geübt hat, so ist es im eigentlichen Sinne noch kein Feld von Gegenständlichkeiten. Denn Gegenstand ist ja, wie schon erwähnt, Produkt einer vergegenständlichenden, ichlichen Leistung, und im prägnanten Sinne einer prädikativ urteilenden Leistung. Darum ist dieses Feld aber doch nicht ein bloßes Chaos, ein bloßes ‚Gewühl‘ von ‚Daten‘, sondern ein Feld von bestimmter Struktur, von Abgehobenheiten und gegliederten Einzelheiten." (EU 75) Es ist unschwer zu erkennen, dass sich Husserl hier konkret auf Kant bezieht und ihn sogar indirekt zitiert. Natürlich muss er sich daran stoßen, dass Kant plötzlich das, was an der Anschauung Form gebend sein soll, vollkommen unter den Tisch fallen lässt und einer reinen vereinheitlichenden Spontaneität ein rezeptives Chaos gegenüberstellt. Husserl charakterisiert ja das Sinnesfeld als strukturiert durch assoziative Genesis, „aufgestuft auf den Synthesen des inneren Zeitbewußtseins" (EU 77). Diese Synthesen des inneren Zeitbewusstseins „sind die untersten, die alle anderen notwendig verknüpfen" (EU 75), indem sie die universalen Ordnungsformen von Sukzession und Koexistenz leisten. Husserl billigt also dem Sinn eine minimale Leistung der Synthesis zu, die sich aber als *die grundlegende und unentbehrliche Ur-Synthesis aller möglichen Konstitutionen herausstellt und so die schlechthinnige Bedingung der Möglichkeit aller Erfahrung überhaupt darstellt.* „Aber Form ist nichts ohne Inhalt. Dauerndes immanentes Datum ist nur dauerndes als Datum seines Inhaltes. So sind die Synthesen, die Einheit eines Sinnesfeldes herstellen, bereits sozusagen ein höheres Stockwerk konstitutiver Leistungen." (EU 76) Diese allgemeinsten inhaltli-

---

[13] ‚Vor‘ muss hier nicht ‚dem Dasein nach‘, also ‚temporal‘ heißen, aber meint immer ‚der Sache nach‘, da es um einen stufenförmigen Aufbau geht. Die prädikative Tätigkeit kann sich auch direkt auf einen Gegenstand auswirken, d. h. sie findet gleichzeitig mit der anschaulichen Erfassung statt.

chen Synthesen von abgehobenen Sinnesgegebenheiten sind nach Verwandt-schaft (Homogeneität) und Fremdheit (Heterogeneität) durch die passive Leistung der Assoziation verknüpft. Husserl spricht hier von der „Art und Weise immanenter Verbindung der Empfindungsgegebenheiten" (EU 77), „welche je-weils in der lebendigen Gegenwart eines Bewußtseins vereinigt sind" (EU 77). Das, was Kant also die bloße ‚Art' nennt, ‚in der das Subjekt affiziert wird', ist bei Husserl schon deutlich ausgearbeiteter als strukturiertes Sinnesfeld durch die Leistungen von Sukzession, Koexistenz und Assoziation. Doch Kant kann diese Zugeständnisse natürlich nicht an den Sinn machen, da jede Form von Verein-heitlichung in der Spontaneität liegen und eine Synthesis der transzendentalen Apperzeption des ‚Ich denke' sein muss. Ichaktivität setzt bei Husserl aber erst in der nächsten Stufe ein, in Form der Affektion und Ichzuwendung qua *Rezep-tivität des Ich* gegenüber den affizierenden Reizen. „Dieser phänomenologisch notwendige Begriff der Rezeptivität [des Ich] steht keineswegs in ausschließen-dem Gegensatz zur *Aktivität des Ich*, unter welchem Titel alle spezifisch vom Ichpol ausgehenden Akte zu befassen sind; vielmehr ist die Rezeptivität als un-terste Stufe der Aktivität anzusehen." (EU 83) Wir finden also, vor allem wenn wir ‚von Kant her kommen', eine eigenartige Mischung von Rezeptivität, Spontaneität, Aktivität und Passivität vor. Ein Ich, das rezeptiv ist und eine Zeitkonstitution, die die Spontaneität einer Synthesis besitzt?[14]

Doch wie Husserl bereits nahe legt, ist hier nichts in ausschließenden Gegen-sätzen zu begreifen. Seinem Ansatz zufolge kann man die transzendentalen Elemente nur in der Erfahrung selbst ausweisen und hier ‚vermischen' sich re-zeptive und spontane Teilstücke eben in der Art, *wie* Erfahrung zustande kommt. Für Kant würde in diesem Fall, abgesehen von einem völlig fehlgelei-teten empirischen Ansatz, eine heillose Verwirrung vorliegen, da gerade das Wichtigste nicht auseinander gehalten wird, nämlich *wo* wir auf reines Hinneh-men angewiesen sind, und *wo* wir das Hingenommene nur dank des Vermögens im Subjekt aktiv aufnehmen und ordnen können. Husserl verliert diese strikte Klarheit des Auseinanderhaltens durch seine Vorgehensweise, aber er gewinnt auch etwas: eine schlüssige Beschreibung eines motivierten Erfahrungszusam-menhangs, der nicht wie am Reißbrett konstruiert wirkt, sondern das Transzen-dentale in den Konstitutionsleistungen sieht, die, stufenförmig aufeinander auf-gebaut, auf immer ursprünglichere Leistungen verweisen. So gelangt er zur Ausarbeitung einer passiven und einer aktiven Sphäre der Synthesis: die Ebene

---

[14] Natürlich will dieser Satz provozieren – es müssten selbstverständlich genauere Untersuchungen angestellt werden, um die Möglichkeit eines Vergleichs der Begriffe Sponta-neität und Rezeptivität bei Kant und Husserl auszuloten. Zudem wäre auch eine Gegenüber-stellung des Assoziationsbegriffs beider Philosophen (mit Berücksichtigung der ‚Affinität') wünschenswert, um einen vollständigeren Überblick über ihre transzendentalphilosophischen Ansätze zu bekommen. Beides kann hier leider aus Platz- und Zeitgründen nicht geleistet werden.

der Passivität, der vorprädikativen Erfahrung grenzt sich von der Ebene der Prädikation durch die spezielle Ichaktivität des Urteilens ab. Hier zieht Husserl bewusst eine scharfe Grenze. Die Akte der aktiven Prädikation und die korrelativ dazu entstehenden ‚Verstandesgegenständlichkeiten' bzw. ‚kategorialen Gegenständlichkeiten' haben eine vollkommen andere Qualität als das rezeptive Erfassen eines Gegenstandes. Denn hier handelt es sich um ein „eigentliches Erkenntnisinteresse" (EU 232), das nicht mehr durch den „tendenziöse[n] Zug" (EU 232) des Wahrnehmungsinteresses motiviert wird, sondern von einem „aktiven Willensimpuls" (EU 232) geleitet wird, dessen Ziel Erkenntnis*besitz* ist. Und dieser zeichnet sich dadurch aus, dass der Erkenntnisgegenstand über die Zeit der anschaulichen Gegebenheit hinaus jederzeit wieder identifiziert und reproduziert werden kann und damit zu einem *selbstständigen* Erkenntnisbesitz wird, der aktiv konstituiert wurde und über den ‚frei' verfügt werden kann. „So handelt es sich hier um objektivierende Leistungen einer neuen Art, nicht nur einer Betätigung *an* den vorgegebenen und rezeptiv erfaßten Gegenständlichkeiten; sondern in der prädikativen Erkenntnis und ihrem Niederschlag im prädikativen Urteil konstituieren sich neuartige Gegenständlichkeiten, die dann selbst wieder erfaßt und zum Thema gemacht werden können." (EU 233) Diese Gegenstände, die in einer weiteren Leistung des begreifenden Denkens zu einer Allgemeinheitsformung übergehen, führen uns schließlich zu den formalen und allgemeinen Gegenständen der Logik, „die zwar immer auf ihren Untergrund zurückweisen, aber doch auch von ihm ablösbar, ihr Eigenleben führen als die Urteile, wie sie in der Mannigfaltigkeit ihrer Formen das Thema der formalen Logik sind." (EU 234) Husserl bindet also die Gegenstände, die nach Kant nur der Spontaneität entsprungen sein können, an einen Prozess zurück, der in der vollen anschaulichen Gegebenheit in der Rezeptivität anhebt und sich allmählich in Stufen und Leistungen der Formalisierung vollendet. Dabei spricht er eindeutig erst in der prädikativen Sphäre vom ‚Denken' (im Gegensatz zur „bloß rezeptive[n] Aktivität des Erfassens, Explizierens und beziehenden Betrachtens" (EU 232)) und kennzeichnet diese Aktivität „als eine *schöpferische*, Gegenstände selbst erst *erzeugende Spontaneität*" (EU 233). Diese prädikative Sphäre scheint sich daher ganz mit dem zu decken, was Kant auffasst als ‚einen Gegenstand denken', d. h. im Urteil ‚etwas als etwas' zu bestimmen. Die beiden Denker scheinen sich also dadurch am Wesentlichsten zu unterscheiden, *wie* man zu diesem Urteil gelangt und *worin* dieses Urteil gründet bzw. in welchem Vermögen oder welcher Leistung der Ursprung des prädikativen Urteilens zu suchen ist. Oder sind sie sich nicht doch sehr ähnlich?

Husserl sagt ja nicht, dass es reine Rezeptivität wäre, durch die Gegenstände konstituiert werden. Genau betrachtet, erreicht Husserls Konzeption von Rezeptivität und Passivität nie diesen Nullpunkt an Nicht-Aktivität, da es immer um ein *Leisten* geht. Selbst die aller passivste Leistung, die Konstitution des inneren Zeitbewusstseins, ist noch eine ‚Tätigkeit' des Bewusstseins und es ist eine sehr schwierige Frage, welche Beziehung diese ‚lebendige Gegenwart' zu einem ‚ich' in seiner passivsten Form als ‚mich' noch hat oder nicht hat. Aber noch viel deutlicher ist das Auftauchen der Ichzuwendung in der vorprädikativen Sphäre, wo das Ich *affiziert* wird und dadurch als rezeptiv zu beschreiben ist, in diesem Aufnehmen selbst aber gleichzeitig aktiv ist. Passivität und Aktivität nehmen also bei Husserl eine vollkommen neue Bedeutung an als bei Kant, da sie *nicht mehr Prinzipien zweier verschiedener Vermögen sind, sondern Stufen eines kontinuierlichen Prozesses.* Die Frage ist ja nicht, ob das ‚Ich' bzw. das ‚Ich denke' einmal dabei ist und einmal nicht. Das ist ja schließlich auch bei Kant nicht der Fall, wie die Synthesis der Apprehension in der Anschauung zeigt. Aber Husserls Begriff der Rezeptivität ist von Anfang an resistenter gegen die Verwirrung, die bei Kant über die Rolle der Formen der Anschauung entsteht, da ‚Aufnehmen' für ihn immer schon heißt: geordnetes Aufnehmen, insofern es sich um ein *sinnliches Leisten des Bewusstseins* handelt und nicht um ein blindes Offenstehen. Kants Position ist und bleibt hier durchaus unklar, da der Begriff einer puren Rezeptivität als Ebene des ‚Gewühls von Daten' nicht mit dem einer *Form* der Anschauung vereinbar ist. Für Husserl scheint indes das *Wie* des Gegeben-Seins des Gegebenen selbst immer schon aktives oder passives *Leisten* des Bewusstseins zu sein.

Natürlich müssen wir noch betrachten, warum dies so möglich ist und was das für den Begriff des Transzendentalen bei beiden Philosophen heißt. Bei Husserl greift natürlich eine ganz andere Logik als bei Kant, nämlich die Logik des Phänomens, in der Gegebenheit und Gegebenes immer schon korrelativ verschränkt sind. Diese Logik des Phänomens baut sich in fast zwingender Weise auf der Deutlichkeit des Erscheinens und der Klarheit des Erfassens dieses Erscheinens auf, da sie im ‚Sehen' des ‚Gesehnen' ihren ursprünglichsten Halt hat. Von nichts anderem spricht Husserl im *‚Prinzip aller Prinzipen'* (Hua III/1, §24). Nun soll ihm die Reduktion garantieren, die Frage zum ontologischen Status des Erscheinenden zu inhibieren und so einen Raum zu eröffnen, in dem sich das methodisch bestimmte Vermögen der Anschauung voll entfalten kann: durch ‚eidetische Variation', also durch das endlose Durchspielen von Möglichkeiten in der Phantasie wird auf einen Kern von Notwendigkeit und Wesenhaftigkeit, also auf das notwendig Invariable gestoßen. Geht Kant faktisch nicht genauso vor, wenn er alles Mögliche von den Erscheinungen abstraktiv abzieht, um zu den reinen apriorischen Formen von Raum und Zeit zu gelangen? Und sind die Kategorien nicht auch als Bedingungen der Möglichkeit von Gegenständlichkeit festgelegt vor einem schon bestehenden Bild von Gegenstand und dem, was notwendig zu seinem Begriff dazugehört – d. i. das, was man sich nicht ‚wegdenken' kann, egal wie man es ‚dreht und wendet'?[15] Husserl scheint mir den

---

[15] Husserl wirft Kant Ähnliches vor: „Er [Kant] verwehrt seinen Lesern, die Ergebnisse seines regressiven Verfahrens in anschauliche Begriffe umzusetzen und jeden Versuch, einen von

tatsächlichen Prozess, wie man in der Reflexion zu einem Apriori gelangt, sehr passend und redlich zu beschreiben, weshalb hier Verdachtsmomente eventueller Empirie fehl am Platz sind. Denn Husserl behauptet keineswegs, dass diese Gegenstände dem Empirischen dem *Prinzip* nach entstammen – *auch wenn alle Erkenntnis mit der Erfahrung anhebt*, wie uns Kant unmissverständlich lehrt.

Husserl geht das Problem des Transzendentalen ‚von innen her‘, vom Boden des Erlebnisses her an, während Kant es ‚von außen‘, von der Trennung zwischen dem, was dem Subjekt selbst notwendig entstammt und dem, was ihm nicht entstammen kann, her angreift. (Könnte der Grund darin liegen, dass Kant immer noch an einem ‚Ding an sich‘ festhält, also im letzen immer noch an einer Subjekt-Objekt-Spaltung, die um den Ursprung der gegebenen Daten besorgt ist, während Husserl dieses Problem zugunsten einer reinen ‚Korrelationsphilosophie‘ aufgibt? Und könnte es vielleicht umgekehrt so sein, dass Husserl gerade durch die Korrelation das ‚Objekt‘ nach innen, in die anschauliche transzendente Immanenz verlegt und dadurch stets einem ‚Schauen‘ verhaftet bleibt?) Auf jeden Fall kann man behaupten, dass Kant einen rekonstruktiven und Husserl einen ‚herausschauenden‘, ideierenden Ansatz verfolgt – genau dem entsprechen auch ihre unterschiedlichen Vorlieben für einerseits Logik und andererseits Anschauung, da man sich jeweils auf eines dieser Prinzipien methodisch verlassen können muss. Was für Husserl als eine Voraussetzung im kantschen Ansatz erscheinen muss, ist umgekehrt für Kant ein ungenügendes Verfahren, um wirklich zu einer Reinheit zu gelangen, die adäquat die Spontaneität des Subjekts beschreibt. Denn eine Logik des Phänomens führt – trotz Reduktion und Wesensanalyse – auf einen Boden, der für Kant immer noch den Makel des Empirischen tragen muss.

Es ist letztlich das Problem der Evidenz, das über diese Frage entscheiden muss. Da für Kant der Empirie niemals die Begriffe der Allgemeinheit und Notwendigkeit entstammen können, muss er sich in eine ‚reine‘ Ebene zurückziehen. Auch bei Husserl ist es eine spezifische ‚spontane‘ Leistung, die Allgemeinheit und Notwendigkeit möglich macht, aber diese Leistung *entsteht* gerade auf dem Boden der ‚Empirie‘ – was gleichbedeutend ist mit ‚Welt‘. *‚Reinheit‘* kann für Husserl insofern kein *methodisches Operationsfeld* sein, sondern etwas, das erst *werden* muss, d. h. *geleistet werden* muss; es ist eine höhere Entwicklungsstufe, die sich auf einem apodiktischen Erfahrungsboden aufbaut und diese Entwicklung muss anschaulich nachvollzogen werden können. Denn die Begriffe der Allgemeinheit und der Notwendigkeit haben eine Evidenz, die sich zwar nicht direkt auf ursprüngliche gegenständliche Evidenzen bezieht, aber indirekt auf sie zurückverweist als Urformen der Evidenz.

---

ursprünglichen und rein evidenten Anschauungen ausgehenden und in wirklich evidenten Einzelschnitten verlaufenden progressiven Aufbau durchzuführen." (Hua VI, 117)

Dass eine solche Ur-Evidenz in der Anschauung liegt, gesteht Kant Husserl sogar indirekt zu, indem er die Deduktion der reinen Formen der Anschauung für einleuchtender befindet[16] als die schwierige Deduktion der Verstandesbegriffe, die er vorhat im quasi ‚leeren Raum' des reinen Verstandes durchzuführen. Hier kann sich Kant nur darauf verlassen, dass ihm die Urteilstafel wirklich die Bedingungen der Möglichkeit von Gegenständlichkeit überhaupt liefert. Indem Husserl die spontane Leistung, in der der ‚Gegenstand' konstituiert wird, auf eine Vorgegebenheit in der Passivität zurückführt, erreicht er eine Kontinuität der Evidenz, die einer Deduktion gleichkommt und dabei das Problem der Anschauungsformen im Ineinandergreifen von Spontaneität und Rezeptivität überwindet.

3. Kants Konzeption des ‚Ich denke' als Herausforderung für eine Methode der Anschauung

Nun ist es aber so, dass Kants rigorose Trennung von Spontaneität und Rezeptivität natürlich einen bestimmten *Sinn* hat. Denn Kant geht es nicht um den Ursprung im Sinn der Vorgegebenheit, sondern um den Ursprung im Sinn der Erkenntnis*art*, d. h. dem *Prinzip* nach; es geht also nicht darum, *was* oder *wie* etwas vorgegeben sein muss, damit darauf etwas Bestimmtes folgen kann, sondern darum, *woher* die jeweiligen Elemente der Erfahrungserkenntnis stammen und was dies für ihre Beschaffenheit impliziert. Die Unterscheidung in diejenigen Elemente, die aus der Subjektivität des Subjekts selbst stammen und diejenigen, in denen das Subjekt auf Hinnahme angewiesen ist, ist folglich für das kantsche Projekt unverzichtbar. Schließlich ist das Ziel, das rein spontane Vermögen des Subjekts zu sichern und aus ihm die Allgemeinheit und Notwendigkeit der Gesetzmäßigkeiten der Natur zu erklären bzw. ebenfalls den Missbrauch dieses spontanen Vermögens, wenn es unabhängig von der Erfahrung angewendet wird.

Und Kants Einsicht, besonders in das Wesen der Spontaneität, gibt gute Gründe, die Vermögen des Verstandes und der Vernunft nicht mit denen der Anschauung zu vermischen. Das wesentlichste Argument ist das der absoluten Nicht-Objektivierbarkeit des ‚Ich denke' als aktuell fungierender Spontaneität – die Speerspitze der Paralogismen.[17] Während auf der einen Seite dieses ‚Ich denke' der Angelpunkt meiner Existenz ist, ist er auf der anderen Seite ein Ausdruck meiner Existenz, der nicht *bestimmt* werden kann, weil gerade nicht *gegeben* werden kann *als Spontaneität*. Die Aktivität des Denkens *qua* Denken kann immer nur als ein Produkt des Denkens *erscheinen* und daher als ein Objekt des

---

[16] „Wir haben oben an den Begriffen des Raumes und der Zeit *mit leichter Mühe* [Herv. S. L.] begreiflich machen können, wie diese als Erkenntnisse a priori sich gleichwohl auf Gegenstände notwendig beziehen müssen [...]." (KrV A90/B122)

[17] Vgl. auch Fußnoten KrV B157 f. und B 423.

Denkens und nicht als dieses Denken selbst: das lebendige Sehen entzieht sich dem Blick. Das ‚Ich denke', das in der Selbstanschauung gegeben ist und nur in ihr bestimmt werden könnte (also wesenhaft als es selbst unbestimmbar bleibt), ist durch die Anschauungsformen von Raum und Zeit gleichsam *verzerrt*. Das wesenhafte Sich-Entziehen dieser tätigen Spontaneität ist also die grundlegende Lehre, aus der heraus es sich verbietet, ihr die Kategorie der Substanz zuzuschreiben, insofern diese nur auf mögliche Gegenstände der Erfahrung angewendet werden kann. Gleichzeitig *aktualisiert* sich aber dieses intellektuelle Vermögen nur *im* Prozess der Erfahrung, d. h. wir können nichts darüber aussagen, das unabhängig von ihr wäre. Auf diese Weise ist das ‚ich denke' unhintergehbarer, unsichtbar bleibender Angelpunkt meines Seins, dem aber keinerlei Bestimmbarkeit oder Selbstständigkeit zukommt – und der vor allem nicht angeschaut werden kann.

Diese Erkenntnis scheint eine wesentliche Herausforderung für das husserlsche Projekt zu sein. Dabei ist es nicht so, als ob sich Husserl der Problematik des Sich-Entziehens dieser ursprünglichsten Aktivität nicht bewusst gewesen wäre: seine unermüdliche Forschung zur Frage der Zeitkonstitution und schließlich die Konzeption der ‚Lebendigen Gegenwart' als dem ‚nunc stans', ist nichts anderes als der Versuch eines Festmachens dieser sich entziehenden Spontaneität.[18] Was an der Kritik mit Kant viel grundlegender ist, ist, dass sie die Methode der Anschauung in ihrer gesamten Tragweite in Frage stellt. Denn wer an den innersten Quellpunkt der Spontaneität, der Aktivität, des Denkens selbst gelangen will, der muss erkennen, dass die Methode des Anschauens, die immer das Sehen eines Gesehenen bedeutet, letztlich fehlschlagen muss. Das Sichtbarmachen der Tätigkeit des Bewusstseins als noetische Analyse ist gewiss ein unschätzbarer Gewinn. Kants Analyse legt aber nahe, dass der ausgedehnte Begriff der Anschauung spätestens dann an seine Grenzen stößt, wenn er die reine Möglichkeit des Bewusstseins von... begreifbar machen soll. Die Logik des Phänomens scheint hier an ein Ende gekommen, insofern das Erscheinen des Spontanen ein ewiges Trugbild sein wird. Man muss Husserl von einer kantschen Perspektive immerhin zu Gute halten, dass er sich redlich in das Problem der Zeitkonstitution verstrickt, aus dem auch nicht mehr hinauszufinden ist, wenn man sich der Logik des Erscheinens verschrieben hat. Doch was ihm dabei eventuell entgeht, ist die wesenhafte Reinheit des spontanen Vermögens, welches tatsächlich aus einer ganz eigenen prinzipiellen Quelle stammt und aus keiner noch so tiefgehenden Genesis erklärbar ist.

Man könnte auch sagen, Husserl gelangt in seiner Analyse nie zu diesen reinen Polen von Spontaneität und Rezeptivität, obwohl sie durchaus unsichtbar und unerreichbar an beiden Enden zu liegen scheinen. Denn Husserl weist diese

---

[18] Auch die Problematik des transzendentalen Ego, das transzendent zum Bewusstseinsstrom ist, reflektiert Husserls Einsicht in das kantsche ‚Ich denke'.

kantsche Konzeption nie zurück – es scheint ihm nur unhaltbar, wie sie verstanden und ausgewiesen wird. Das bedeutet aber, dass das Äußerste der transzendentalen Architektonik durch die phänomenologische Methode selbst nicht erreicht werden kann. In der Logik des Erscheinens wird stets ein vermischter Zustand von Spontaneität und Rezeptivität vorliegen und der letztmögliche und äußerste Rückgang innerhalb dieses Feldes ist tatsächlich die Konstitution des inneren Zeitbewusstseins, deren Komplexität zu einer Mikrophänomenologie ohne Ende führt. Husserl würde einwenden: Aber etwas anderes erscheint eben nicht – und die monolithische Abstraktion dieser beiden Vermögen in quasimathematische Größen, mit denen man rechnen kann, ist mir nicht erlaubt.

Vielleicht noch ein letzter Kritikpunkt von der kantschen Seite: Auch das methodische Konzept des Schauens wirkt ab einer gewissen Tiefe des ‚Stockwerks‘ abstrakt. Denn wenn man in diese untersten Schichten der Konstitution vordringt, ist es schwierig, zu einer Selbstgebung zu gelangen, die man sich nicht selbst in gewisser Weise ‚herauspräpariert‘ hat. Wird hier nicht genauso ‚heimlich‘ eine begriffliche Vorgangsweise gewählt wie bei Kant manchmal eine intuitive? Husserl versucht sicherlich, auf einem anschaulich gesicherten Weg in die Sphäre des Transzendentalen vorzudringen, aber auch dieser Weg ist nicht vollkommen unproblematisch. Methodisch scheint das Vermögen der Anschauung so weit ausgedehnt, dass es tatsächlich nur mehr als Platzhalter für begriffliches Erkennen zu betrachten ist. Genetisch ist ein Rückgang ‚nur‘ bis zum letzten Boden der Zeitkonstitution und nicht bis zum eigentlich spontanen Vermögen seiner spezifischen Quelle und seinem eigensten Prinzip nach möglich.

4. Husserls Kant-Kritik im Lichte der unterschiedlichen Konzeptionen des Transzendentalen

Wir haben nun in Ansätzen gesehen, wie sich Kants und Husserls Wege in die Transzendentalphilosophie an den Leitfäden von Spontaneität und Rezeptivität manchmal kreuzen und manchmal ergänzen. Für Kant ist am Ende der transzendentalen Deduktion die Erkenntnis klar zwischen den drei Vermögen von Spontaneität, Rezeptivität und vermittelnder Einbildungskraft aufgespannt. Husserls Konzeption umfasst, parallel zu den drei Erkenntniskräften Kants, auch drei Stufen: die pure Passivität, die rezeptive Ich-Aktivität und die spontane Ich-Aktivität. Bei Husserl handelt es sich allerdings um *Stufen*, die einen stringenten Aufbau von der inneren Zeitkonstitution bis zu den höchsten Allgemeingegenständlichkeiten nachzeichnen sollen, im Gegensatz zu Kants *Kräften*, die mit ihren wohldefinierten Vermögen direkt und ohne Genesis Erfahrung erzeugen. Bemerkenswert ist in Husserls Fall, dass es offensichtlich zwei Kategorien von ‚Gegenständlichkeit‘ innerhalb der ichlichen Aktivität gibt: während auf der Ebene der puren Passivität noch keine Gegenstände auftauchen, ist in der rezeptiven Ich-Aktivität sehr wohl schon eine „vergegenständlichende, ichliche Leistung" (EU 75) am Werk, die uns so etwas wie ‚unmittelbare‘ Gegenstände in ihrer direkten anschaulichen Gegebenheit gibt – aber nichts darüber hinaus. Würden wir z. B. unsere Blickrichtung ändern, so wäre dieser Gegenstand zwar noch kurz retentional ‚im Griff behalten', aber wir hätten uns keinen Be-griff von ihm gemacht, wodurch er uns unabhängig von seiner aktuellen Gegebenheit zur Verfügung stünde. Diese Leistung vermag nur die ‚erzeugende Spontaneität' zu vollbringen. Und auch innerhalb dieser gibt es verschiedene Stufen: die Er-zeugung des Sachverhaltes im Urteil als unterste Stufe der Verstandesgegen-ständlichkeit bis hin zu den reinen Allgemeinheiten, die durch eidetische Varia-tion erreicht werden. Auf der Ebene des prädikativen Denkens, das die Ablös-barkeit der Verstandesgegenständlichkeiten vollbringt, also uns unabhängig, ‚frei' von der jeweiligen aktuellen sinnlichen Gegebenheit macht, scheint Hus-serl trotz aller Kontinuität einen unvermeidbaren ‚Sprung' zu betonen. Denn die Spontaneität kommt aus einer ganz anderen *Quelle*, als all das, was bisher durch die Rezeptivität bereitgestellt wurde. Hier ist ein anderes *Prinzip* am Werk. Na-türlich liegen Kant und Husserl hier wieder ganz nah beieinander. Doch wäh-rend Kant wieder von den ‚äußersten Enden' beginnt und für ihn ein spezielles Urteil nur durch die Vorhandenheit allgemeiner reiner Kategorien möglich ist, nimmt Husserl den umgekehrten Weg und sieht im einfachen, speziellen Urteil den Ausgangspunkt für eine reine Allgemeinheit. Wir haben oft genug betont, dass genau hier der Unterschied zwischen einem genetisch-phänomenologischen und einem konstruktiv-‚reinen' Ansatz liegt. Abgesehen von der unterschiedlichen Herangehensweise und Ursprungsrückführung deckt sich aber die ‚prädikative Sphäre' Husserls sachlich vollkommen mit der kantschen Sphäre der Spontaneität: es ist eine Sphäre des Urteils, der Gegenständlichkeit im prägnanten Sinne als ablösbar von der sinnlichen Gegebenheit und schließ-lich das Vermögen zu reinen Allgemeinheiten.

Die interessante Frage ist: was liegt ‚vor' dem Urteil vor? Hier scheint mir Husserl durch seine differenzierten Stufen des Erfassens (vom ‚Sinnesfeld' über die ‚Explikation' bis hin zur prädikativen Stufe) einen plausibleren Entwurf der transzendentalen Vermögen zu leisten als Kant, bei dem die Alternative ‚Urtei-len' oder ‚bloßes Gewühl' heißt. Doch natürlich gibt es einen Grund, warum Kant diese Stufen des Erfassens nicht so entwerfen kann: Für Kant muss die Welt entweder in ihrer objektiven wissenschaftlichen Allgemeingültigkeit ge-dacht werden können oder sie wird gar nicht erfasst (dies ist auch ein Grund, warum der Status der bloßen Erscheinung so verschwindend ist). Dies kommt dem husserlschen Vorwurf an Kant gleich, dass seine Erfahrung nur „wissen-schaftliche Erfahrung" (Hua VI, 117) sei und dass er so die Konstitution der Le-benswelt als Urboden aller Sinn- und Seinsgeltungen nicht bedacht habe.

Diese letzte Bemerkung führt uns noch einmal tief in die verschiedenen Kon-zeptionen von Transzendentalität bei den beiden Denkern. Husserls Kritik an Kant in der *Krisisschrift* lautet dahingehend, dass Kant die wissenschaftlichen Allgemeinerkenntnisse nicht als Kulturgebilde in der *Lebenswelt* verstanden und sie dadurch in naiver Weise vorausgesetzt habe, anstatt ihre Geltungsimplikationen in einem noch ursprünglicheren Leisten von transzendentaler Subjektivität zu verstehen. Teils sei Kant als Kind seiner Zeit der naturalistisch missverstandenen Psychologie zum Opfer gefallen, teils habe er sich durch seine Fragestellung nach der möglichen Notwendigkeit und Allgemeingültigkeit der Wissenschaften zu sehr an einer bereits ‚höherstufigen' wissenschaftlichen Erfahrung orientiert. Kant enthülle durch seine Transzendentalphilosophie die „Naivität der *vermeinten rationalen Philosophie der Natur-an-sich*" (Hua VI, 98), aber er verbleibe selbst noch in einer Naivität gegenüber den verborgenen Leistungen, welche die die vorwissenschaftliche Erfahrung einer selbstverständlichen Weltgewissheit ermöglichen. Kant mangle es eben an der wirklichen Radikalität etwa einer cartesischen Fundamentalbetrachtung, obwohl er durchaus auf dem richtigen Weg sei – weshalb Husserl den bloß „*transzendentalen Subjektivismus*" (Hua VI, 100) Kants in einen „*radikalen transzendentalen Subjektivismus*" (Hua VI, 101) seinerseits umwandelt, der Subjektivität tatsächlich als letztfungierende Urquelle aller Geltungen begreift. Insofern sich Husserl also als noch radikaler als Kant im transzendentalen Sinne betrachtet, ist es bemerkenswert, dass er – von einem kantschen Standpunkt aus betrachtet – wieder mitten in der ‚Empirie' landet. Aber für Husserl kann nur auf ‚Welt' (und das hieße für Kant ‚Empirie') zurückgegangen werden, um die als seiend vorausgesetzte Lebenswelt in ihren letztursprünglichen konstitutiven Leistungen zu enthüllen und die ‚vermeintliche Psychologie' in einer transzendentalen Phänomenologie aufzuheben. Dies gründet, wie wir bereits ausgeführt haben, natürlich in der Notwendigkeit eines *apodiktischen Bodens der Evidenz*. Husserl wirft Kant vor, dass er sich durch das psychologische Missverständnis einer „naturalisierten Seele" (Hua VI, 117) *im Gegensatz* zu einer rein transzendentalen Subjektivität auf eine Ebene begibt, auf der er nur noch „mythisch konstruktiv schließen[]", statt „durchaus anschaulich erschließen[]" (Hua VI, 118) kann. Kant habe sich durch die Psychologie seiner Zeit dazu verleiten lassen, die Seele ‚naturartig' zu denken und sich dadurch den Boden genommen, das „geistige[] Sein[] in seiner absoluten, letztlichen Eigenheit" (Hua VI, 118) anschaulich zu machen.[19] Wir wissen bereits, dass das, was Husserl als „mythische Begriffsbildung" (Hua VI, 117) anklagt, für Kant durch das prinzipiell unanschauliche Vermögen der Spontaneität nicht in „anschauliche Begriffe" (Hua VI, 117) umzusetzen ist bzw. dass dafür „auch

---

[19] Auch Heidegger bemerkt diese Tendenz bei Kant: „Die inhaltliche Unsicherheit Kants ist wesentlich bedingt durch die methodische: Kant schwankt zwischen Psychologie und Logik. Er sieht zwar, daß mit empirischer Psychologie nicht nur nicht durchzukommen, sondern nicht einmal das Problem zu sehen ist, andererseits aber reicht eine formal-logische Betrachtung nicht aus. Aber statt einer unklaren Kombination von Psychologie und Logik bedürfte es der klaren Einsicht, daß es sich um eine rein phänomenologische Interpretation des menschlichen Daseins als des Erkennenden handelt – um eine Phänomenologie, die Psychologie und Logik trägt." (GA 25, 323 f.)

der Begriff der Anschaulichkeit gegenüber dem Kantischen eine wesentliche Erweiterung erfahren" (Hua VI, 118) müsste. Aber Husserl kann die ‚Verzerrung' der Spontaneität in der Anschauung nicht gelten lassen, denn in der „neuen Seinssphäre" (Hua VI, 118) der reduzierten transzendentalen Subjektivität muss schließlich alles apodiktisch greifbar sein: „Aber da erinnern wir uns an die Kantische Lehre vom inneren Sinn, wonach alles in der Evidenz der inneren Erfahrung Aufweisbare schon durch eine transzendentale Funktion, die der Zeitigung, geformt sei. Wie aber sollen wir für Begriffe von einem transzendental Subjektiven, von dem her sich die wissenschaftlich wahre Welt als objektive ‚Erscheinung' konstituiert, zu einem klaren Sinn kommen können, wenn der ‚inneren Wahrnehmung' nicht noch ein anderer als der psychologische Sinn zu geben ist; wenn es kein wirklich apodiktischer ist, ‹der› letztlich den Erfahrungsboden gibt (wie den des Cartesianischen ego cogito), und in einer Erfahrung, die nicht die Kantische wissenschaftliche Erfahrung ist und nicht die Gewißheit des objektiven Seins im Sinne der Wissenschaft, etwa der Physik, hat, sondern eine wirklich apodiktische Gewißheit ist, als die eines universalen Bodens, der letztlich als der apodiktisch notwendige und letzte Boden aller wissenschaftlichen Objektivität erweisbar ist und sie verständlich macht? Hier muß die Quelle aller letzten Erkenntnisbegriffe sein, hier für wesensallgemeine Einsichten, in denen alle objektive Welt wissenschaftlich verständlich werden und eine in sich absolut ruhende Philosophie zu systematischer Entwicklung kommen kann." (Hua VI, 116 f.)

Diese ‚in sich absolut ruhende Philosophie' bedarf der Methode der Reduktion und mit ihr der Anschaulichkeit, d. h. der vollen Selbstgebung des Geleisteten und des Leistenden in der Reduktion. Ob dies in der letztfungierenden Zeitigung, der ‚Lebendigen Gegenwart' noch vorhanden ist oder nicht vielmehr in einem ‚Innewerden' zusammenfällt, dem vielleicht doch die klare Scheidung der Vermögen in anschaulich und nicht-anschaulich ‚vor' dem Erfahren selbst vorzuziehen ist, können wir hier nicht entscheiden.

Die drei Körper des Jean-Paul Sartre.
Zur Phänomenologie des Leibes in *Das Sein und das Nichts*

Martin G. Weiss, Trento

1. Vorbemerkung

Im zweiten Kapitel des dritten Teils von *Das Sein und das Nichts. Versuch einer phänomenologischen Ontologie*[1] von fasst Sartre die drei Seinsweisen des menschlichen Körpers wie folgt zusammen:

„Ich existiere meinen Körper: das ist seine erste Seinsdimension. Mein Körper wird vom Anderen benutzt und erkannt: das ist seine zweite Dimension. [...] Ich existiere für mich als durch den Andern als Körper erkannt. Das ist die dritte ontologische Dimension meines Körpers." (SN 619)

Im Folgenden will ich versuchen zu klären, was unter diesen drei Seinsmodi des Körpers, die Sartre zufolge dessen Seinsweisen erschöpfen, näher zu verstehen ist und in welcher Beziehung sie untereinander stehen. Einige Überlegungen zum Phänomen der Begierde als möglichem Ort der Verschmelzung dieser Seinsweisen sollen die Betrachtung beschließen.

2. Der Körper für-mich

Um zu verstehen, auf welche Weise Sartre auf das Problem des Körpers stößt, ist es nötig, zunächst einige Grundgedanken seines phänomenologischen Hauptwerkes zu rekapitulieren.

Sartre zufolge erschöpft sich weder das Sein des Bewusstseins darin, Bewusstsein von etwas, also Intentionalität zu sein, noch das Sein des Phänomens darin, dem Bewusstsein zu erscheinen. Vielmehr gründeten beide, Bewusstsein wie Phänomen, auf einem transphänomenalen, d. h. dem Bewusstsein grundsätzlich unzugänglichem Sein.[2] Das transphänomenale Sein des Bewusstseins (der Intentionalität) nennt Sartre das Für-sich bzw. das Für-sich-Sein; das transphänomenale Sein des Phänomens (des Erscheinens), das An-sich bzw. das

---

[1] Jean-Paul Sartre: Das Sein und das Nichts. Versuch einer phänomenologischen Ontologie. Hg. v. Traugott König. Deutsch von Hans Schöneberg und Traugott König. Reinbeck bei Hamburg: Rowohlt 1993 [Sigle SN].

[2] „È chiaro infatti che se l'essere del fenomeno oggettivo fosse a sua volta fenomenico (cioè dipendente dalla coscienza) cadremmo senza scampo nell'idealismo e nel creazionismo. Ed é chiaro altresì che se l'essere della coscienza dipendesse invece completamente dall'oggetto cadremmo in un realismo o in un oggettivismo non meno insoddisfacenti. Per evitare questi esiti ugualmente improbabili, bisogna che i due poli conservino, per quanto strettamente correlati, una loro indipendenza. Bisogna cioè che l'essere di entrambi i poli (fenomenici) sia ‚transfenomenico'." Sergio Moravia: Introduzione a Sartre. Roma/Bari: Laterza 2004, 38.

An-sich-Sein.[3] Beide Weisen dieses transzendenten Seins sind nicht phänomenal aufweisbar, können nie intentional erfasst werden, sondern immer nur unthematisch gegeben sein. Das transphänomenale Sein des Phänomens, das An-sich, zeigt sich nur im Phänomen als dessen abgründiger Grund: „Das Sein ist. Das Sein ist an sich. Das Sein ist das, was es ist. Das sind die drei Merkmale. Die die vorläufige Untersuchung des Seinsphänomens uns dem Sein der Phänomene zuzuschreiben erlaubt." (SN 44) Das An-sich stellt so die „Objektivität" des Phänomens dar. Sartre schreibt: „Das Sein ist die immer anwesende Grundlage des Existierenden, es ist überall in ihm und nirgendwo, es gibt kein Sein, [...] das man nicht über die Seinsweise [hier das Phänomen] erfaßte, die es gleichzeitig manifestiert und verhüllt." (SN 37 f.) Denn obschon das An-sich der Phänomene als deren transphänomenales Sein sich ständig entzieht, *ist* das Phänomen in gewisser Weise dieses An-sich. Ebenso wie das reflexive Bewusstseins in gewisser Weise seine transphänomenale Intentionalität, also Für-sich-Sein *ist*, *ist* auch das Phänomen An-sich-Sein, sodass Sartres zunächst verwirrende synonyme Verwendung der Ausdrücke „Für-sich-Sein" und „Bewusstsein" auf der einen, und „An-sich-Sein" und „Phänomen" auf der anderen, seine Rechtfertigung findet. Denn das Bewusstsein ist unobjektivierbare Intentionalität (d. h. Für-sich-Sein) und das Sein des Objekts (sein An-sich) geht nicht in seinem Erscheinen (im Phänomen) auf.

Dem relationslosen An-sich als Sein der Phänomene, stellt Sartre das Für-sich, als Sein des Bewusstseins entgegen. Das Für-sich des Bewusstseins, d. h. die präreflexive Intentionalität des Bewusstseins, zeigt sich in ihrem Vollzug zwar indirekt an, gleichzeitig kann dieses dem Bewusstsein als sein Seinsgrund aber niemals erscheinen, gerade weil es wesentlich „Intentionalität" ist, d. h. immer Bewusstsein von etwas (anderem als es selbst), das „für es" ist. Ursprünglich als Für-sich ist das Bewusstsein nie bei sich selbst, sondern immer schon beim Anderen, beim Phänomen, dem anderen Gegenstand oder dem zukünftigen Projekt, auf das hin es sich entwirft. In dieser intentionalen Struktur des (präreflexiven) Bewusstseins besteht die Transzendenz des Für-sich, sodass dem (reflexiven) Bewusstsein sein Sein, sein Wesen, nie zum Objekt werden kann, sondern sich ihm ständig entzieht.

Dem (reflexiven) Bewusstsein ist sein eigenes Sein, das in der Struktur der (präreflexiven) Intentionalität besteht, also selbst ständig entzogen. Als der „subjektive" Ort des Erscheinens jeglichen „Objekts" kann es selbst nie zum Objekt werden. Auch ein sekundärer Reflexionsakt kann es nie als das erfassen, was es ist, da die Reflexion auf das Für-sich dieses notwendigerweise verobjek-

---

[3] „Zunächst müssen wir davon ausgehen, daß das transphänomenale Sein zweifach auftritt, auf seiten des Bewußtseins und auf seiten des Phänomens. Da keines im anderen gründet oder auf das andere einwirkt, spricht Sartre von zwei absolut getrennten Seinsbereichen, denen zwei Seinstypen entsprechen, das Für-sich und das An-sich." Bernhard Waldenfels: Phänomenologie in Frankreich. Frankfurt/M.: Suhrkamp 1987, 81.

tiviert, d. h. als Phänomen fasst, womit es dem Für-sich als Entwurf und Intentionalität nie gerecht zu werden vermag.

Das ursprüngliche Bewusstsein, d. h. das Für-sich, ist als solches präreflexiv, nicht-thetisch, in seinem Wesen nicht von der Reflexion, dem (Phänomene) setzenden reflexiven Bewusstsein fassbar, das immer „zu spät kommt", sodass Sartre das präreflexive *Cogito* als „Nichts" bezeichnen kann, insofern es nicht ist wie innerweltlich Seiendes, d. h. insofern es nicht Phänomen ist.

Das Bewusstsein erfährt sich unthematisch immer schon als Intentionalität, zugleich aber als Kontingenz, insofern es zwar notwenig auf Anderes gerichtet ist, seine Existenz, sein An-sich, aber kontingent bleibt, insofern das Bewusstsein weiß, dass es nicht sein eigener Grund ist, sondern aus dem An-sich entspringt. Als Intentionalität ist das Bewusstsein sich selbst nicht unmittelbar zugänglich, ja sein eigenes Wesen erscheint ihm als transphänomenales Sein, d. h. als Nichts. Dieses Nichts in sich ist es, was das Bewusstsein dennoch ständig zu fassen sucht, indem es danach trachtet, sich seines eigenes Für-sich-Seins, seiner Transzendenz zu bemächtigen, d. h. indem es versucht, sich seiner eigenen Intentionalität als einem Objekt zu bemächtigen. Da dies über den Weg der Selbstreflexion aber nicht zu erlangen ist, versucht das Bewusstsein nun über den Umweg über den Anderen zu sich selbst, zu seinem Sein zu kommen. Denn während ich mir immer transzendente Intentionalität, „Flucht", wie Sartre sich ausdrückt, bleibe, weiß ich, dass mich der Andere als Objekt erfasst, so wie mir ja auch der Andere als Objekt erscheint, obschon ich weiß, dass auch er ein Bewusstsein ist, da mich sein Blick zu verobjektivieren vermag. Ich weiß also, dass der Andere mich eben als jenes Objekt sieht, das ich ständig zu sehen versuche. So liegt es nahe, mich meiner „Objektivität" im Anderen zu bemächtigen, um so zu mir zu gelangen. Als Für-sich will ich mich meiner selbst als An-sich bemächtigen, indem ich das fremde Für-sich, das das Sein meines Für-sichs besitzt, mir einzuverleiben suche, um so An-und-für-sich zu werden.

An dieser Stelle tritt der Körper in das Untersuchungsfeld, denn für den Anderen bin ich mein Körper. Der Körper ist das Objekt, das An-sich, als welches mein Für-sich dem Anderen erscheint. Hier aber tut sich ein bedeutendes Problem auf, denn der Körper, als der ich für mich existiere, ist völlig anders geartet, als der Körper, der dem Anderen erscheint. Durch den Blick des Anderen verkörpert sich das Für-sich in zwei Körper: In den Körper, als den es sich nun selbst zu erfahren genötigt ist, und in den Körper, der vom Anderen wahrgenommen wird.

Während mein Körper für den Anderen dieselbe Seinsweise wie ein beliebiges innerweltliches Seiendes besitzt, ist mein Körper für mich nicht ein Phänomen unter anderen, sondern die Weise meines Existierens. Sartre sagt „Ich existiere meinen Körper". Während mein Körper dem Anderen in der Dritten-Person-Perspektive als bloße Vorhandenheit gegeben ist, ist mein Körper aus der Ersten-Person-Perspektive meine Perspektive selbst. Als der Körper, den ich existiere, ist mein Körper nicht mein Eigentum, sondern mein Sein, er „ist das, wodurch sich mir die Dinge entdecken" (SN 540).

Der Körper als meine Weise in der Welt zu sein, zu existieren, weist nun allerdings unterschiedliche Aspekte auf. Husserls Ausdruck vom Körper als dem „Nullpunkt der Orientierung"[4] aufnehmend, spricht Sartre davon, der Körper sei das „totale Bezugszentrum" bzw. das „Perspektivenzentrum". Der Körper ist der relative Gesichtspunkt, von dem aus mir Gegenstände als solche, d. h. in einer bestimmten Perspektive gegeben, erscheinen, worin das Wesen der Gegebenheitsweise von Gegenständen überhaupt besteht. Insofern Sein für den Menschen immer schon In-der-Welt-sein bedeutet, gehört die Perspektivität aller menschlichen Vollzüge, wie sie im Körper sichtbar wird, zur existentiellen Struktur des Menschen als solchem:[5]

„Eine reine Erkenntnis wäre [...] Erkenntnis ohne Gesichtspunkt, also eine grundsätzlich außerhalb der Welt liegende Erkenntnis. Aber das hat keinen Sinn: das erkennende Sein wäre nur Erkenntnis, weil es sich durch sein Objekt definierte und weil sein Objekt in der totalen Ununterschiedenheit wechselseitiger Bezüge verschwände. So kann die Erkenntnis nur ein Auftauchen sein, das in einen bestimmten Gesichtspunkt engagiert ist, der man *ist*. Sein ist für die menschliche-Realität *Da-sein*; das heißt ‚da auf diesem Stuhl', ‚da an diesem Tisch', ‚da auf dem Gipfel dieses Berges, mit diesen Dimensionen, dieser Orientierung usw.'. Das ist eine ontologische Notwendigkeit." (SN 547 f.) Existieren bedeutet für den Menschen in einer bestimmten Situation, d. h. in bestimmten Relationen, zu existieren, die durch sein Körpersein konstituiert werden.

Sartre nennt die Seinsweise des Menschen „eine doppelte Kontingenz, die eine Notwendigkeit einschließt" (SN 548), insofern ich zwar nicht notwendig existieren muss, also kontingent bin, aber wenn ich existiere, notwendig perspektivisch, bzw. in Situationen und d. h. körperlich, existiere. Allerdings ist die jeweilige faktische Perspektive wiederum kontingent. „Wir haben diese doppelte Kontingenz, die eine Notwendigkeit einschließt, die *Faktizität* des Für-sich genannt." (SN 548) Dass ich nur eine mögliche Perspektive auf das Sein bin, ist

---

[4] Vgl. Edmund Husserl: Ideen zu einer reinen Phänomenologie und phänomenologischen Philosophie. Zweites Buch. Den Haag: Nijhoff 1952, 158.

[5] „So kann also auf Grund der bloßen Tatsache, daß es eine Welt gibt, diese Welt nicht ohne eine einseitige Orientierung in Bezug zu mir existieren. Der Idealismus hat mit Recht die Tatsache betont, daß die Beziehung die Welt macht. Aber da er sich auf den Boden der Newtonschen Wissenschaft stellt, verstand er diese Beziehung als Wechselbeziehung. Er erreichte so lediglich die abstrakten Begriffe reiner Exteriorität, [...] und gerade dadurch verfehlte er die Welt und explizierte nur den Grenz-Begriff absoluter Objektivität. Dieser Begriff lief letzten Endes auf den von ‚leerer Welt' oder ‚Welt ohne den Menschen' hinaus, das heißt auf einen Widerspruch, denn nur durch menschliche Realität gibt es Welt. Der Objektivitätsbegriff, der das An-sich der dogmatischen Wahrheit zu ersetzen suchte durch einen reinen Bezug gegenseitiger Entsprechung zwischen den Vorstellungen, zerstört sich selbst, wenn man ihn bis ans Ende treibt." (SN 545 f.)

notwendig; kontingent ist, welche konkrete Perspektive ich bin und dass ich überhaupt bin.

Mit der Perspektive, die ich bin, konstituiert sich gleichzeitig eine bestimmte Ordnung des innerweltlich Seienden, eine ganz bestimmte Verweisungsganzheit, ein Netz von Bezügen und (Handlungs-)Möglichkeiten, das meine Welt darstellt. „Es ist absolut notwendig, daß die Welt mir als *Ordnung* erscheint. In diesem Sinne *bin ich* diese Ordnung. [...] Diese Ordnung der Dinge der Welt, diese Ordnung, die ich selbst bin, insofern mein Auftauchen sie notwendig existieren macht, und die mir entgeht, insofern ich weder der Grund meines Seins noch eines *solchen* Seins bin, ist der Körper, so wie er auf der Ebene des Für-sich ist. In diesem Sinne könnte man den Körper definieren als die *kontingente Form der Notwendigkeit meiner Kontingenz.*" (SN 548 f.)

Der Körper ist also zugleich Für-sich, als intentionales, bzw. entwerfendes Sein, andererseits doppelte Kontingenz, insofern weder sein Da-sein (seine Existenz) noch sein konkretes So-sein (seine Situation) notwendig sind. Wenn es existiert, existiert es aber notwendig in dieser Doppeltheit von Entwurf und Faktizität.

Inwiefern aber ist der Körper Für-sich, also nicht objektivierbare Intentionalität? Dies deshalb, weil der Körper, bzw. seine vollziehenden Organe nie als Vollziehende in den Blick kommen können, sondern bei jedem Versuch, sie in dem zu erfassen, was sie sind, zu bloßen Gegenständen in der Welt erstarren. Das sehende Auge verwandelt sich im Versuch, es als sehendes Auge zu erkennen sofort in ein bloß gesehenes Objekt. Was aber ist unter der Intentionalität des Körpers zu verstehen, warum ist diese unverfügbar? Deshalb, weil die sinnliche Wahrnehmung, in der der Körper mit den Dingen in Beziehung steht, nicht ein Mittel oder Medium ist, das zwischen Körper und Dingen über „Empfindungen" vermitteln würde, sondern die präprädikative Gegebenheitsweise, d. h. Bedeutung alles Erscheinenden. Denn wenn ich das Grün des Rasens betrachte, sehe ich nicht eine Rasen-Empfindung, sondern den Rasen selbst. Der Körper holt nicht die Dinge in Form von Empfindungen oder Vorstellungen in das Bewusstsein, vielmehr ist der Körper immer schon bei den Dingen draußen. Wenn ich einen Baum sehe, beziehe ich mich nicht auf die Vorstellung bzw. Empfindung des Baumes, sondern auf den Baum selbst. Die Sinne beziehen sich auf den Baum, nicht auf die Empfindung vom Baum. „[M]an wird zugeben, daß ich immer nur *das* Grün dieses Heftes, dieses Laubes erfasse und nie die Grünempfindung [...]. Was ist dann also ein Sinn, wenn er uns keine Empfindung vermittelt?" (SN 559) „Es ist notwendig, daß mir das Buch links *oder* rechts vom Tisch erscheint. Aber es ist kontingent, daß es mir gerade links erscheint, und schließlich bin ich frei, *das Buch* auf dem Tisch oder *den Tisch* als Träger des Buches zu betrachten. Diese Kontingenz zwischen der Notwendigkeit und der Freiheit meiner Wahl ist das, was wir *Sinn* nennen. Sie impliziert, daß das Objekt *mir immer zugleich ganz erscheint* [...], daß aber dieses Erscheinen immer in einer besonderen Perspektive vor sich geht, die ihre Beziehung zum Welthintergrund und zu den anderen *Dieses* ausdrückt. [...]. So ist durch diese objektiven Gesetze ein streng objektives Beziehungszentrum definiert [...]. Doch dieses Zentrum als Struktur des betrachteten Wahrnehmungsfeldes sehen wir nicht: *wir sind es.*" (SN 561 f.) Husserls Theorie der „Abschattungen" aufnehmend weist Sartre hier darauf hin, dass es den Gegenständen als solchen wesentlich ist, perspektivisch zu erscheinen. Das objektive perspektivische Erscheinen der Gegenstände verweist so aber immer schon auf das Perspektivenzentrum, das wir sind. So verweisen letztlich alle Dinge auf uns, d. h. jetzt auf unseren Körper als Orientierungszentrum, das selbst nie zum Objekt werden kann. Als „Nullpunkt der Orientierung" entzieht sich der Körper für mich damit ständig und ist wesentlich unerkennbar, nicht objektivierbar und damit unverfügbar. Gleichzeitig erweist sich der Körper aber aus demselben Grund, weil er dasjenige ist, auf das alle innerweltlichen Dinge verweisen, als innerweltliches Objekt. Als Bezugszentrum ist der Körper also sowohl prinzipiell Nicht-Objekt, als auch das Objekt, auf das alle Objekte verweisen: „Das Objekt, das mir die Dinge der Welt anzeigen und das sie rundum einschließen, ist für mich selbst und prinzipiell ein Nicht-Objekt. Aber indem das Auftauchen meines Seins die Abstände *von einem Zentrum aus* entfaltet, bestimmt es gerade durch den Akt dieses Entfaltens ein Objekt, das selbst ist, insofern es sich durch die Welt anzeigen läßt [...]. So läßt sich also mein In-der-Welt-sein, einfach weil es eine Welt *realisiert*, durch die Welt, die es realisiert, sich selbst als ein Innerweltlich-sein anzeigen, und das kann gar nicht anders sein, denn es gibt keine andere Art, in Kontakt zur Welt zu treten, als *von der Welt zu sein.*" (SN 563). Das Für-sich als Körper ist also zugleich ungegenständliche Transzendenz und innerweltliches Objekt. Wir sind nie bei unserem Körper, sondern immer schon bei den Dingen. Er zeigt sich uns nur als Leerstelle, auf die alle Dinge verweisen: „Statt daß der Körper *für uns* primär wäre und uns die Dinge enthüllte, sind es die Utensilien-Dinge, die uns in ihrem ursprünglichen Erscheinen unseren Körper anzeigen." (SN 575 f.)

Dass Sartre hier Bewusstsein und Körper in gewisser Weise identifiziert, zeigt sich an seiner Umformulierung des Satzes „anima quodammodo omnia" von Aristoteles[6] und Thomas[7] in: „Mein Körper ist koextensiv zur Welt [...]." (SN 564) „In diesem Sinne ist mein Körper überall auf der Welt [...]." (SN 564) Das Sein der Dinge besteht in ihrem körperlichen Vollzogen-werden. Nach Sartre ist der Mensch also kein in sich verschlossener Subjektpol, bei dem sich die Frage stellte, wie er zu den Dingen draußen gelange, bzw. wie diese „in" ihn Eingang fänden. Vielmehr ist das Für-sich immer schon körperlich bei den Dingen, ja der

---

[6] „Jetzt wollen wir das über die Seele Gesagte zusammenfassen und wiederholen, daß die Seele in gewisser Weise die Dinge ist." (De an. 431 b 20 f.)

[7] „Hoc autem est anima, quae ,quodam modo est omnia'" (Thomas v. Aquin, De ver., qu. 1, a. 1, corp.).

Mensch ist dadurch definiert, dass er immer schon Vollzug des Erscheinens (Seins) des Seienden in einer Welt ist. Das Erklingen des Tones und das Hören des Tones sind ein und derselbe Vollzug. Das An-sich erscheint immer nur phänomenal, ohne dass sein Sein darin aufginge.

Sartres Theorie der Wahrnehmung als präprädikatives Erscheinen des Seienden in einer Art „hermeneutischem Als" und seine Definition des Körpers als koextensiv zur Welt, nehmen Merleau-Pontys Verständnis des Leibes als vorreflexiver Erschlossenheit voraus, sodass Nicola Abbagnano zurecht – und gegen eine weit verbreitete Meinung, die Sartre und Merleau-Ponty einander entgegenstellt – sagen kann, dass Husserl, Sartre und Merleau-Ponty in ihrer Interpretation des Körpers grundsätzlich übereinstimmen, also darin „den Körper als eine Form von Erfahrung zu begreifen, als eine besondere Weise des Existiert-werdens [...]".[8]

Die Wahrnehmung bzw. die Sinne entdecken mir nun aber nicht das bloße Anwesen von Dingen, sondern die Verweisungsganzheit (eine Welt) von Utensilien, die über den Begriff des Handelns, des sie Verwendens, miteinander in Bezug stehen: „So erscheint die Welt, als Korrelat der Möglichkeiten, die ich *bin*, von meinem Auftauchen an als die riesige Skizze all meiner möglichen Handlungen. Die Wahrnehmung überschreitet sich natürlich auf die Handlung hin; mehr noch, sie kann sich nur in Handlungsentwürfen und durch sie enthüllen." (SN 571) Die Welt ist nicht die Summe vorhandener Gegenstände, sondern der Möglichkeitsraum meiner Handlungen. Was die Wahrnehmung, der Körper erkennt, sind nicht „vorhandene" Dinge, sondern „zuhandene" Utensilien möglicher Handlungen, womit Sartre an Heideggers „Zeuganalyse" anschließt. So erweist sich der Körper für-mich nicht nur als „Orientierungs-", sondern auch als „Handlungszentrum" (SN 567).

Als Bezugszentrum ist der Körper also auch der Ausgangspunkt jeder Handlung, insofern ich als Entwurf immer schon auf Handlungen ausgerichtet bin. Ich bin mir voraus, insofern ich auf die Bezugsganzheit einwirken kann, insofern ich handeln kann und ständig handle.

Wir haben gesehen: Der Körper ist mir nur indirekt gegeben, über die Dinge die auf ihn verweisen. Er ist „in gewissem Sinne das, was alle Utensilien, die ich erfasse, anzeigen, und ich nehme ihn wahr, ohne ihn zu erkennen, in eben diesen Hinweisen, die ich an den Utensilien wahrnehme." (SN 581) Gleichzeitig ist der Körper aber der unsichtbare Standpunkt, der ich bin. Der Körper ist „der Gesichtspunkt, dem gegenüber ich keinen Gesichtspunkt einnehmen kann." (SN 582) So erweist sich der Körper als Gestalt des präreflexiven Bewusstseins, das die Bedingung der Möglichkeit von Reflexion darstellt, und damit als Für-sich:

„Der Körper gehört also zu den Strukturen des nicht-thetischen Bewußtseins (von) sich. [...] Mit einem Wort, das Bewußtsein (von dem) Körper ist lateral

---

[8] Nicola Abbagnano: Dizionario di Filosofia. Torino: Ed. Torinese 1961, 173.

und retrospektiv; der Körper ist das *Unbeachtete, das ,mit Stillschweigen Übergangene'*, und doch ist er das, was das Bewußtsein ist; es ist sogar nichts anderes als Körper, der Rest ist Nichts und Schweigen." (SN 583)

3. Der Körper an-sich

„Entweder ist [der Körper] das durch die Utensilien-Objekte der Welt leer angezeigte Bezugszentrum[9], oder aber er ist *die vom Für-sich existierte Kontingenz*; genauer, diese zwei Seinsmodi sind komplementär." (SN 598) Das ist die zweifache Seinsweise des Körpers für-mich. Doch ebenso wie mir der Körper des Anderen als innerweltlicher Gegenstand erscheint, erscheint auch mein Körper „für den Anderen" als bloßes Objekt. Um zu begreifen, welche Seinsweise mein Körper für den Anderen einnimmt, genügt es also, uns anzusehen, wie uns der Körper des Anderen erscheint.

Ähnlich wie mein Körper mir durch die Dinge angezeigt wird, wird mir auch der Körper des Anderen zunächst durch die Utensilien angezeigt, die er verwendet oder verwenden könnte und die so auf ihn verweisen. „Allein deshalb, weil *ich nicht der Andere bin*, erscheint mir sein Körper ursprünglich als ein Gesichtspunkt, dem gegenüber ich einen Gesichtspunkt einnehmen kann, ein Instrument, das ich mit anderen Instrumenten benutzen kann. [...] So ist der Körper des Anderen radikal verschieden von meinem Körper-für-mich: er ist das Werkzeug, das ich nicht bin und das ich benutze (oder das mir Widerstand leistet, was auf dasselbe hinausläuft). Er bietet sich mir ursprünglich mit einem gewissen objektiven Nützlichkeits- und Widrigkeitskoeffizienten dar." (SN 600) Der Andere wird mir zunächst als Instrument unter Instrumenten bzw. als Instrument, das Instrumente benutzt (d. h. als „Instrumenten-Maschine", wie Sartre sagt), angezeigt. D. h. ich objektiviere den Anderen immer schon. Sartre nennt den objektivierten Anderen, d. h. den Anderen nicht als transzendierendes Für-sich, sondern als bloßes Objekt begriffen, eine „transzendierte Transzendenz" (SN 599). Denn indem ich den Anderen nicht als Transzendenz anerkenne, sondern als Objekt betrachte, negiere, übergehe ich, d. h. transzendiere ich seine Transzendenz. Da es sich bei der Beziehung zum Anderen aber um eine wechselseitige Beziehung handelt, besteht mein Sein-für-den-Anderen darin, für ihn immer nur Objekt zu sein. Aber ebenso wie das Für-sich immer schon in der durch die projektierende Transzendenz in eine Situation eingelassen ist, denn die Transzendenz erschafft erst die Situation, insofern erst in Bezug auf ein gewisses Ziel, in Bezug zu einem bestimmten Entwurf die Dinge Bedeutung gewinnen (der Fels ist Hindernis oder Kletterwand), so ist mir auch der Körper"

---

[9] „Sartre intende dire che tutti gli strumenti rimandano ad un centro strumentale, cui il loro uso si riferisce come ad un primo motore, senza il quale la strumentalità stessa svanirebbe in assenza di un centro coordinatore. Ma questa chiave, mette in rilievo Sartre, nell'azione non è mai data come tale, non è a sua volta uno strumento tra gli altri: è solamente indicata a vuoto." Annagrazia Papone: Esistenza e corporeità in Sartre. Firenze: Le Monnier 1969, 95.

des Anderen immer nur in Situationen gegeben, d. h. als in vielfältigen Bezügen stehend, Bezügen zu Gegenständen aber auch zu Handlungen und Plänen. „Das bedeutet: [...] Ich kann den Körper des Anderen immer nur von einer totalen Situation aus erfassen, die ihn anzeigt. [...] Meine Wahrnehmung des Körpers des Anderen ist also radikal verschieden von meiner Wahrnehmung der Dinge." (SN 608 f.) Warum? Sind nicht auch die Dinge bedeutsam nur im Zusammenhang der Verweisungsganzheit, in der sie stehen? Und könnte das nicht der Prototyp jedes Verständnisses sein, dass die Bezüge das erste sind und die Dinge erst konstituieren, wie dies Heidegger suggeriert, wenn er schreibt, die Dinge gewännen Bedeutung nur vom Beziehungsganzen her? Der Unterschied besteht darin, dass der Andere im Unterschied zu bloßen Dingen handeln kann und so auch das Moment der Zeit mit ins Spiel kommt: „Man wird nie hinter das psychologische Problem der Wahrnehmung des Körpers des Anderen kommen, wenn man nicht zuerst diese wesentliche Wahrheit erfaßt, daß der Körper des Anderen ganz anders wahrgenommen wird als die anderen Körper: denn um ihn wahrzunehmen, geht man immer von dem, was im Raum und in der Zeit außerhalb von ihm ist, zu ihm selbst; man erfaßt seine Bewegung ‚gegen den Strich‘ durch eine Art Umkehrung der Zeit und des Raums. Den Anderen wahrnehmen heißt sich durch die Welt das anzeigen lassen, was er ist. [...] In diesem Sinne erscheint der Körper von der Situation her als eine synthetische Totalität des *Lebens* und des *Handelns*." (SN 609 f.) Der menschliche Körper unterscheidet sich von anderen innerweltlichen Gegenständen nicht dadurch, dass er sich bewegt, sondern dadurch, dass er Ausgang von Handlungen ist und nur von diesem Handlungskomplex her, in dem er immer schon steht und der ihn mit den Dingen verbindet, verstanden werden kann.[10] Sartre expliziert dies am Beispiel eines „Gehenden". Denn um den jetzt Gehenden als solchen zu begreifen, muss ich ihn von seiner Zukunft und seiner Vergangenheit her verstehen. Denn als jetzt Gehender wird er konstituiert durch das Vergangene, das er überschritten hat und ständig überschreitet und durch das Zukünftige auf das er sich hinbewegt: „Freilich ist uns der Körper des Anderen unmittelbar gegeben als das, was der Andere *ist*. In diesem Sinn erfassen wir ihn als das, was durch jede besondere Bedeutung fortwährend auf ein Ziel hin überschritten wird. Nehmen wir einen Gehenden. Von Anfang an verstehe ich sein Gehen von einer raumzeitlichen Gesamtheit her." (SN 612) Der Körper als Ursprung von Handlungen erweist sich dabei als das immer schon überschrittene und daher unfassbare Substrat der Handlung, als „die bloße Faktizität, das bloße *Fleisch*, das bloße *An-sich* als fortwährend vergangen gemachte Vergangenheit der transzendierten Transzendenz." (SN 613)

---

[10] „Es überrascht [...] kaum, wenn Sartre das Sein der menschlichen Realität mit dem Handeln gleichsetzt [...]. Handlung aber – im Gegensatz zur bloßen Bewegung – ist durch Intentionalität gekennzeichnet." Peter Kampits: Jean-Paul Sartre. München: Beck 2004, 54.

Wie mein eigenes Für-sich entzieht sich auch der fremde Körper als Substrat seiner Handlungen ständig, da er das immer schon Transzendierte ist. Das An-sich des fremden Körpers ist also – solange er lebt, und nur solange ist er menschlicher Leib –, ebenso unfassbar wie mein Für-sich.

Dass der fremde Körper nicht nur ein Seiendes unter Seienden ist, sondern tatsächlich ein fremdes Für-sich, wird Sartre zufolge unmittelbar in der Erfahrung des fremden Blickes offensichtlich, der mich objektiviert. Dieses mich ver-objektivierende, fremde Bewusstsein erscheint mir aber als Körper, ja das fremde Für-sich ist nichts anderes als der Körper des Anderen: „Für mich existiert allein der Körper des Anderen mit seinen verschiedenen Bedeutungen; Für-Andere-Objekt sein oder Körper sein, diese beiden ontologischen Modalitäten sind streng gleichwertige Ausdrücke für das Für-andere-sein des Für-sich." (SN 610) Sartre wendet sich damit – wie später Merleau-Ponty – gegen eine Theorie des Ausdrucks, die in den Manifestationen des Körpers lediglich den äußeren Ausdruck eines eigentlich innerlichen Geschehens sehen. Dagegen betont Sartre: „Stirnrunzeln, Erröten, Stottern, leichtes Zittern der Hände, versteckte Blicke, die gleichzeitig ängstlich und drohend aussehen, *drücken die Wut nicht aus, sie sind die Wut.*" (SN 611) Das aber nur, weil wir nie die geballte Faust isoliert wahrnehmen, sondern immer schon die Faust als „Bedeutung", d. h. die Faust in der Verweisungsganzheit von Vergangenheit und Zukunft, in der sie steht: „Dieser bedeutende Akt, in Verbindung mit der Vergangenheit und den Möglichkeiten betrachtet, von der synthetischen Totalität ‚Körper in Situation' aus verstanden, ist die Wut." (SN 611) Der Andere als „‚psychisches Objekt' wird der Wahrnehmung als Ganzes dargeboten, und außerhalb körperlicher Strukturen ist es undenkbar." (SN 611) Sartre betont, dass der angebliche bloß physische Ausdruck des angeblich innerlichen Psychischen die einzige Weise ist, in der dieses existiert. „Die Wahrnehmung [...] bietet mir das Objekt dar, *so wie es ist*, nicht als ein müßiges Bild irgendeiner unerreichbaren Realität." (SN 611 f.)

Mein Körper-für-Andere ist also ebenso wenig bloßer Ausdruck eines Für-sich, wie der Körper-für-mich bloßes Instrument des Bewusstseins ist. Vielmehr existiert das Für-sich jeweils nur als Körper sowohl für es selbst als für den Anderen. Und doch sind beide Hinsichten auf den Körper grundverschieden, denn Für-mich ist der Körper die Weise, in der ich existiere, während der Körper-für-den-Anderen immer Erscheinung bleibt.

4. Der Körper an-und-für-sich

Neben dem Körper-für-mich und dem Körper-für-Andere gibt es noch eine dritte Seinsweise des Körpers: Mein Körper gesehen durch die Augen des Anderen, „als ein An-sich für den Anderen." (SN 620) Hier analysiert Sartre, wie es dem Anderen ergeht, wenn ich ihn betrachte, bzw. was es heißt, vom Anderen objektiviert zu werden. Denn indem der Andere meinen Körper-für-mich als bloßes Objekt begreift, wird mir der Körper, der ich bin, den ich existiere, entfremdet: „Mein Körper ist da, nicht als der Gesichtspunkt, der ich bin, sondern auch als ein Gesichtspunkt, dem gegenüber jetzt Gesichtspunkte eingenommen werden, die ich nie werde einnehmen können; er entgeht mir nach allen Seiten." (SN 620) War mir mein Körper als jener Gesichtspunkt, den ich nie zu Gesicht bekommen kann, schon als Körper-für-mich entzogen, so entzieht er sich nun nochmals als Körper für den Anderen. Denn der Andere sieht mich, wie ich mich nie werde sehen können. Die Relativität meines Gesichtspunkts wird mir nun durch den Anderen bewusst, der einen anderen Bezugspunkt darstellt und auf den hin sich nun alle Dinge hinordnen. Meine Welt, meine Ordnung fließt zum Anderen ab, wie es Sartre nennt. „Mein Körper, als entfremdeter, entgeht mir auf ein Werkzeug-unter-Werkzeugen-sein hin, und zwar mit einer entfremdenden Zerstörung und einer konkreten Auflösung *meiner* Welt, die zum Anderen hin abfließt und die der Andere in *seiner* Welt wieder erfaßt." (SN 621) Mein Körper wird als entfremdeter gesetzt. Meine Reaktion darauf ist die „Schüchternheit". Denn ich erkenne mich nicht wieder. Der Andere scheint uns „zu sehen, wie wir sind", denn „wir schreiben ja dem Körper-für-den-Anderen ebensoviel Realität zu wie dem Körper-für-uns. Mehr noch, der Körper-für-den-Anderen ist der Körper-für-uns, aber unerfaßbar und entfremdet." (SN 623) Der Blick des Anderen nötigt unser unthematisches Bewusstsein zur Reflexion auf sich selbst und dazu, uns als Körper zu objektivieren. Der Körper, den wir existieren, ist „unaussprechlich" und der Körper, wie er für Andere ist, ist „unerfaßbar", nur in „Leerform" gegeben, wie Sartre sagt, dennoch glauben wir, nun das zu sein, was der Andere sieht. Aber das Objektsein meines Körpers, das der Blick des Anderen enthüllt, bleibt mir unnachvollziehbar: „Die Objektheit meines Körpers für den Andern ist nicht Objekt für mich und kann meinen Körper nicht als Objekt konstituieren: sie wird erfahren als Flucht des Körpers, die ich existiere." (SN 624) D. h. ich existiere als diese Entfremdung. Sobald wir unseren Körper „*erkennen*, d. h. ihn in einer rein kognitiven Intuition erfassen, konstituieren wir ihn gerade durch diese Intuition mit den Erkenntnissen des Anderen, d. h. so, wie er von selbst nie für uns sein könnte. [...] Mittels der Begriffe des Anderen *erkenne* ich meinen Körper [vorher habe ich ihn existiert; M. W.]. Aber daraus folgt, daß ich eben in der Reflexion meinem Körper gegenüber den Gesichtspunkt des Anderen einnehme." (SN 625)

Damit tut sich ein Abgrund auf zwischen dem Körper-für-mich, den ich existiere, und dem Körper-für-Andere, den ich erkenne. Der gelebte und der erkannte Körper, der Leib, der ich bin, und der Körper, den ich habe, scheinen unversöhnbar, insofern der Versuch, meinen Körper so zu fassen, wie er für Andere erscheint, nicht zu einer Synthese beider Seins- bzw. Erscheinungsweisen führt, sondern lediglich zur Übernahme der fremden vergegenständlichenden Perspektive auf mich selbst.

5. Ausblick

Während Merleau-Ponty den cartesianischen Dualismus im Ausgang vom Phänomen des Leibes als „Dritter Dimension", in der sich Subjektivität und Objektivität verschränken, für überwindbar hält, sieht Sartre im „Körper als Für-sich-sein und als Für-Andere-sein [...] zwei Aspekte des Körpers [die] [...] auf zwei verschiedenen und unvereinbaren Seinsebenen liegen, [und] nicht aufeinander zurückführbar sind." (SN 543) So nimmt es auch nicht Wunder, dass Sartre das Phänomen der Doppelempfindung ausdrücklich leugnet: „Wenn ich mein Bein mit meinem Finger berühre, dann empfinde ich zwar, daß mein Bein berührt wird. Aber dieses Phänomen von Doppelempfindung ist nicht wesentlich: die Kälte, eine Morphiumeinspritzung können es verschwinden lassen, das zeigt hinlänglich, daß es sich um zwei wesenhaft verschiedene Realitätsordnungen handelt." (SN 541) Sartre ist also der Meinung, dass der Leib, der ich bin, und der Leib, den ich habe, um eine verbreitete und eine auf Gabriel Marcel zurück-gehende Terminologie aufzugreifen, nicht miteinander vermittelt werden können: „Gewiß ist die Entdeckung meines Körpers als Objekt eine Enthüllung seines Seins. Aber das Sein, das mir so enthüllt wird, ist sein *Für-Andere-sein*." (SN 542) Die beiden Seinsweisen, die Merleau-Ponty im Leib vereinigt sieht, stehen für Sartre unvermittelt und unvermittelbar einander gegenüber. Entweder ich bin Leib, oder ich habe einen Körper. Zugleich aber sind diese beiden Seinsweisen nicht zu haben. Die Versöhnung von Subjekt und Objekt ist auch im Leib nicht gegeben, wie dies Merleau-Ponty postulierte, sodass das Bewusstsein unglücklich bleibt.

Merleau-Ponty vertritt zwar ebenfalls ausdrücklich, dass wenn sich meine zwei Hände berühren, ich nie beide zugleich als berührte und berührende wahrnehmen kann, sondern immer nur alternierend, die eine als die berührte und die andere als die berührende in ständigem Wechsel. Er betont aber, dass sich darin bereits eine „Art Reflexion" ankündige, d. h. eine innere Beziehung zwischen dem Körper-für-mich und dem Körper-an-sich: „Berühre ich meine rechte Hand mit der linken, so hat der Gegenstand rechte Hand die Eigentümlichkeit, auch seinerseits die Berührung zu empfinden. Wir sahen freilich bereits, daß niemals beide Hände zugleich wechselseitig zueinander sich als berührende und berührte verhalten. Drücke ich beide Hände zusammen, so erfahre ich nicht etwa zweierlei Empfindungen in eins [...], sondern eine zweideutige Organisation, in der beide Hände in der Funktion der ‚berührten' oder ‚berührenden' zu alternieren vermögen. [...] So überrascht der Leib von außen her sich selbst im Begriff, eine Erkenntnisfunktion zu vollziehen, versucht, sich selbst als berührenden zu berühren, und zeichnet also ‚eine Art Reflexion' auf sich vor: und dies schon genügte, um ihn von allen Gegenständen zu unterscheiden, von denen ich wohl ebenfalls sagen kann, sie ‚berührten' meinen Leib, doch allein, insofern dieser sich im Zustand der Trägheit befindet, so daß sie ihm niemals in seiner Erkundungsfunktion zu überraschen vermögen."[11] Der Leib erweist sich somit als unmöglich reduzierbar auf ein bloßes innerweltliches Vorhandenes und als Reflexion-Beziehung zwischen Körper-für-mich und Körper-für-andere, worin sich die Überwindung des Dualismus ankündigt, während Sartres Körper sich beziehungslos und unversöhnlich gegenüberstehen.

Allerdings deutet Sartre im dritten Kapitel von *Das Sein und das Nichts* die Möglichkeit einer Versöhnung beider Körper in der „sexuellen Begierde" an, der wir uns abschließend widmen wollen.

Wir haben gesehen, das Sartre zufolge, es der Andere ist, der mein An-sichsein besitzt. Das aber hat zur Folge, dass das Für-sich als „Flucht auf eine unmögliche und immer verfolgte Zukunft hin stattfindet, wo das Für-sich An-sich-Für-sich wäre [...]". (SN 634) „Es geht mir [...] darum, mich sein zu machen, indem ich die Möglichkeit erwerbe, mir gegenüber den Gesichtspunkt des anderen einzunehmen." (SN 639) Ziel ist also eine Verschmelzung des Körpers-für-mich mit dem Körper-für-andere, d. h. mit dem Körper-an-sich. Der mögliche Ort des Erscheinens eines solcherart mit sich selbst versöhnten Einheits-Körpers, scheint zunächst die sexuelle Begierde darzustellen, in der mir mein Körper weder als Intentionalität noch als bloßer Gegenstand begegnet: „Ich *spüre* meine Haut und meine Muskeln und meinen Atem, und ich spüre sie nicht, um sie, wie bei der Emotion oder beim Appetit, *auf etwas hin* zu transzendieren, sondern als etwas lebendes und doch inertes Gegebenes, nicht einfach als das fügsame und diskrete Instrument meines Einwirkens auf die Welt, sondern als eine *Passion*, durch die ich in die Welt engagiert und in der Welt in Gefahr bin. Das Für-sich *ist nicht* diese Kontingenz, es fährt fort, sie zu existieren, aber es erleidet das Schwindelgefühl vor seinem eigenen Körper, oder, wenn man will, dieses Schwindelgefühl ist genau seine Art, seinen Körper zu existieren. Das nicht-thetische Bewußtsein überläßt sich dem Körper, Körper und nur Körper *will es sein*. In der Begierde wird der Körper, statt nur die Kontingenz zu sein, vor der das Für-sich zu den ihm eigenen Möglichkeiten flieht, zugleich das unmittelbarste Mögliche des Für-sich; die Begierde ist nicht nur Begierde nach dem Körper des Anderen; sie ist in der Einheit eines gleichen Akts der nicht-thetisch erlebte Ent-wurf, im Körper zu versinken; so kann die letzte Stufe der Begierde das Vergehen der Sinne als letzte Stufe des Einvernehmens mit dem Körper sein." (SN 679 f.) Doch dieses „Einvernehmen" bleibt Entwurf und Gewolltes, da es nie realisiert werden kann, der Versuch des Bewusstseins, sich gänzlich „zu Körper zu machen" (SN 680), muss scheitern. Warum? Zunächst weist Sartre darauf hin, dass es mir in der Begierde primär darum geht, „meinen Körper als faszinierende Enthüllung meiner Faktizität, das heißt als Fleisch, zu entdecken." (SN 680 f.) Was ich will, ist „„durch meinen Körper wie die Tinte

---

[11] Maurice Merleau-Ponty: Phänomenologie der Wahrnehmung. Übers. v. Rudolf Boehm. Berlin: de Gruyter 1966, 118.

durch ein Löschblatt aufgesaugt' zu werden" (SN 690). Das geht aber nur über den Umweg des Begehrtwerdens. Was ich begehre, ist also, vom Anderen begehrt zu werden, da er mich so zu jenem Fleisch, zu jenem bloßen An-sich macht, dessen sich mein Für-sich bemächtigen will. „Demnach ist die Begierde Begierde nach Aneignung eines [fremden] Körpers, insofern diese Aneignung mir meinen Körper als Fleisch enthüllt." (SN 681) „So enthält die Begierde einen Fleischwerdungsversuch des Bewußtseins" (SN 683), was Sartre auch „Verklebung des Bewußtseins" (SN 683) nennt. Das Bewusstsein versucht sich „durch seine Faktizität verkleben zu lassen" (SN 685). Der Versuch des Bewusstseins, Fleisch zu werden, ist aber gleichbedeutend mit dem Versuch, damit ein innerweltlich Seiendes (Objekt, An-sich) zu werden und nicht mehr nur der reine Gesichtspunkt (Intentionalität) zu sein. Im Schwindel der Fleischwerdung ist mir alles „in einer gewissen Weise gegenwärtig wie ohne Distanz an mich gelegt und mein Fleisch durch sein Fleisch enthüllend. Von diesem Gesichtspunkt aus ist die Begierde nicht nur die Verklebung eines Bewußtseins durch seine Faktizität, sie ist korrelativ die Verklebung eines Körpers durch die Welt; und die Welt macht sich *klebrig*; das Bewußtsein versinkt in einem Körper, der in der Welt versinkt. So ist das Ideal, das sich hier anbietet, das Innerweltlichsein [das Objekt-sein]; das Für-sich versucht, ein Innerweltlich-sein als äußersten Entwurf seines In-der-Welt-seins zu realisieren […]." (SN 685 f.)

Fleisch zu werden, „heißt für sich selbst darauf verzichten, der zu sein, der die Anhaltspunkte festlegt und die Entfernungen entfaltet, heißt sich zu bloßer Schleimhaut machen" (SN 692).

Aber „die Begierde ist zum Scheitern verurteilt" (SN 692 f.), weil sie zur „Lust" führt, die das präreflexive Versinken des Bewusstseins in den Körper abbricht, da sie „das Erscheinen eines reflexiven Bewußtseins von Lust motiviert, dessen Gegenstand der Orgasmus wird, d. h., das *Achten auf die Fleischwerdung des reflektierten Für-sich* ist und zugleich Vergessen der Fleischwerdung […]. Jetzt [im Augenblick der Lust] muß man diesen […] [anderen] Körper nehmen, ihn packen, in ihn eindringen. Aber allein dadurch, daß ich jetzt versuche, zu greifen, zu ziehen, zu packen, zu beißen, hört mein Körper auf, Fleisch zu sein, er wird wieder das synthetische Instrument, *das ich bin* […]. Nun überschreite ich wieder meinen Körper auf meine eigenen Möglichkeiten hin (hier die Möglichkeit zu nehmen) […]." (SN 695)

So gelingt auch in der Begierde die Einswerdung des Körpers-für-mich mit dem Körper-an-sich zum Körper-an-und-für-sich nicht, sodass Sartres Körper sich unversöhnt gegenüber stehen.

Verzeichnis der bisher erschienenen Bände der Heidegger-Gesamtausgabe

Alle Bände sind im Klostermann-Verlag (Frankfurt am Main) erschienen.

I. Abteilung: Veröffentlichte Schriften (1910-1976)

1. Frühe Schriften (1912-1916). Hg. v. Friedrich-Wilhelm von Herrmann 1978.
2. Sein und Zeit (1927). Hg. v. Friedrich Wilhelm von Herrmann 1977.
3. Kant und das Problem der Metaphysik (1929). Hg. v. Friedrich-Wilhelm von Herrmann 1991.
4. Erläuterungen zu Hölderlins Dichtung (1936-1968). Hg. v. Friedrich-Wilhelm von Herrmann 1. Auflage 1981. 2. Auflage 1996.
5. Holzwege (1935-1946). Hg. v. Friedrich-Wilhelm von Hermann 1. Auflage 1977. 2. Auflage 2003.
6.1 Nietzsche I (1936-1939). Hg. v. Brigitte Schillbach 1996.
6.2 Nietzsche II (1939-1946). Hg. v. Brigitte Schillbach 1997.
7. Vorträge und Aufsätze (1936-1953). Hg. v. Friedrich-Wilhelm von Herrmann 2000.
8. Was heißt Denken? (1951-1952). Hg. v. Paola-Ludovika Coriando 2002.
9. Wegmarken (1919-1961). Hg. v. Friedrich-Wilhelm von Herrmann 1. Auflage 1976. 2., durchgesehene Auflage 1996.
10. Der Satz vom Grund (1955-1956). Hg. v. Petra Jaeger 1997.
12. Unterwegs zur Sprache (1950-1959). Hg. v. Friedrich-Wilhelm von Herrmann 1985.
13. Aus der Erfahrung des Denkens (1910-1976). Hg. v. Hermann Heidegger 1. Auflage 1983. 2., durchgesehene Auflage 2002.
15. Seminare (1951-1973). Hg. v. Curd Ochwadt 1986.
16. Reden und andere Zeugnisse eines Lebensweges (1910-1976). Hg. v. Hermann Heidegger 2000.

II. Abteilung: Vorlesungen 1919-1944

A. Marburger Vorlesungen 1923-1928

17. Einführung in die phänomenologische Forschung (Wintersemester 1923/24). Hg. v. Friedrich-Wilhelm von Herrmann 1994.
18. Grundbegriffe der aristotelischen Philosophie (Sommersemester 1924). Hg. v. Mark Michalski 2002.
19. Platon: Sophistes (Wintersemester 1924/25). Hg. v. Ingeborg Schüßler 1992.

20. Prolegomena zur Geschichte des Zeitbegriffs (Sommersemester 1925). Hg. v. Petra Jaeger 1. Auflage 1979. 2., durchgesehene Auflage 1988. 3., durchgesehene Auflage 1994.

21. Logik. Die Frage nach der Wahrheit (Wintersemester 1925/26). Hg. v. Walter Biemel 1. Auflage 1976. 2., durchgesehene Auflage 1995.

22. Die Grundbegriffe der antiken Philosophie (Sommersemester 1926). Hg. v. Franz-Karl Blust 1. Auflage 1993. 2. Auflage 2004.

24. Die Grundprobleme der Phänomenologie (Sommersemester 1927). Hg. v. Friedrich-Wilhelm von Herrmann 1. Auflage 1975. 2. Auflage 1989. 3. Auflage 1997.

25. Phänomenologische Interpretation von Kants Kritik der reinen Vernunft (Wintersemester 1927/28). Hg. v. Ingtraud Görland 1 Auflage 1977. 2. Auflage 1987. 3. Auflage 1995.

26. Metaphysische Anfangsgründe der Logik im Ausgang von Leibniz (Sommersemester 1928). Hg. v. Klaus Held 1. Auflage 1978. 2., durchgesehene Auflage 1990.

B. Freiburger Vorlesungen 1928-1944

27. Einleitung in die Philosophie (Wintersemester 1928/29). Hg. v. Otto Saame und Ina Saame-Speidel 1. Auflage 1996. 2., durchgesehene Auflage 2001.

28. Der deutsche Idealismus (Fichte, Schelling, Hegel) und die philosophische Problemlage der Gegenwart (Sommersemester 1929). Hg. v. Claudius Strube 1997.

29./30. Die Grundbegriffe der Metaphysik. Welt – Endlichkeit – Einsamkeit (Wintersemester 1929/30). Hg. v. Friedrich-Wilhelm von Herrmann 1. Auflage 1983. 2. Auflage 1992. 3. Auflage 2004.

31. Vom Wesen der menschlichen Freiheit. Einleitung in die Philosophie (Sommersemester 1930). Hg. v. Hartmut Tietjen 1. Auflage 1982. 2., durchgesehene Auflage 1994

32. Hegels Phänomenologie des Geistes (Wintersemester 1930/31). Hg. v. Ingtraud Görland 1. Auflage 1980. 2. Auflage 1988. 3. Auflage 1997.

33. Aristoteles, Metaphysik Theta 1-3. Von Wesen und Wirklichkeit der Kraft (Sommersemester 1931). Hg. v. Heinrich Hüni 1. Auflage 1981. 2., durchgesehene Auflage 1990.

34. Vom Wesen der Wahrheit. Zu Platons Höhlengleichnis und Theätet (Wintersemester 1931/32). Hg. v. Hermann Mörchen 1. Auflage 1988. 2., durchgesehene Auflage 1997.

36./37. Sein und Wahrheit. 1. Die Grundfrage der Philosophie (Sommersemester 1933). 2. Vom Wesen der Wahrheit (Wintersemester 1933/34). Hg. v. Hartmut Tietjen 2001.

38. Logik als die Frage nach dem Wesen der Sprache (Sommersemester 1934). Hg. v. Günter Seubold 1998.

39. Hölderlins Hymnen „Germanien" und „Der Rhein" (Wintersemester 1934/35). Hg. v. Susanne Ziegler 1. Auflage 1980. 2., durchgesehene Auflage 1989. 3., unveränderte Auflage 1999.

40. Einführung in die Metaphysik (Sommersemester 1935). Hg. v. Petra Jaeger 1983.

41. Die Frage nach dem Ding. Zu Kants Lehre von den transzendentalen Grundsätzen (Wintersemester 1935/36). Hg. v. Petra Jaeger 1984.

42. Schelling: Vom Wesen der menschlichen Freiheit (1809) (Sommersemester 1936). Hg. v. Ingrid Schüßler 1988.

43. Nietzsche: Der Wille zur Macht als Kunst (Wintersemester 1936/37). Hg. v. Bernd Heimbüchel 1985.

44. Nietzsches metaphysische Grundstellung im abendländischen Denken: Die ewige Wiederkehr des Gleichen (Sommersemester 1937). Hg. v. Marion Heinz 1986.

45. Grundfragen der Philosophie. Ausgewählte „Probleme" der „Logik" (Wintersemester 1937/38). Hg. v. Friedrich-Wilhelm von Herrmann 1. Auflage 1984. 2. Auflage 1992.

46. Zur Auslegung von Nietzsches II. Unzeitgemäßer Betrachtung „Vom Nutzen und Nachteil der Historie für das Leben" (Wintersemester 1938/39). Hg. v. Hans-Joachim Friedrich 2003.

47. Nietzsches Lehre vom Willen zur Macht als Erkenntnis (Sommersemester 1939). Hg. v. Eberhard Hanser 1989.

48. Nietzsche: Der europäische Nihilismus (II. Trimester 1940). Hg. v. Petra Jaeger 1986.

49. Die Metaphysik des deutschen Idealismus. Zur erneuten Auslegung von Schelling: Philosophische Untersuchungen über das Wesen der menschlichen Freiheit und die damit zusammenhängenden Gegenstände (1809). Hg. v. Günter Seubold 1991.

50. Nietzsches Metaphysik (für Wintersemester 1941/42 angekündigt, aber nicht vorgetragen). Einleitung in die Philosophie – Denken und Dichten (Wintersemester 1944/45). Hg. v. Petra Jaeger 1990.

51. Grundbegriffe (Sommersemester 1941). Hg. v. Petra Jaeger 1. Auflage 1981. 2., durchgesehene Auflage 1991.

52. Hölderlins Hymne „Andenken" (Wintersemester 1941/42). Hg. v. Curd Ochwadt 1. Auflage 1982, 2. Auflage 1992.

53. Hölderlins Hymne „Der Ister" (Sommersemester 1942). Hg. v. Walter Biemel 1. Auflage 1984. 2. Auflage 1993.

54. Parmenides (Wintersemester 1942/43). Hg. v. Manfred S. Frings 1. Auflage 1982. 2. Auflage 1992.

55. Heraklit. 1. Der Anfang des abendländischen Denkens (Sommersemester 1943) 2. Logik. Heraklits Lehre vom Logos (Sommersemester 1944). Hg. v. Manfred S. Frings 1. Auflage 1979. 2., durchgesehene Auflage 1987. 3. Auflage 1994.

C. Frühe Freiburger Vorlesungen 1919-1923

56./57. Zur Bestimmung der Philosophie. 1. Die Idee der Philosophie und das Weltanschauungsproblem (Kriegsnotsemester 1919) 2. Phänomenologie und transzendentale Wertphilosophie (Sommersemester 1919) 3. Anhang: Über das Wesen der Universität und des akademischen Studiums (Sommersemester 1919). Hg. v. Bernd Heimbüchel 1. Auflage 1987. 2., durchgesehene und ergänzte Auflage 1999.

58. Grundprobleme der Phänomenologie (Wintersemester 1919/20). Hg. v. Hans-Helmuth Gander 1992.

59. Phänomenologie der Anschauung und des Ausdrucks. Theorie der philosophischen Begriffsbildung (Sommersemester 1920). Hg. v. Claudius Strube 1993.

60. Phänomenologie des religiösen Lebens. 1. Einleitung in die Phänomenologie der Religion (Wintersemester 1920/21). Hg. v. Matthias Jung und Thomas Regehly. 2. Augustinus und der Neuplatonismus (Sommersemester 1921). 3. Die philosophischen Grundlagen der mittelalterlichen Mystik (Ausarbeitung und Einleitung zu einer nicht gehaltenen Vorlesung 1918/19). Hg. v. Claudius Strube 1995.

61. Phänomenologische Interpretationen zu Aristoteles. Einführung in die phänomenologische Forschung (Wintersemester 1921/22). Hg. v. Walter Bröcker und Käte Bröcker-Oltmanns 1. Auflage 1985. 2., durchgesehene Auflage 1994.

63. Ontologie Hermeneutik der Faktizität (Sommersemester 1923). Hg. v. Käte Bröcker-Oltmanns 1. Auflage 1988. 2. Auflage 1995.

III. Abteilung: Unveröffentlichte Abhandlungen – Vorträge – Gedachtes

64. Der Begriff der Zeit (1924). Hg. v. Friedrich-Wilhelm von Herrmann 2004.

65. Beiträge zur Philosophie (Vom Ereignis) (1936-1938). Hg. v. Friedrich-Wilhelm von Herrmann 1. Auflage 1989. 2., durchgesehene Auflage 1994.

66. Besinnung (1938/39). Hg. v. Friedrich-Wilhelm von Herrmann 1997.

67. Metaphysik und Nihilismus. 1. Die Überwindung der Metaphysik (1938/39) 2. Das Wesen des Nihilismus (1946-1948). Hg. v. Hans-Joachim Friedrich 1999.

68. Hegel. 1. Die Negativität (1938/39) 2. Erläuterung der „Einleitung" zu Hegels „Phänomenologie des Geistes" (1942). Hg. v. Ingrid Schüßler 1993.

69. Die Geschichte des Seyns. 1. Die Geschichte des Seyns (1938/40) 2. Koinón. Aus der Geschichte des Seyns (1939). Hg. v. Peter Trawny 1998.

70. Über den Anfang (1941). Hg. v. Paola-Ludovika Coriando 2005.

75. Zu Hölderlin – Griechenlandreisen. Hg. v. Curd Ochwadt 2000.

77. Feldweg-Gespräche (1944/45). Hg. v. Ingrid Schüßler 1995.

79. Bremer und Freiburger Vorträge. Hg. v. Petra Jaeger 1994.

IV. Abteilung: Hinweise und Aufzeichnungen

85. Seminar: Vom Wesen der Sprache Die Metaphysik der Sprache und die Wesung des Wortes. Zu Herders Abhandlung „Über den Ursprung der Sprache". Hg. v. Ingrid Schüßler 1999.

87. Nietzsche: Seminare 1937 und 1944. 1. Nietzsches metaphysische Grundstellung (Sein und Schein) 2. Skizzen zu Grundbegriffe des Denkens. Hg. v. Peter von Ruckteschell 2004.

90. Zu Ernst Jünger. Hg. v. Peter Trawny 2004.

Anschriften der Autorinnen und Autoren

Prof. Dr. Damir Barbarić, Institut za filozofiju Ulica grada Vukovara 54, HR-10000 Zagreb.

Dr. Ivo DE GENNARO, IMQ – Università Bocconi, Viale Isonzo 25, I-20135 Milano.

Mag. Matthias FLATSCHER, Universität Wien, Institut für Philosophie, Universitätsstr. 7, A-1010 Wien.

Prof. Dr. Friedrich-Wilhelm VON HERRMANN, Albert-Ludwigs-Universität Freiburg, Philosophisches Seminar, Raum 1068 – Heidegger Ausgabe, D-79085 Freiburg.

Prof. Dr. Heinrich HÜNI, Bergische Universität Wuppertal, Fachbereich A, Gaußstraße 20, D-42119 Wuppertal.

Mag. Sophie LOIDOLT, Pfeilgasse 8/30, A-1080 Wien.

Dr. Mark MICHALSKI, Universität Athen, Fachbereich für Deutsche Sprache und Literatur Philosophische Fakultät Panepistimioupoli, GR – 15784 Zografou – Athen.

Prof. Dr. Günther PÖLTNER, Universität Wien, Institut für Philosophie, Universitätsstr. 7, A-1010 Wien.

Prof. Dr. Claudius STRUBE, Bergische Universität Wuppertal, Gaußstraße 20, D-42119 Wuppertal / Viktor-Schnitzler-Str. 1, D-55935 Köln.

Prof. Dr. Helmuth VETTER, Universität Wien, Institut für Philosophie, Universitätsstr. 7, A-1010 Wien.

Dr. Martin G. WEISS, Istituto Trentino di Cultura, Centro per le Scienze Religiose, Via Santa Croce 77, I-38100 Trento.

Mag. Martin WIESBAUER, Tichtelgasse 29 / 7b, A-1120 Wien.

Reihe der Österreichischen Gesellschaft für Phänomenologie

Herausgegeben von Helmuth Vetter

Band 1 Helmuth Vetter (Hrsg.): Krise der Wissenschaften – Wissenschaft der Krisis? Wiener Tagungen zur Phänomenologie. Im Gedenken an Husserls Krisis-Abhandlung (1935/36-1996). 1998.

Band 2 Helmuth Vetter (Hrsg.): Heidegger und das Mittelalter. Wiener Tagungen zur Phänomenologie 1997. 1999.

Band 3 Helmuth Vetter (Hrsg.): Siebzig Jahre *Sein und Zeit*. Wiener Tagungen zur Phänomenologie 1997. 1999.

Band 4 Madalina Diaconu: Blickumkehr. Mit Martin Heidegger zu einer relationalen Ästhetik. 2000.

Band 5 Günther Pöltner (Hrsg.): Phänomenologie der Kunst. Wiener Tagungen zur Phänomenologie 1999. 2000.

Band 6 Branko Klun: Das Gute vor dem Sein. Levinas versus Heidegger. 2000.

Band 7 Helmuth Vetter (Hrsg.): Nach Heidegger. Einblicke – Ausblicke. 2003.

Band 8 Rolf Kühn: Radikalisierte Phänomenonlogie. 2003.

Band 9 Helmuth Vetter (Hrsg.): Lebenswelten. Ludwig Landgrebe – Eugen Fink – Jan Patocka. Wiener Tagungen zur Phänomenologie 2002. 2003.

Band 10 Helmuth Vetter / Matthias Flatscher (Hrsg.): Hermeneutische Phänomenologie – phänomenologische Hermeneutik. 2005.

Band 11 Michael Blamauer / Wolfgang Fasching / Matthias Flatscher (Hrsg.): Phänomenologische Aufbrüche. 2005.

Band 12 Günther Pöltner / Matthias Flatscher (Hrsg.): Heidegger und die Antike. 2005.

www.peterlang.de

Peter Lang · Europäischer Verlag der Wissenschaften

Tibor Schwendtner

Heideggers Wissenschaftsauffassung

Im Spiegel der Schriften 1919–29

Frankfurt am Main, Berlin, Bern, Bruxelles, New York, Oxford, Wien, 2005
150 S.
Europäische Hochschulschriften: Reihe 20, Philosophie. Bd. 688
ISBN 3-631-53044-7 · br. € 34.–*

Der Band erzielt eine Rekonstruktion der Wissenschaftsauffassung Heideggers und rechnet mit dem Vorurteil ab, nach dem Heidegger als wissenschaftsfeindlich etikettiert wird. Heidegger hat nämlich eine hermeneutisch-phänomenologische Interpretation der Wissenschaften gegeben, in der die Wissenschaft als eine endliche und geschichtliche Weise des In-der-Welt-seins angesehen wird. Diese Auffassung ist mit den Wissenschaftstheorien von Polányi und Kuhn verwandt. Heidegger sieht für die Wissenschaften zwei grundverschiedene Möglichkeiten: dem die Sicherheit des reibungslosen Funktionierens bevorzugenden Wissenschaftsbetrieb wird nämlich die „echte Wissenschaft" gegenübergestellt, die durch die Offenheit gegenüber der Philosophie, die Unruhe und Originalität des Weiterfragens gekennzeichnet ist.

Aus dem Inhalt: Hermeneutik der Naturwissenschaften · Verstehende Phänomenologie des Lebens · Lebenswelt und Wissenschaft · Phänomenologische Fundierung der Wissenschaft · Eigentlichkeit und Wissenschaft · Metaphysik und Wissenschaft

Frankfurt am Main · Berlin · Bern · Bruxelles · New York · Oxford · Wien
Auslieferung: Verlag Peter Lang AG
Moosstr. 1, CH-2542 Pieterlen
Telefax 00 41 (0) 32 / 376 17 27

*inklusive der in Deutschland gültigen Mehrwertsteuer
Preisänderungen vorbehalten

Homepage http://www.peterlang.de